FRANCHISE

新版

これ1冊で**多店舗化戦略**がわかる！

フランチャイズ本部構築ガイドブック

FCビジネス支援のプロ集団
フランチャイズ研究会
一般社団法人 東京都中小企業診断士協会 認定

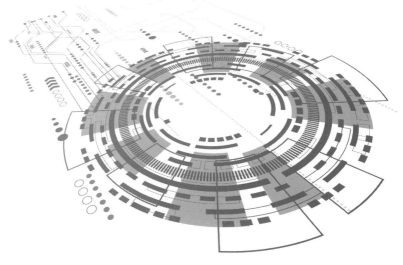

同友館

はじめに　～フランチャイズ本部構築に向けて～

　1963 年にわが国にフランチャイズ・ビジネスが初めて導入されて以来、現在ではチェーン数 1,300、店舗数 25 万店、売上高 25 兆円を超える市場規模に成長しています。その業種は、小売業ではコンビニエンスストア、ドラッグストア、リサイクル、家電店など、外食業ではハンバーガーショップ、ラーメン、牛丼、焼肉店など、サービス業ではレンタル、学習塾、不動産・住宅建築、クリーニング、介護・福祉など、幅広い分野にわたっています。

　フランチャイズ市場に新規参入する本部企業も多く、私どもフランチャイズ研究会にも本部構築支援のご依頼をいただいています。ただし、その中身を見ますと、単なるアイデアの思いつきであったり、直営店での検証が不十分だったり、資金的手当てがなされていなかったりと、そのままの状態で世に出ていくには問題のあるケースも散見されます。フランチャイズ本部を立ち上げるには、基本をしっかりと学ぶとともに、十分な準備をすることが大切です。

　そこで本書は、これまでの支援実績をふまえて、フランチャイズ本部立ち上げ時にクリアすべき事項を「基本編」「本部構築編」「本部展開編」に分けて体系的にまとめました。また、今日的な重要テーマを Q & A 形式で解説した「ケーススタディ」を充実させました。さらに、支援の場で実際に活用している 90 点以上の図表・資料を掲載し、『本部構築の実戦書』として仕上げました。

　本書には、本部の土台づくりに寄与するため、「構築当初に取り組むべきこと」および「その先を見据えて今から考えておくべきこと」が盛り込まれています。本部構築希望者やアーリーステージ本部の方々には、ぜひ本書を有効にご活用いただき、良好な本部を構築するとともに、さらに発展させていただくことを願っています。

2022 年 3 月

フランチャイズ研究会

フランチャイズ研究会では、フランチャイズビジネス（本部構築・加盟）に関する無料相談を行っています。詳しくは巻末をご参照ください。

目　次

第2章　本部構築編 ……………………………………………… 31

図表目次

第 **1** 章

基本編

❶ フランチャイズ・ビジネスとは

1 フランチャイズの定義

　フランチャイズ・ビジネスがいかなるものかについては、一般社団法人日本フランチャイズチェーン協会により定義がなされています。また法律においては、中小小売商業振興法および公正取引委員会の「フランチャイズ・ガイドライン」に定めがあります。

①一般社団法人日本フランチャイズチェーン協会による定義

　一般社団法人日本フランチャイズチェーン協会では、フランチャイズを次のように定義しています。

> フランチャイズとは、事業者（『フランチャイザー』と呼ぶ）が、他の事業者（『フランチャイジー』と呼ぶ）との間に契約を結び、自己の商標、サービスマーク、トレード・ネーム、その他の営業の象徴となる標識、および経営のノウハウを用いて、同一のイメージの下に商品の販売その他の事業を行う権利を与え、一方、フランチャイジーはその見返りとして一定の対価を支払い、事業に必要な資金を投下してフランチャイザーの指導および援助の下に事業を行う両者の継続的関係をいう。

②中小小売商業振興法による定義

　中小小売商業振興法（小振法）では、連鎖化事業の中の「特定連鎖化事業」として、定義されています。連鎖化とはチェーン化を、特定連鎖化事業とはフランチャイズチェーン事業を指します。この法律は、中小小売商業者の振興・近代化を目的としたもので、対象となる業種は小売業・外食業です。

> ◆中小小売商業振興法第 4 条 5 項「連鎖化事業の定義」
> 主として中小小売商業者に対し、定型的な約款による契約に基づき継続的に、商品を販売し、又は斡旋し、かつ経営に関する指導を行う事業

◆中小小売商業振興法第11条1項「特定連鎖化事業の定義」
連鎖化事業であって、当該連鎖化事業に係る約款に、加盟者に特定の商標、商号その他の表示を使用させる旨及び加盟者から加盟に際し加盟金、保証金その他の金銭を徴収する旨の定めのあるもの

③ フランチャイズ・システムに関する独占禁止法上の考え方（フランチャイズ・ガイドライン）による定義

公正取引委員会では、「フランチャイズ・システムに関する独占禁止法上の考え方」を示しています。この中でフランチャイズ・システムの定義がなされています。

フランチャイズ・システムとは、本部が加盟者に対して、特定の商標、商号等を使用する権利を与えるとともに、加盟者の事業・経営について、統一的な方法で統制、指導、援助を行い、これらの対価として加盟者が本部に金銭を支払う事業形態。

フランチャイズ・システムは継続的な契約に基づいており、本部と加盟者との間では多くの取り決めが結ばれます。この本部・加盟者間の取引においてはさまざまな問題が発生しており、独占禁止法に抵触しないかが問われるようになったため、ガイドラインが策定されました。これにより、フランチャイズ・ビジネスにおいては、小振法による小売業・外食業だけでなく、サービス業も含めたすべての業種が法律の対象になりました。

小振法やガイドラインの定義に当てはまる事業を行っている事業者（本部）であれば、「フランチャイズ」の呼称を用いるかどうかにかかわらずフランチャイズ・ビジネスと見なされ、これらの法律の規定に従わなければなりません。

なお、法律面の詳細については第1章の「4. フランチャイズ・ビジネスに関する法律」を参照してください。

② フランチャイズ・ビジネスの基本

英語の franchise には、「特権・販売権」といった意味があります。フラン

チャイズ・ビジネスでは、本部から加盟者へ、その本部の開発した商品・サービスやその販売ノウハウ等を使用する権利が付与されます。加盟者は特権を享受できるのですから、その対価を本部に支払う必要があります。このとき本部と加盟者には資本的関係はありません。両者は契約により結びつき、連鎖化し、共同事業を行うことになります。これがフランチャイズ・ビジネスの基本的な仕組みです。

　本部と加盟者はそれぞれが独立した事業体なので、それぞれに利益追求を目指します。しかし、このとき、本部が自社の利益追求ばかり推し進め、加盟者をおろそかにしてはチェーンの発展は望めません。加盟者の成功なくして本部の発展はありません。また本部の経営基盤の充実が、加盟者の事業の安定と拡大につながります。フランチャイズ・ビジネスは、正に本部と加盟者による共同事業なのです。

①フランチャイズ・ビジネスの仕組み

　フランチャイズ・ビジネスの仕組みを図解すると以下のようになります。

図表1-1　フランチャイズ・ビジネスの仕組み

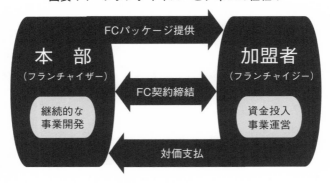

　フランチャイズ・ビジネスの大切なポイントを3つ示します。

a．継続的な契約に基づく事業

　フランチャイズ・ビジネスは、本部と加盟者が継続的な契約によって結びつき、ビジネスパートナーとして対等の立場で、互いに協力しながら共同事業を行います。本部と加盟者はそれぞれが独立した事業体で、各々が資本を投下し、本部は本部の事業を、加盟店は加盟店の事業を遂行することで、チェーン

事業を推進します。

ｂ．本部の役割―フランチャイズパッケージの提供・刷新

　契約に基づき、本部は加盟者に特権であるところのフランチャイズパッケージを提供します。フランチャイズパッケージについては次項で説明しますが、いわば、成功するためのフランチャイズ・ビジネス運営の仕組み全般といえます。

　本部は成功するビジネスモデルができたからといって、いつまでも同じことを続けていてはなりません。最初の成功体験に満足することなく、環境変化に対応し、常に成功するビジネスモデルに刷新を続ける責務があります。

ｃ．加盟者の役割―店舗運営事業の遂行と対価の支払い

　契約に基づき、加盟者は資本を投下して店舗を取得し、本部の提供するフランチャイズパッケージに従って店舗を運営します。加盟の際には一時金として加盟金を支払うのが一般的です。さらにフランチャイズパッケージの継続的な使用の対価として本部にロイヤルティを支払います。英語の royalty は権利使用料の意味があります。

　また加盟者は、事業者としての誇りと責任を持ち、成功できるフランチャイズパッケージの利用に甘んじることなく、努力を惜しまない姿勢が大切です。本部に頼ってばかりでは失敗も起こり得ます。

②フランチャイズパッケージとは

　フランチャイズパッケージとは、フランチャイズ・ビジネス展開に必要なノウハウを、包括的かつ体系的に標準化した一連のプログラムや経営システムをいいます。これには４つの要素があります。

> ａ．商標（ブランド・看板）の継続的使用の許諾
> ｂ．差別化された製品の供給（小売業：商品、飲食業：食材・メニュー、サービス業：サービスそのものおよびサービスに使用される道具など）
> ｃ．経営ノウハウの提供（マニュアルの提供、研修の実施）
> ｄ．継続的な経営・運営指導、援助（スーパーバイジング、継続研修）

　ここで大切なことは、フランチャイズパッケージが特権としての価値があるもの、すなわち事業の成功確率を高くできるものである、ということです。そ

うでなければ、加盟者が評価することはありません。

③フランチャイズ類似ビジネスモデルの類型

　現在、世の中にはさまざまなタイプのフランチャイズ・ビジネスおよび類似ビジネスが展開されています。「①商標使用許諾」、「②商品取引」、「③開業プロデュース」、「④経営指導」の4つの視点で対比してみると、おおよそ次のような型に分けられます。

図表1-2　フランチャイズ類似ビジネスモデルの型

	正統派FC	ベンチャー系FC	フリーネーム	ライセンス販売	食材業者	のれん分け	開業プロデューサー	コンサルタント
①商標使用許諾	○	△	×	○	?	○	?	?
②商品取引	○	○	○	○	○	?	×	×
③開業プロデュース								
商品・メニュー開発	○	○	△	○	×	?	○	×
環境設計・施工	○	○	○	○	×	?	○	×
マネジメント	○	△	△	△	×	?	○	×
オペレーション	○	○	○	△	×	?	○	×
マーケティング	○	△	△	△	×	?	○	×
④経営指導								
商品・メニュー開発	○	△	×	×	?	×	○	
マネジメント	○	△	△	×	×	?	×	○
オペレーション	○	○	○	×	×	?	×	○
マーケティング	○	△	△	×	×	?	×	○

○：基本的に具備している
△：形式的には具備しているが内実がともなっていないこともある
?：契約形態によりある場合とない場合がある
×：該当しない

a．正統派FC型

　正当な老舗のFC本部。ブランドイメージも高く、本部には経営ノウハウが蓄積されています。成功確率は高いが、加盟金・ロイヤルティは高めに設定されていることが多いです。

b．ベンチャー系FC型

　ベンチャー系のFC本部。ブランド認知度は高くないが、商品開発力等に優

位性があります。一方、管理手法やマーケティング・ノウハウはまだ十分に蓄積されていない場合があります。

c．フリーネーム型

一見、自由度が高く見えますが、ブランド力を欠いている場合もあるので要注意です。一定のノウハウは期待できるものの、商品や業態の開発力が低下しているケースも散見されます。

d．ライセンス販売型

強力なブランドの商標使用料を支払うイメージ。基本的に開業後の経営指導などのアフターフォローはありません。本部の姿勢により後々ブランド力が弱まる恐れがあります。

e．食材業者型

食材業者が自社の食材を「ノウハウ付き」で販売するものです。「加盟金ゼロ、ロイヤルティゼロ」をうたうケースが多いです。

f．のれん分け型

従業員へのインセンティブとして、屋号の使用を許諾して独立させる「のれん分け」の形態です。通常、のれん使用料は定額のことが多いです。

g．開業プロデューサー型

開業するまでの支援を行う形態です。助言だけの場合も、一定の業務を請け負う場合もあります。開業した店舗名に「○○プロデュース」といった冠を付けることもあります。

h．コンサルタント型

定期的に経営指導を受ける形態です。この形態は、契約上はフランチャイズ加盟ではなくコンサルティング契約であり、契約解除はお互いの意思表示により原則可能です。

④類似チェーンシステムとの比較

他のチェーンシステムと比較することで、フランチャイズチェーンの特徴がより理解できます。

フランチャイズチェーンとは、資本を異にする本部と加盟者が、フランチャイズ契約に基づいて多店舗展開がなされる組織です。店舗も販売方法も商品も標準化され、見た目だけではあたかもレギュラーチェーンのようです。しか

し、本部と加盟者は異なる事業体であり、それぞれが別に利益追求を目的とします。

ａ．レギュラーチェーン（直営チェーン）

　レギュラーチェーンとは、単一の法人格のもとで直営店の多店舗展開が行われる組織です。自ら店舗を調達し、社員を雇用して各店舗を運営します。同一資本ですから、経営のあらゆる権限は社内に集中しています。

ｂ．ボランタリーチェーン

　ボランタリーチェーンは、同業種で異なる経営主体同士が、スケールメリット獲得や競争力向上を目指し、緩やかに結びついた組織で、仕入や販売促進等を共同で行います。全加盟企業の集合体と位置づけられます。加盟者の裁量権が大きく、一般に各加盟者の利益追求が重んじられます。メーカーや卸売業がチェーンを主宰するケースが散見されます。

ｃ．代理店

　代理店制度は、ある特定商品の販売を目的に、文字どおり代理（販売）店を組織し、代理店が本部（商品供給元）に代わって取引をするビジネスです。フランチャイズチェーンと似ている点もありますが、異なっているのは、販売方法等にあまり統一性が求められない点です。本部（商品供給元）から代理店に対して販売促進のための集合研修等は行われるケースはありますが、継続的な経営指導はないのが一般的です。また、代理店は同時に複数企業の商品・サービスの取り扱いができるケースもあります。

③ フランチャイズ・ビジネスのメリット・デメリット ────

①本部のメリット・デメリット

　フランチャイズ本部にとってのメリット・デメリットをまとめると図表1-3のようになります。

②加盟者のメリット・デメリット

　加盟者の立場で考えたフランチャイズのメリット・デメリットは図表1-4のようになります。

　レギュラーチェーンから開始し、さらなる多店舗展開を目指し、フランチャイズ事業を始める企業は多く見受けられます。一方、フランチャイズ事業を

図表 1-3　フランチャイズ本部のメリット・デメリット

メリット	デメリット
●他人資本の活用により、小資本でも大きな事業展開ができる ●短期間で大きなマーケットシェアを獲得できる可能性がある ●加盟金やロイヤルティの徴収により、安定収入源を確保できる ●チェーン全体でのスケールメリットを享受できる ●本部の指導やマニュアルなどにより、店舗運営レベルの均一化が期待できる ●店舗デザイン・商品等の統一性により、イメージアップ・販促効果が期待できる	●加盟者との意思疎通・協調関係の保持に時間・労力が必要 ●加盟希望者の有無で出店地域が限られるので、戦略的な出店・退店が難しい ●一部加盟店の本部依存体質により労力を費やされる ●不良店舗の出現により、チェーン全体のイメージダウンが生ずる ●ノウハウ流出のリスクが高まる ●ディスクロージャー責任が生じる

図表 1-4　フランチャイズ加盟者のメリット・デメリット

メリット	デメリット
●本部の成功ノウハウが利用できるので、独自開業に比べ、失敗の危険性が少ない ●経験がなくても、本部の指導により事業運営ができる ●チェーンの知名度・イメージを活用でき、効果的な販売促進策が実施できる ●販売活動に専念できる ●本部の継続的サポートがあり、相談もできるので安心 ●金融機関等への信頼も高まる ●商品・材料供給などのスケールメリットを享受できる	●本部への依頼心が強くなり、経営努力や販売努力を怠る場合がある ●加盟金、ロイヤルティ等独自営業には無い費用が発生する ●業績は本部の優劣にも左右される ●標準化されたシステムであり、創意工夫の余地が少ない ●チェーン内で不良店が出ると、その影響を受け、他店もイメージダウンになる ●契約に拘束されるため、事業を自由に止められない ●守秘義務、競業避止義務など、さまざまな制約がある

行っていた企業が、そのデメリットからレギュラーチェーンに転換する例もあります。メリット、デメリットをよく理解し、自社にはどちらが合っているのか見極めることが大切です。

❷ フランチャイズ・ビジネスの現状

① フランチャイズを取り巻く環境

　1960年代に日本に取り入れられたフランチャイズ・ビジネスは、今や消費生活にしっかりと浸透しています。本部と加盟者の契約関係により形成されるフランチャイズチェーンは、小売業・外食業・サービス業といったあらゆる業種において成長を続けていますが、以下のような社会構造や技術革新などさまざまな環境変化に対応しつつ、そのビジネスモデルをブラッシュアップしています。

①情報技術（IT）の進化

　1990年以降、ITとよばれるコンピュータやインターネットに関する技術は急速に進化し、多くの分野でこれまでのサービスがデジタル化され、新しいビジネスモデルが誕生しました。ITの発展がフランチャイズ業界に与える影響は多岐にわたりますが、代表的なものは以下の3点です。

a．商品・サービスのオンライン化

　これまで対面で行われていたサービスが、インターネットの普及によりオンライン化されました。小売業ではインターネットによる商品販売がもはや当たり前となり、学習塾やフィットネスクラブで提供される授業やレッスンも、画面を通じて自宅で受けられるようになりました。その他、さまざまなサービスの予約や代金決済がスマートフォン上のアプリで完結できるようになるなど、省力化が進んでいます。

b．広告宣伝・マーケティングの変化

　インターネットの進化でマーケティングも大きく変化しました。商品やサービスの知名度を高める手法は、テレビや新聞などの媒体利用からインターネットへ置き換わり、また、SNSの普及で、生活者が得られる商品情報量が格段に増加した結果、購買に至る心理段階や情報の非対称性が変化しました。

　そのため、本部企業にとっては、自社の商品やサービスに関して、どのような情報を提供するべきかをより深く検討する必要性が高まっています。

ｃ．フランチャイズパッケージの変化

　ITの進化により、本部企業が加盟者に提供するサービスにも変化が現れています。上述の広告宣伝や顧客獲得におけるホームページ・SNSの有効活用のほか、オペレーションマニュアルの動画配信やオンライン面談によるスーパーバイジングはその代表例です。

②人口減少と少子高齢化

　日本はすでに人口減少時代に入っています。国立社会保障・人口問題研究所によると、2050年代には日本の総人口は1億人を下回り、全人口の3人に1人が65歳以上の高齢者となると推計されています。

　近年、介護サービスや家事代行、移動販売など、高齢者の生活スタイルや生活ニーズに対応したフランチャイズチェーンが登場し拡大を続けています。今後も、高齢者向けのサービスは次々と生まれてくるでしょう。

　一方、人口減少による内需縮小に対しては、外食業を中心として海外に活路を求めるチェーンが増えています。日本フランチャイズチェーン協会会員に対するアンケート調査では、海外展開を行っている会員の割合は5割を超えており、グローバル化が進んでいます。展開エリアは、距離的に近く、また市場の将来性が有望とされる東南アジア地域が多くなっています（詳しくは第3章「6．グローバル展開」を参照）。

③新型コロナウイルス感染症拡大の影響

　フランチャイズチェーンの業績は景気変動に左右されます。最近では、2019年末に発生した新型コロナウイルスの世界的な感染拡大が、外食業やサービス業を中心として多くの業種に深刻な影響を与えました。密閉・密集・密接の「三密」を回避するため、都市部を中心に、営業の休止や営業時間の短縮、提供サービスの制約を余儀なくされた業種では、ビジネスモデルを変更するフランチャイズ本部が相次ぎました。

　一方、新型コロナウイルスは新たな需要を生み出し、また、これまでの変化を加速する役割も果たしました。一例として、外出自粛による「巣ごもり需要」に対応したデリバリーサービスやテイクアウトの急速な広がりがあげられます。その他、生活全般のデジタル化や多様な働き方の浸透が進み、新たなフランチャイズ・ビジネスが誕生しています。

② フランチャイズのマーケット規模

　国内のフランチャイズチェーン市場規模については、（一社）日本フランチャイズチェーン協会（JFA）が毎年統計調査を行い発表しています。2020年度の統計調査では、日本国内のフランチャイズチェーン数は1,308、総店舗数は25万4,017店、総売上高は25兆4,204億円でした。

　2000年代では、リーマンショックの影響によりいったん減少した店舗数・売上高は順調に回復し、国内の成長産業の一つとなっています。しかし、新型コロナウイルス感染拡大による社会経済活動の停滞により、フランチャイズチェーン市場においても、2020年度の店舗数・売上高は大きく減少しています。

図表1-5　フランチャイズチェーンの売上高・店舗数推移

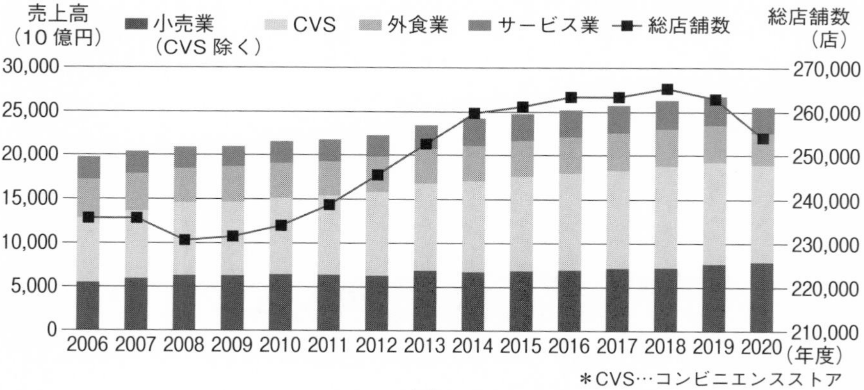

＊CVS…コンビニエンスストア
出典：JFAフランチャイズチェーン統計調査より集計

③ フランチャイズの業種別動向

　日本国内のフランチャイズチェーンにおいて、各業種の1店舗当たりの売上高は図表1-6のとおりです。2019年度までは多くの業種でビジネスモデルがブラッシュアップされ、1店舗当たり売上高の上昇が見られます。2020年度は新型コロナウイルス感染症が拡大し、店舗休業や営業時間短縮、外出自粛やイベント中止の影響の大きい外食業・サービス業において売上高減少が顕著となりました。

図表 1-6　業種別 1 店舗当たり売上高推移（単位：百万円）

業種	2009 年度	2014 年度	2019 年度	2020 年度
総計（1）＋（2）＋（3）	89.8	93.1	101.4	100.1
小売業合計（1）	161.3	160.1	172.8	173.8
各種商品総合小売	176.4	178.2	191.8	186.9
コンビニエンスストア	180.4	181.7	195.5	186.1
各種総合小売	196.2	190.8	206.4	220.3
宅配販売・通信販売・無店舗販売	36.1	51.4	44.2	46.8
衣服・靴・身の回り品小売	36.3	40.8	57.9	68.7
飲食料品関係小売	64.9	69.7	82.1	91.3
各種食料品小売	116.2	115.2	161.9	165.7
菓子・パン小売	40.0	43.3	45.8	55.0
自動車・自転車関係小売	159.1	117.6	120.8	125.3
家具・家電・家庭用品関係小売	554.5	524.4	545.8	593.4
医薬品・書籍・スポーツ用品・中古品等小売	72.8	82.9	95.5	98.4
外食業合計（2）	72.3	69.7	75.9	69.5
ファストフード	66.3	62.8	71.4	71.0
持ち帰り寿司・弁当店	48.0	48.1	49.5	51.3
ラーメン・餃子	49.4	46.8	50.8	44.1
カレー・牛丼・各種丼物	71.1	70.3	80.4	74.5
ハンバーガー	113.5	111.1	140.1	146.9
アイスクリーム	29.3	28.6	33.1	27.9
その他ファストフード	62.8	57.9	63.2	60.4
一般レストラン	94.6	87.9	95.4	85.5
日本料理・寿司店	83.7	66.8	83.0	70.7
西洋料理・ステーキ・ピザ・パスタ	85.8	85.1	89.1	85.7
中華料理店	128.2	107.2	102.9	100.2
焼肉店・その他の一般レストラン	101.0	97.4	103.6	88.9
居酒屋・パブ	67.3	65.6	59.0	43.8
コーヒーショップ	60.0	70.7	77.2	55.7
サービス業合計（3）	27.4	32.7	34.2	31.6
クリーンサービス・クリーニング	20.2	25.7	23.5	19.7
理容・美容	25.0	22.7	26.3	25.8
DPE・印刷・コピーサービス	24.7	38.1	44.0	44.4
レジャーサービス・ホテル	170.4	185.1	205.4	135.7
自動車整備	6.2	9.8	10.0	9.3
リース・レンタルサービス	64.6	65.8	77.4	71.0
学習塾・カルチャースクール	10.1	14.7	15.1	14.0
住宅建築・リフォーム・ビルメンテナンス	70.2	82.5	75.9	69.7
その他サービス	13.4	18.0	19.0	19.7

出典：JFA フランチャイズチェーン統計調査より集計

①小売業フランチャイズ

　小売業フランチャイズは、総合小売と専門小売に分かれますが、代表的な業種はコンビニエンスストアです。国内では 1970 年代に 1 号店を開店以来、POS レジの導入や 24 時間営業、銀行 ATM の設置などのサービスを拡充して生活インフラとしての確固たる地位を築きました。ターン・キー型フランチャイズ・システム（本部が店舗や設備などを一括して用意し、加盟者は「カギさえ受け取れば」開業できる仕組み）を確立し、小売業フランチャイズ全体に占めるコンビニエンスストアの割合は、売上高・店舗数ともに 5 割以上を占めており、フランチャイズチェーン全体への影響力も非常に大きくなっています。

　コンビニエンスストアは、本部のフランチャイズパッケージが地域インフラとして緻密かつ強大になるにつれ、加盟者の経営者としての裁量との関係がしばしば問題視されるようになり、人手不足による 24 時間営業見直し等とも相まって、コンビニエンスストアのビジネスモデルは転換期を迎えています。

　なお、衣料品・食料品・生活雑貨・医薬品など他の小売業フランチャイズ業種においても、本部が独自の工場や仕入ルートを持ち、プライベートブランドの充実やこだわりの強い商品ラインアップによって生活者の支持を得ているフランチャイズチェーンも多く存在しています。

②外食業フランチャイズ

　外食業フランチャイズは、ファストフード、レストラン、居酒屋、喫茶店に大別されます。それぞれの業態は、国民の食生活や行動様式の変化に対応しながら成長を続けています。具体例として、喫茶店は、生活者の居場所ニーズや長時間滞在ニーズに応える形で、食事メニューの拡充や分煙化などを進めながら店舗数を拡大しています。また、焼肉、寿司などの専門レストランもメニューを増やしてファミリーレストラン化し、顧客層を広げています。さらに、新型コロナウイルスにより需要に拍車がかかったテイクアウト、デリバリーサービスについても、多くの外食業が導入を進めています。

　一方、居酒屋は、新型コロナウイルス感染症拡大の影響で、厳しい営業規制による店舗の閉店が相次ぎ、食堂や焼肉店など酒類提供のない業態への転換に挑戦している企業が増加しています。

③サービス業フランチャイズ

　サービス業フランチャイズは、業種・業態が多岐にわたっているのが特徴です。多くの業種で、人による対面でのサービス提供が行われており、学習塾・理美容室・ハウスクリーニング・リラクゼーション・介護サービスなどがその代表例です。近年は、働き手の不足を解消するため、教育研修制度や人材登録制度を充実させて安定した運営を支援する本部企業が増加しています。また、ホテル業では予約やチェックインをセルフサービスとして省力化を図るなど、IT 活用も積極的です。

　店舗数では、技術進歩により代替サービスが生まれた CD レンタルや DPE が減少している一方、住宅リフォームや教育関連分野は増加しています。高齢化や教育制度の変化などによる時代のニーズがいち早く反映されるのもサービス業フランチャイズの特徴といえるでしょう。

　さらに、無店舗や事業主ひとりで始められ開業資金が比較的少ない業態も多く、副業やギグワーク（1〜3 時間などの短い時間だけ働き、継続した雇用関係のない働き方）の浸透により、今後も新たな業態が次々と誕生すると考えられます。

❸ フランチャイズ展開の戦略的意義

① 急速な事業規模拡大の実現

①フランチャイズが展開スピードを高められる理由

　事業規模を急拡大することには、さまざまなメリットがあります。スケールメリットを享受できる分野では、短期間に一定のシェアを確保することは、規模の経済のメリット享受にもつながります。例えば、大量に原材料を調達することによって製造原価を低減できますし、問屋やメーカー、生産者、物流業者などに対して交渉力が強まることも期待できます。あるいは、成長が見込まれる市場で短期間に店舗数を一気に増やし、トップブランドとしての認知度を高めることが有効な場合もあるでしょう。

　事業規模を拡大させるために有効な方法は店舗の増加です。しかしながら、店舗数を自力で増やすためには多額の資金を調達することが必要になります。後ろ楯のない成長過程にある企業の場合、資金調達は銀行借入などの間接金融に頼らざるを得ません。今の日本の金融制度の中では、一定金額以上の資金を長期・低利で調達しようとすると、金融機関から物的担保の提供を求められることになります。こうした企業が有効な担保を提供することは実質的には困難といえるでしょう。

　また、店舗を増やしていくためには、店をしっかり運営できる人材を育成することも避けては通れません。社内で人材を育成していくことはそれなりのコストとある程度の期間を要します。このことは、資金調達以上に難しい問題になるかもしれません。

　経営資源の乏しい企業が事業規模を急速に成長させようとする場合、有効な手段となるのがフランチャイズです。その理由は、フランチャイズは加盟者自身が持つ資金やマンパワーといった経営資源を活用できるからです。フランチャイズ展開する場合、原則的に店舗の出店費用は加盟者が負担します。また、本部研修を通じて教育する前提となりますが、加盟者の人的資源を活用できます。優秀な加盟者を獲得できれば、直営店として営業する以上に良い成果

を得ることも可能です。加盟者が成功を収めて複数出店を目指すようになれ
ば、多店化はさらに加速されます。

②急速成長のために必要なマーケティング

　フランチャイズ本部の事業規模の拡大は加盟店の増加によって実現されま
す。その意味で、フランチャイズ本部のビジネスの本質は「自社のフランチャ
イズパッケージを短期間にたくさん販売するビジネス」であるという見方もで
きます。

　フランチャイズ本部の成長が、自社のフランチャイズパッケージを商品化し
てより多くの事業者に販売することによって実現されると考えれば、そこには
「マーケティング」思考が必要になります。まず、加盟者となるターゲット顧
客を明確に設定し（セグメンテーション）、競合するビジネスや市場環境の変
化を分析し（競合分析・市場分析）、より販売しやすい自社のフランチャイズ
パッケージを設計し（商品設計）、それを販売する方法を計画します（販売戦
略・計画）。そのうえで、販売活動の結果を分析し、計画を再構築し、さらに
改善された販売活動を展開する（PDCAサイクル）ことで自社の販売力を強
化していく取組みが重要になります。

図表1-7　フランチャイズ本部のマーケティング概念図

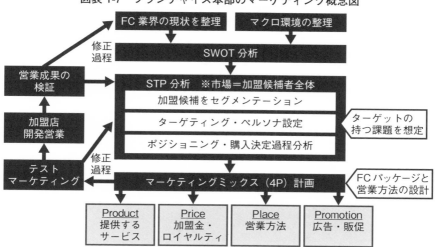

② リスク回避策としてのフランチャイズ

　環境変化の激しい現代では、企業活動におけるリスク管理の重要性がますます高まっています。企業は常にリスクと向かい合っており、リスクマネジメントは企業共通の課題です。企業を取り巻くリスク要因はさまざまありますが、その中の一つが外部環境に起因するリスクです。

　外部環境の変化はマクロ要因とミクロ要因に分類できます。経営に大きな影響を及ぼす可能性がある要因は以下のとおりです。

図表 1-8　外部環境のリスク要因

マクロ要因	政治情勢、気象変動、景気動向、社会情勢、疫病・戦争、技術進展、為替水準、法的規制など
ミクロ要因	市場規模・成長性、顧客の価値観、生活スタイル、ブランド力、商品力、価格の傾向、競合他社など

　これらの外部環境の変化は、企業の努力だけでは防ぐことができないものばかりです。したがって、企業はこうした事態に遭遇したときに被害を最小限にとどめることが重要で、そのためには環境対応力を高めることが不可欠です。

　環境変化への対応力を高めるために有効な手段として、財務上の使用総資産を圧縮することがあります。使用総資産とは貸借対照表の借方の合計金額をいい、貸方の合計額と一致します。使用総資産が大きいということは、現預金や商品在庫、売掛金などの流動資産、不動産や機械設備などの固定資産を多く保有した企業であることを示します。同種の事業内容の中で比べれば、相対的に使用総資産が大きい企業に外部環境の変化が起こった場合、使用総資産が小さい企業に比較して、迅速に対応することは難しく「事業リスクが高い」といえるでしょう。その意味で、同じ売上規模であっても使用総資産を相対的に小さくすることができるフランチャイズ本部企業は、レギュラーチェーンを展開する企業に比べて高い環境対応力を持つことができます。かつては、重厚長大が日本の優良企業の代名詞でしたが、今はその様相も様変わりしています。

③ 安定した経営基盤の構築

①フランチャイズ本部の収益構造

　フランチャイズ本部の収益構造は一般企業とは形態を異にします。フランチャイズ本部企業の売上に該当するのは、直営店売上、加盟金、ロイヤルティ、広告売上、研修売上などです。また、外食フランチャイズでよくあるように、本部が加盟者に供給する食材の卸売金額も売上に計上されます。

　他方、商材の納入業者や内外装を請け負う指定業者などからの、本部へのキックバック（本部の指定業者が、加盟者との取引金額の一部を紹介料等として本部側に支払うこと）も期待できます。こうした収入は、通常、営業外収入として処理されますが、最終利益に貢献することには変わりありません。このように、フランチャイズ本部の収入源は一般的な企業と比較すると多様です。

　フランチャイズは他人資本を活用することに特徴があります。このことから、事業規模が小さく資金力に乏しい企業でもフランチャイズ展開を始めることは可能です。しかしながら、初期段階のフランチャイズ本部は、プロトタイプモデルの構築、専門コンサルタントとの契約、システム開発、フランチャイズ・ビジネスの専門人材の確保や育成、加盟店開発などにかなりの費用が必要になります。こうした投資のすべて、または一部を省略してフランチャイズ展開をした場合、フランチャイズパッケージの内容が不十分となり、途中で事業が行き詰まり、あるいは加盟者とのトラブルが多発するような事態が生じることが懸念されます。したがって、フランチャイズ展開をするためには、一定水準以上の投資を行うための資力が必要となります。

　過去の事例から見て、フランチャイズチェーン本部が収益面で安定してくるのは、加盟者数が一定の水準を超えてからといえます。セブン-イレブンでさえ、初期段階は赤字に苦しんでいます。この意味からも、フランチャイズ展開をするためには、財務基盤の安定が必要です。

②飲食フランチャイズ本部の高い株式上場（公開）割合

　日本の小売業、外食業、サービス業の合計売上とフランチャイズ売上を対比させたのが図表1-9になります。

図表 1-9　業種別市場規模とフランチャイズ占有率

	全産業 (億円)	フランチャイズ (億円)	比率
小売業	1,449,650	190,465	13.1%
外食業	333,184	43,255	13.0%
サービス業	2,854,788	32,761	1.1%
合計	4,637,622	266,481	5.7%

※小売業は商業統計 2018 年版
※外食業は（一社）日本フードサービス協会「外食産業市場規模推計」2019 年度
※サービス業は総務省サービス産業動向調査データから外食・情報通信・学術研究・専門技術サービ
　スを除いたもの（2019 年）
※フランチャイズは JFA 統計調査 2019 年度版

　小売業分野ではコンビニエンスストアの売上高（11 兆 3,332 億円）が大き
く、小売業フランチャイズ分野の 59.5% をコンビニエンスストアが占めていま
す。

　次の図表は、小売業、外食業、サービス業の分野で株式を上場している企業
数（4 都市の証券取引所の合計 7 区分の市場）とフランチャイズ本部企業の上
場企業数を対比したものです。

図表 1-10　業種別上場企業数とフランチャイズ企業占有率

	全産業	フランチャイズ	比率
小売業	359	31	8.6%
外食業	98	40	40.8%
サービス業	542	25	4.6%
合計	999	96	9.6%

※全産業は証券会社情報を集計（2021 年 12 月）
※フランチャイズ企業は株式情報サイト「MINKABU」の"フランチャイズチェーン"数（2021 年
　12 月）

　これら 2 つの図表から、フランチャイズの総売上高は日本全体の 5.7% です
が、株式の上場企業数で見るとそれを上回る 9.6% を占めていることがわかり
ます。また業種別には、特に外食業において上場企業数に占めるフランチャイ
ズ本部企業の割合が高くなっています。

　株式を上場することは、①M&A や株式の投機的取引に対する危険性、②株
主の意向をふまえた経営が必要、③適時開示義務、などのデメリットがあるも

のの、①長期安定的な資金調達と財務基盤の安定、②会社の知名度の向上および社会的信用力の増大、③創業者利潤の獲得、などのメリットがあります。やはり、株式の上場は経営者の夢であり、成功の証であることは間違いないでしょう。

　株式の上場基準は市場ごとに異なりますが、純資産額や直近期の利益額などの要件をクリアする必要があります。フランチャイズ本部企業が多く株式を上場している理由は、①フランチャイズが本部企業にとって有効な仕組みとなっている、②フランチャイズをうまく活用すると企業を急成長させることができる、③フランチャイズ本部企業には一獲千金を目指す経営者が多い、などが考えられます。

④ 社員独立制度としてのフランチャイズ・システム

①のれん分け型フランチャイズの背景とそのタイプ

　かつての日本の商慣習の中に「のれん分け」という制度が根付いていました。のれん分けとは、奉公人などに長年の功労に報いるために同じ屋号の店を出すことを許可する制度でした。これは、現在のフランチャイズと共通点が多い仕組みです。のれん分けが盛んであった業種は和菓子屋、鰻屋、蕎麦屋などで、「青柳」、「宮川」、「砂場」などの店名はその名残です。

　企業は一般に、創業から年数が経過するにともない社員の平均年齢が高くなる傾向があります。このことは、固定費としての人件費の増加や組織としての硬直化・活力低下を招くことにもなりかねません。一方、社員のやる気を引き出し、能力を継続的に発揮してもらうには、社員に何らかのインセンティブや目標を提供することが必要です。

　こうした課題を解決する方法として、「のれん分け方式」によって従業員が独立できる制度を構築することは非常に効果的です。ただ旧来ののれん分けは、多年にわたる親方と奉公人の信頼関係をベースにしていたため、あいまいな部分も多くあります。後々のトラブルを未然に防ぐためには、お互いの役割や権利義務関係をあらかじめ明文化しておくことが必要となります。

　このようなのれん分け方式による従業員の独立に適した仕組みがフランチャイズです。最近では、「社員独立型フランチャイズ」として、従業員を独立さ

せる手法が定着しています。もともとフランチャイズはのれん分けに近い仕組みであるため、本部と独立する従業員の双方から受け入れられやすいという側面があるのかもしれません。多くの企業がこの方式で従業員を独立させ、一定の成果を出しています。

　一方、レギュラーチェーンを展開していた企業が、従業員の独立をフランチャイズ方式で行ったことを契機にして、外部から一般の加盟希望者を募り本格的にフランチャイズ展開して成功したという例もあります。このことから、本格的なフランチャイズ展開のリハーサルとして従業員をフランチャイズ方式で独立させるということも、戦略的な意義があるといえます。

　社員独立型フランチャイズは3つの意味でとらえることができます。それぞれには以下のような特徴があります。

a．キャリアプラン型

　採用の時点から将来独立開業することを選択肢として示し、従業員の独立開業を人事制度の一環と位置づけるのがこのタイプです。会社が、独立志向の高い従業員の中から勤続年数、資質、勤務態度、自己資金などの要件をクリアした者を、フランチャイズ加盟者として独立させるものです。

　一般に、外食業の企業で働く従業員には独立を志向する割合が高く、多くの外食企業でこの方式が採用されています。最近では、センスや技術の面で秀でた従業員を囲い込むため、同様のシステムを採用している美容院フランチャイズなども見受けられます。キャリアプラン型はかつてののれん分けに通じる仕組みです。

b．適性診断型

　フランチャイズ本部が加盟希望者を一定期間社員として雇用し、加盟希望者の資質や適性、やる気などを評価し、加盟させるかどうかの判断基準とするのがこのタイプです。代表的な例としてカレーハウスCoCo壱番屋の「ブルームシステム」が知られています。最近ではコンビニエンスストア各社がこの手法を採用して店舗数を拡大させています。

c．国際型

　最近では、サービス業や飲食業などで海外の人材を雇用するケースが少なくありません。こうした企業で一定期間勤務し、技能を習得した外国人労働者が

同じ事業を母国で展開するというケースも見られるようになりました。このときに、フランチャイズ方式を採用し必要な資材を日本から共有するような形での国際的なのれん分け型フランチャイズも見られるようになりました。

②社員独立フランチャイズの意義と留意点

適性診断型は従業員の独立というより加盟店開発の一環、国際型はグローバル化の一環という性質を持ちますので、ここではキャリアプラン型に絞ってその意義と留意点を説明することにします。キャリアプラン型のメリット・デメリットは以下のようになります。

キャリアプラン型を採用する場合、長期的な展望に立って制度設計する必要があります。目先の経費削減というような視点でこの制度を導入すると、メリットよりもデメリットのほうが大きかったというようなことにもなりかねませんので、注意が必要です。

図表1-11　キャリアプラン型のれん分けのメリット・デメリット

メリット	デメリット
●独立という夢を与えることで従業員の士気が高揚する ●優秀な社員を集めやすくなる ●会社や上司に対する従業員の忠誠心が高まる ●勤続年数が長く給与が高い従業員を独立させることで固定費を削減できる ●組織の若返りができる ●資質の高い社員が加盟者として店を運営することから高い成果が期待できる	●加盟金やロイヤルティを優遇することで本部の収益に寄与しにくい ●融資や債務保証などの支援が重荷になる（独立支援を行う場合） ●本部企業から優秀な人材が抜ける ●既存加盟者との調整が難しくなる

4 フランチャイズ・ビジネスに関する法律

わが国ではフランチャイズ・システムの規制を直接の目的とした法律はありませんが、情報開示や運用のあり方について、中小小売商業振興法と独占禁止法に定めがあります。また、チェーンの商標の集客力や信用性がチェーンの価値をつくり上げることから、商標法、不正競争防止法に関する基礎知識も、フランチャイズ・ビジネスを行ううえで必要となります。

1 中小小売商業振興法

中小小売商業振興法（小振法）は、商店街の整備、店舗の集団化、共同店舗等の整備等を通じて、中小小売商業の振興を図ろうとする法律です（小振法1条）。

中小小売商業振興法はフランチャイズ・システムを直接の対象とした法律ではありませんが、高度化事業の一例として連鎖化事業があげられています（小振法4条）。その連鎖化事業のうちでも「当該連鎖化事業にかかる約款に、加盟者に特定の商標、商号その他の表示を使用させる旨及び加盟者から加盟に際し加盟金、保証金その他の金銭を徴収する旨の定めのあるもの」を特定連鎖化事業とし（小振法11条）、フランチャイズ・システムは基本的にはこれに含まれます。ただし、連鎖化事業とは「継続的に、商品を販売し、又は販売をあっせん」する事業に限られるので、サービス業のフランチャイズ・システムは対象とされません（小振法4条）。

特定連鎖化事業に加盟した者は共通の商標等の使用が義務づけられるとともに、加盟金等の支払い義務を負います。そこで、特定連鎖化事業に加盟しようとする中小小売商業者を保護するために、特定連鎖化事業を行う者は、その加盟希望者に対して、契約内容の重要事項を記載した書面（いわゆる「法定開示書面」）を事前に交付し、その記載事項について説明することが義務づけられています（小振法11条、小振法施行規則10条）。なお、2022年4月1日施行の改正小振法施行規則において、法定開示書面への記載事項が追加されています（第4章ケーススタディの「8.法定開示書面作成の留意点」を参照）。

② 独占禁止法

①独占禁止法

　独占禁止法（「私的独占の禁止及び公正取引の確保に関する法律」）は、公正かつ自由な競争を促進するために、私的独占、不当な取引制限（カルテル・談合）、不公正な取引方法などを禁止した法律です。

　フランチャイズ・システムはチェーンとして運営されることからチェーン全体の統一的イメージや営業秘密を確保する必要があり、その結果、チェーンの一員である加盟者に対して商標、商品の仕入先、販売方法、販売価格など数々の制約が課せられます。この制約が行き過ぎると、不公正な取引方法（優越的地位の濫用（独占禁止法2条9項5号）、抱き合わせ販売（同項6号、一般指定10項）、拘束条件付き取引（同号、一般指定12項等）に該当します。

　また、フランチャイズ契約を締結すれば、加盟希望者は加盟者としてフランチャイズ本部の包括的なシステムに組み込まれることから、加盟募集に際しては十分な情報開示が必要です。フランチャイズ本部が、十分な情報開示を行わず、虚偽・誇大な情報を提示したため、加盟希望者が、そのフランチャイズ・システムの内容を実際よりも著しく優良であると誤認した場合は、ぎまん的顧客誘引（同号、一般指定8項）に該当します。

②フランチャイズ・ガイドライン

　独占禁止法自体は抽象的な定めになっているので、具体的な場面で独占禁止法がどのように適用されるかが明らかではありません。そこで、公正取引委員会は1983年9月に「フランチャイズ・システムに関する独占禁止法上の考え方について」（以下、「フランチャイズ・ガイドライン」といいます）を発表しました。フランチャイズ・ガイドラインは、2002年4月の改訂で情報開示の充実と適用範囲の明確化が図られ、その後、2010年1月、2011年6月および2021年4月に改正されています。前述した小振法はサービス業のフランチャイズには適用されませんが、フランチャイズ・ガイドラインはすべてのフランチャイズ・システムを対象としています。

　フランチャイズ・システムでは加盟希望者が契約内容を理解することが重要です。そのため、フランチャイズ・ガイドランでは、フランチャイザー（本

部）が加盟募集にあたり加盟希望者に対して的確に開示することが望ましい事項として、加盟後の商品等の供給条件に関する事項や加盟者に対する事業活動上の指導の内容等などの 8 項を列挙しています。本部が、加盟募集に際して、こうした重要事項について十分な開示を行わなかったり、虚偽もしくは誇大な開示を行ったりすることで、実際のフランチャイズ・システムの内容よりも著しく優良または有利であると誤認させ、競争者の顧客を自己と取引するように不当に誘引する場合、そのような加盟募集はぎまん的顧客誘引に該当します。

　フランチャイズ契約では、本部は、加盟者に対して、商品、原材料、包装資材等の仕入先や、販売方法、営業時間、営業地域、販売価格等について一定の制限を課します。本部によるこれらの制限がフランチャイズ・システムによる営業を的確に実施する限度を超え、加盟者に対して正常な商慣習に照らして不当に不利益を与える場合には、優越的地位の濫用に該当し、加盟者を不当に拘束するものである場合には、抱き合わせ販売等または拘束条件付取引等に該当します。これについてフランチャイズ・ガイドラインは具体的な例をあげて優越的地位の濫用にならないよう注意を促しています。特に 2021 年改正においては、「営業時間の短縮に係る協議の拒絶」「事前の取り決めに反するドミナント出店等」の例が追加されました。

　このようにフランチャイズ・ガイドラインは加盟契約締結時から加盟契約締結後にわたるまで本部と加盟者との関係について独占禁止法上の指針を具体的に示していますので、フランチャイズ本部の設立を目指す企業は必ず確認してください。なお、独占禁止法は当事者間の私法上の権利義務を直接規律するものではありませんが、独占禁止法やフランチャイズ・ガイドラインに明らかに反するときは、私法上の効力や義務や違法性にも影響を与える場合があります（民法 1 条 2 項、90 条、709 条）。

③ 商標法

①商標の登録

　フランチャイズ・システムにおいて、そのチェーンの商標が持つ知名度、信用性、集客力は重要な財産です。

　商標とは「文字、図形、記号、立体的形状若しくは色彩又はこれらの結合、

音その他政令で定めるもの（これを、「標章」といいます。）であって、①業として商品を生産し、証明し、又は譲渡する者がその商品について使用をするもの、または、②業として役務（いわゆる「サービス」）を提供し、又は証明する者がその役務について使用をするもの」をいいます（商標法2条1項）。有体物である商品について使用される商標を「商品商標」といい、役務について使用される商標（サービスマーク）を「役務商標」といいます。

　商標が商標登録を受けた場合には「登録商標」となります（商標法2条5項）。登録商標においては、商標権者は指定商品または指定役務について登録商標を排他的・独占的に使用する権利を有しますので（商標法25条）、第三者が指定商品・指定役務について登録商標やその類似の商標を無断で使用した場合、商標権者は、その使用や権利侵害行為の差し止めを請求し（商標法36条）、損害賠償を請求することもできます（商標法38条）。また、自己の業務上の信用を回復するのに必要な措置を求めることができます（商標法39条、特許法106条）。他方、商標登録を怠っていると、類似商標を利用する同業他社に対して商標権侵害を主張することはできませんし、第三者に同一または類似商標を先行登録されてしまうことで逆に商標権侵害を主張される可能性もあります。

②商標の使用

　加盟者は、当該フランチャイズチェーンの一員として商標を使用することから、商標の使用にあたってはチェーンの価値を害さないようにさまざまな制約を受けます。そのため、フランチャイズ契約書には商標使用に関して詳細に規定されています。商標の機能は以下のようになります。

ａ．自他識別機能

　事業者は自己の商品や役務に商標を付けることで、他の者の商品や役務と区別することができます。

ｂ．出所表示機能

　商標が自他識別機能を有するからこそ、特定の商標が使用された商品や役務の出所が表示されることになります。

ｃ．品質保証機能

　消費者はその商標が付された商品や役務に対して同じ品質やレベルを期待す

るようになり、その結果、その出所である事業者は自己の商品や役務の品質維持向上に努めます。

d．広告宣伝機能

当該商標がこうした品質保証機能を備えながら広く使用されれば、消費者の中には、その商標自体に対する信頼感が生まれます。

④ 不正競争防止法

不正競争防止法は、事業者間の公正な競争およびこれに関する国際約束の的確な実施を確保するために、不正競争の防止（差止請求）および不正競争に係る損害賠償に関する立証の容易化や信用回復措置を講じ、もって国民経済の健全な発展に寄与することを目的とした法律です（不正競争防止法1条）。

不正競争防止法では不正競争行為として15の類型があげられていますが、フランチャイズ・システムでは標章が信用力、集客力の基礎となり、しかもチェーンとして広範囲に使用されることから、「周知表示の混同惹起行為」が問題となります。

過去の裁判例では、元加盟者が契約終了後もフランチャイズ本部の標章を用いて事業を行っていた事案において、裁判所は、元加盟者が契約終了後も営業行為を継続することは不正競争防止法2条1項2号の不正競争行為に当たるとしています（東京地判平18.2.21判タ1232.314）。

⑤ その他の法律

そのほかにも特許法、民法、商法、特定商取引法、製造物責任法などがフランチャイズ・システムに関係します。なお、特定商取引法については、フランチャイズ契約が業務提供誘引販売取引（同法51条）に該当すると判断した事例（大津地判令2.5.26）もあり、特に個人を加盟者として集客（顧客紹介）を本部があっせんするような業種のフランチャイズ契約においては注意が必要です。

⑥ 業界の自主基準

フランチャイズ・システムの適正な発展を図るために、一般社団法人日本フ

ランチャイズチェーン協会から、「一般社団法人日本フランチャイズチェーン協会倫理綱領」「加盟者希望者への情報開示と説明等に関する自主基準」「フランチャイズ契約の要点と概説」などが発表されています。詳しくは、同協会のホームページを参照してください。

第 **2** 章

本部構築編

■本部構築の全体像

本部構築の全体像

1. 本部の基礎固め
①直営店でのノウハウ蓄積　　　④必要な本部機能と本部組織の検討
②チェーン展開の可能性の検討　　⑤商標登録
③経営理念の明確化

2. プロトタイプの確立
①コンセプトの明確化　　　　　　⑤店舗デザイン・設計の標準化
②立地タイプと適正商圏の明確化　⑥効果的な販売促進策の検証
③商品・サービスの開発と育成　　⑦情報システムの導入・開発
④店舗オペレーションの標準化　　⑧業態のブラッシュアップ

3. フランチャイズ・システムの設計・構築
①マニュアルの整備・作成　　　　⑦店舗設計・建築体制の整備
②スーパーバイジング体制の構築　⑧加盟者オープン支援システムの構築
③教育訓練システムの構築　　　　⑨開業資金
④供給・物流システムの構築　　　　（加盟金・保証金・設備投資等）の設定
⑤本部用情報システムの導入　　　⑩ロイヤルティの設定
⑥立地評価方法の整備　　　　　　⑪収支モデルの設定

4. 本部事業計画の策定
①直営店・加盟店出店計画　　　　④組織体制・人員計画
②投資計画　　　　　　　　　　　⑤損益計算・資金収支計画
③資金調達・返済計画

5. フランチャイズ契約内容の決定
①契約書作成上の留意点　　　　　③法定開示書面の作成
②フランチャイズ契約書の作成

❶ 本部の基礎固め

① 直営店でのノウハウの蓄積

　本部として自社のビジネスのフランチャイズチェーン展開を行うためには、直営店でのノウハウの蓄積が必要です。フランチャイズチェーン展開するための必要条件は、一言でいえば「成功ノウハウ」を有していることです。

　そのためには、特色ある商品やサービスを開発しており、それらの商品・サービスを販売するための成功ノウハウが直営店で実証されていることが必要となります。それら直営店の成功ノウハウをベースに、フランチャイズ加盟者のための立地、店舗、オペレーションの標準化を行っていきます。また直営店の実績をもとに、初期投資・モデル収支の試算、投資回収期間等のシミュレーションを行い、フランチャイズ展開の準備をしていきます。

　また、いかに魅力的なビジネスでも失敗のリスクが皆無というわけではなく、フランチャイズチェーン展開したすべての店舗が成功するものではありません。そのような不測の事態が起こる恐れが生じた際に、本部が「失敗ノウハウ」を有していると、加盟者の失敗を未然に防ぐことにつながります。成功ノウハウと違って積極的に公表する必要はありませんが、失敗ノウハウを社内に蓄積しておくことも重要です。

図表2-1　直営店でのノウハウ活用イメージ

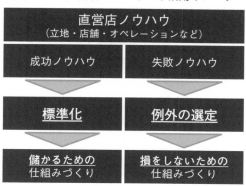

2 チェーン展開の可能性の検討 ────────

フランチャイズ・ビジネスを展開するための前提条件は2点あります。

①自社のビジネスがフランチャイズ展開に適しているか

フランチャイズ・ビジネスを展開していくにあたり、すべてのビジネスがフランチャイズ化に適しているわけではないことに注意してください。自社のビジネスがフランチャイズ展開に適しているか、図表2-2のチェックシートを参考にチェックしてみましょう。

図表2-2　フランチャイズ展開事前確認チェックシート

チェック項目
①収益性が高いか
□営業利益率は高いか 　（できれば直営店の営業利益率が20%程度欲しい） □加盟者はロイヤルティ支払い後も十分な報酬を確保できるか 　（ロイヤルティを支払った後で営業利益率10%は欲しい）
②事業の拡大が容易で、事業拡大にメリットが大きいか
□一定以上の市場規模が見込めるビジネスモデルか □出店可能な立地タイプが複数あるか（駅前、ロードサイド、SC内など） □店舗数の拡大がコストダウンやイメージアップ等のメリットにつながるか
③ビジネスパッケージは差別化されているか
□継続して収益を得ることが見込めるビジネスモデルか □商品やサービスが同業他社と差別化されているか □マネジメントシステムやオペレーションシステム、情報システム等で優れたノウハウを持っているか
④ノウハウ習得が容易か
□事業を運営するためのノウハウの習得は短期間で可能か □ノウハウ習得のための方法・マニュアルは確立されているか □ノウハウを維持するためのシステム化や集中化は進んでいるか
⑤社会的に必要とされているビジネスか
□顧客層は明確か □商品・サービスが公序良俗に反していないか □友人・知人などからフランチャイズ展開を求める声があがっているか

②フランチャイズ展開のための基本的な準備ができているか

　「3ショップ・2イヤーズ・ルール」とよばれる原則があります。フランチャイズ展開するにあたっては、最低でも3店舗、2年以上の直営事業経験が必要とされています。複数の収益モデルを実際の直営店で確立することが、フランチャイズ・ビジネスを展開する前提条件です（本章の「2.　プロトタイプの確立」参照）。

　一方で最近は、情報化社会の進展や消費者ニーズの多様化により流行の拡散と衰退が速くなり、同時に業態の発展と衰退も速く進むようになっています。そのため、事業実績の検証が確実に1年間で可能となるケースなど、業種業態の特性によっては、直営事業経験を1年以上（「3ショップ、1イヤー」）とする考え方もあります。

　これらの前提条件を確認した後、図表2-3のようなマインドマップを活用して、収益性や事業展開・ビジネスパッケージの優位性などについて全体像を体系的に漏れなく確認していきます。

図表2-3　フランチャイズ展開コンセプトシートの例

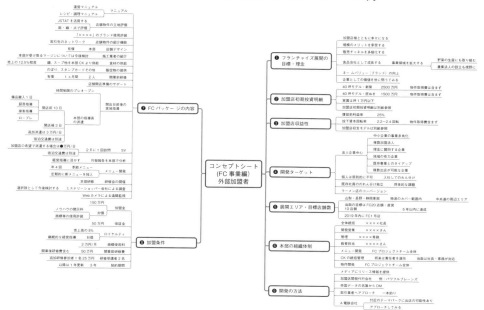

③ 経営理念の明確化

①経営理念の必要性

　経営理念とは、企業経営を行うにあたって前提となる基本的な価値、信条や信念、行動基準のことをいい、経営哲学でもあります。経営理念は、会社の社是や基本方針として明文化されている場合もあれば、そうでない場合もありますが、経営上の意思決定をするにあたって価値判断の基盤になる、重要なものです。

　フランチャイズチェーンは、フランチャイズ本部（フランチャイザー）と加盟者（フランチャイジー）と呼ばれる異なる企業が、契約に基づいて長期間にわたって同一の事業を営みます。経営理念は、チェーン運営に際して、基本的に資本関係のない両者を結びつける重要な要素です。フランチャイズ本部と加盟者が共通の認識を持ち、同じ価値観のもとで経営を実践するに際して基盤となるものが経営理念です。

　フランチャイズチェーンは理念共同体であり、チェーン全体の求心力を高めるためにフランチャイズ本部と加盟者が共鳴できる経営理念を明文化することが不可欠です。したがってフランチャイズ本部は、加盟者に対して、明確に経営理念を示す必要があります。一方、加盟者は、フランチャイズ本部の経営理念を十分に理解し、それに共鳴できることが加盟の前提となります。そして、本部の経営理念を行動基準として経営を実践することが成功の条件となります。

②理念の策定手順

　経営理念を策定するには、まず社内の理念に関するものの棚卸しから始めるのがよいでしょう。体系化された経営理念はなくても、社内にはそれに関係するものがあるはずです。たとえば、社員心得やスローガン、創業者の訓話のようなものです。経営理念を策定する前提としてそれらをすべて洗い出しましょう。経営理念の要素が詰まっているはずです。

　そして、「経営の基本姿勢の策定」、「社会的使命の明確化」、「行動基準の策定」の3つの要素を明文化して経営理念をつくり上げます。必ずしも経営理念がそのような項目体系になっているわけではありませんが、この3項目は中心

的な要素といえます。それぞれの要素は以下のとおりです。

a．経営の基本姿勢の策定

　フランチャイズ事業を遂行するうえで何を重視するのか。何をすべきで、何をすべきでないのか。すなわち、企業のあるべき姿を述べたものが経営の基本姿勢といえます。

b．社会的使命の明確化

　企業は社会という大きなシステムを構成している一部分です。自社がフランチャイズ展開することによって、何のために社会に存在しているのか。その存在意義、すなわち社会的使命を示すことが必要です。

c．行動基準の策定

　行動基準は日々の業務の中で一人ひとりがどのような考え方で行動すべきかを具体的に示したものです。

図表2-4　経営理念共同体のイメージ

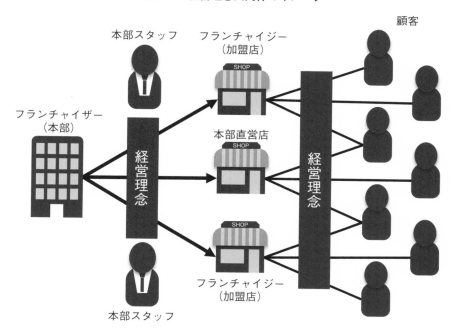

4 必要な本部機能と本部組織の検討 ──────────

①フランチャイズ本部の7つの機能

　フランチャイズ本部には一般的に下記の7つの機能があります。

a．加盟店開発機能

　フランチャイズパッケージの競争優位性を継続的改善により維持し、加盟店数を拡大していく機能。

b．商品開発・販売促進機能

　消費者の支持を獲得しうる、差別化されたユニークな商品・サービスを提供する機能。

c．店舗運営サポート・スーパーバイジング機能

　本部の提供する商品・サービス、販売方法等を加盟者に理解させ、店舗運営の状況等をチェックし、指導する機能。

d．教育研修機能

　加盟店経営者やスタッフに経営全般や店舗運営ノウハウを伝授していく機能。

e．物流機能

　加盟者が確実に店舗運営するために必要な商品や原材料・資材等を供給する物流体制を構築していく機能。

f．情報システム機能

　店舗運営に必要な経営管理システム（購買管理・在庫管理・販売管理・労務管理・会計管理など）を、ローコストオペレーションの確立に向けて機能的に構築していく機能。

g．業態開発・革新機能

　環境の変化に対応し、絶えず業態の開発および革新によりブラッシュアップを行い、収益の源泉であるコアコンピタンス（強み）を維持継続する機能。

　上記a～cの機能を一般にフランチャイズ本部の基本3大機能とよびます。本部立ち上げのアーリーステージにおいては、これら基本3大機能を有した本部機能にすることです。すなわち、フランチャイズパッケージや加盟者を開発し、加盟者の発展を支える継続的な商品開発・販売促進を行い、加盟者の日々

図表2-5　フランチャイズ本部の機能

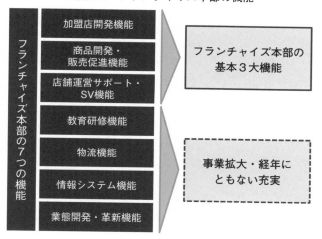

の店舗運営サポート・スーパーバイジング活動を行うことで、チェーンの急速発展を目指します。

②本部機能保有の優先順位・アウトソーシングの検討

　アーリーステージの本部においては、人員や資金などの面から7つの機能すべてを自社で賄うことが困難な場合が想定されます。その場合はフランチャイズ基本3大機能を中心に、本部要員を社長プラス3名程度（加盟店開発担当、スーパーバイザー担当、総務ほか内勤業務担当）という体制から準備を進めていけばよいでしょう。最初は社長がスーパーバイザーを兼務し、5店舗程度運営できてきたら、専任のスーパーバイザーを配置するといったように、最初はあまり本部機能に人員およびお金をかけずに立ち上げていくことが現実的です。

　また、中核ではない機能をアウトソーシングし、規模の拡大とともに自社に切り替えていくという方法があります。アウトソーシングに適した機能としては、情報システム機能（購買管理・在庫管理・販売管理・労務管理・会計管理などの運用）、物流機能（商品や原材料、資材等を供給していく配送・物流の運用）などがあげられます。

　古い資料ですが（その後、同種の調査資料は未発行）、2008年の経済産業省

『フランチャイズチェーン事業経営実態調査報告書』によると、アウトソーシングを実施している具体的な本部機能として、①加盟者募集・契約交渉、②チェーンの宣伝活動、③情報化、効率化といった項目が上位にあがっています。

　しかしながら、前項であげた「加盟店開発」「商品開発・販売促進」「店舗運営サポート・スーパーバイジング」のフランチャイズ基本 3 大機能はフランチャイズ本部の中核であり、特にアーリーステージのチェーンにとってはノウハウを蓄積していくうえで非常に重要となる機能なので、安易に外部にアウトソーシングすることはおすすめできません。

⑤ 商標登録

①商標登録の必要性

　フランチャイズ・ビジネスは、フランチャイズ契約により加盟者に商標やサービスマークの使用を許諾し、本部と同じ商品を扱い、同一イメージのもとで営業を行うことによりお客様に安心を提供しています。

　もし、商標権を登録していなければ、他社が同一または類似の商標やサービスマークを使用しても中止を求めることができません。仮に他社がその商標権を登録すれば商標を変更せざるを得なくなり、築き上げてきたチェーンの統一イメージやブランドイメージを維持することが難しくなります。商標やサービスマーク等の商標権を登録することによって商標等が法的に保護され、第三者の不正使用を差し止めることができます（第 1 章の「4.　フランチャイズ・ビジネスに関する法律」参照）。

　以上から商標・サービスマーク等の商標権を登録することは不可欠なのです。

②商標登録の方法

　商標を登録するには、権利を主張できる範囲を明確にする必要があります。「商品および役務（サービス）の区分」に応じて、商品やサービスを指定し、特許庁に出願します。「商品および役務（サービス）の区分」は、単一料金で登録出願できる商品およびサービスの属する分野を定めるものです。商品は 1～34 類、サービスは 35～45 類の区分に分かれています。

　フランチャイズ・ビジネスでは、対応する商品および役務（サービス）に加え、35類を必ず登録してください。35類には、経営の診断または経営に関する助言、市場調査、商品の販売に関する情報の提供等が含まれています。フランチャイズ本部では、加盟者に助言・経営指導をすることから、本部の事業領域として重要なものだからです。

　注意すべきは、登録前に必ず商標調査をすることです。登録したい商標と同一の商標や、類似する商標が先に登録されていると、商標登録ができません。特許庁での審査でも拒絶される恐れがあります。「特許情報プラットフォーム（J-PlatPat）」で商標の検索・調査をしてください。

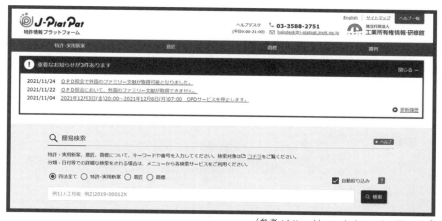

（参考：https://www.j-platpat.inpIT.go.jp/）

　また将来的に海外に進出することを検討している場合には、事前に現地における商標登録の有無を確認しておくことも必要です。昨今、日本で使われている商標がすでに海外で登録されており使用できない、といったトラブルもありますので注意が必要です。

　海外進出を視野に入れるかどうかにかかわらず、商標に関しては登録前に十分な調査を行うことが必要です。事前に自ら検索することは有効ですが、実際に登録する段階では、弁理士など専門家に依頼して調査を行ってください。なお、出願・登録に係る費用等についても、専門家の弁理士にご相談されることをおすすめします。

❷ プロトタイプの確立

1 コンセプトの明確化 ─────────────────────

①コンセプトワーク

　フランチャイズ・ビジネスを展開するためには、高い収益性を持ち、安定性、成長性に優れ、なおかつ再現可能なビジネスモデルが成立していなければなりません。そこでまず、現在の事業の棚卸しを行い、顧客にとって十分な魅力のあるビジネスなのか、そのビジネスを展開する可能性はあるのか等を検討する必要があります。この検討を進めるために「コンセプトワーク」を行います。

図表 2-6　フランチャイズ・ビジネス コンセプトマップ

業態編	事業理念 将来ビジョン	一言でいうと どんな事業か	外部環境・競合
何を -What-	どのように -How-		誰に -Who-
商品・サービス	販売促進方法	施設要件 外装・内装	ターゲット顧客
価格	店舗の人員体制	立地条件	顧客のニーズ
事業の優位性			
ブラックボックス		収益性	

FC 本部編	何のための FC 展開か	プロトタイプモデル の特徴	FC 事業としての 外部環境・競合
何を -What-	どのように -How-		誰に -Who-
FC パッケージ	本部体制	加盟店開発方法	加盟店開発 ターゲット
加盟条件	開業時初期費用	加盟店の収益性	目標オーナー数 店舗数

　コンセプトワークとは、あるアイデアを具体的な形にしていくことであり、コンセプト（概念）を言葉で明確に表現する作業のことです。設計図がなければ家が建てられないのと同様に、フランチャイズ本部構築にあたってコンセプトワーク（＝設計図作成）は必要不可欠なプロセスです。コンセプトワークは、「業態編」と「FC本部編」の2つについて行います。

a．コンセプトワーク【業態編】

　フランチャイズ展開をするためには、直営1号店の成功は絶対条件です。そして、この1号店がなぜ成功したのか？　その検証作業が最も重要です。成功要因は何かを具体的に抽出し、それを横展開できるようにすることで、2店舗目、3店舗目、そしてFC加盟店の展開へとつながっていきます。

図表2-7　コンセプトマップ【業態編】

業態編	事業理念 将来ビジョン	一言でいうと どんな事業か	外部環境・競合
何を -What-	どのように -How-		誰に -Who-
商品・サービス	販売促進方法	施設要件 外装・内装	ターゲット顧客
価格	店舗の人員体制	立地条件	顧客のニーズ

事業の優位性	
ブラックボックス	収益性

　コンセプトワーク【業態編】では、図表2-7のコンセプトマップを用いて、成功要因を項目ごとにまとめます。各項目は相互に関連しています。

　まずは、「事業理念・将来ビジョン」、「一言でいうとどんな事業か（＝事業コンセプト）」、「外部環境・競合」をまとめるところからスタートします。

　これらをインプット項目として、【誰に】【何を】【どのように】と具体的に落とし込んでいきます。この3項目はフランチャイズ化の前に、一般のビジネスとして必要な3つの要素でもあります。これら要素があいまいであると加盟希望者への業態コンセプトの訴求効果も高まらず、また仮に加盟したとしても事業がうまくいかない原因となります。業態コンセプトの確立が、顧客である

図表 2-8　業態コンセプト

コンセプト	ポイント
誰に 「ターゲット顧客」、 「顧客のニーズ」	どのようなターゲットに製品やサービスを提供するのかを明確にする。一定の収益を確保するには、市場性のある顧客ターゲットを定める必要がある。測定可能な顧客の存在、実際にコミュニケーションが可能な顧客、継続的に関係が構築できる顧客といった観点から、できるだけ詳細に顧客層を明確に打ち出すことがポイント。顧客層を明確に打ち出すことで、フランチャイズ・ビジネスの仕掛けも明確なものになる。
何を 「商品・サービス」、 「価格」	ターゲットになる顧客が持っているニーズに応えた商品やサービスのこと。顧客が抱えている何らかの悩みを解決したり、顧客をより楽しく、快適にしたりする商品やサービスが必要。
どのように 「施設要件・外装・ 内装」、「立地条件」、 「販売促進方法」、 「店舗の人員体制」	ターゲットの顧客に提供する商品やサービスを実際に提供する場合の提供方法や提供ノウハウ＝独自の成功ノウハウのこと。これらには、顧客へ商品・サービスを提供する店舗の立地条件や施設要件なども含まれる。

加盟店開発のスタートでもあり、なかでも「どのように」は当該ビジネス独自の成功ノウハウとしてフランチャイズ・ビジネスにとって事業の生命線ともいえるものとなります。

　そして、これらの結果から、この事業の優位性はどういうところにあるのか、「ブラックボックス」、「収益性」という観点からまとめていきます。

　ブラックボックスとは、一見マネができそうに見えて、内部の構造が明らかでないものや原理が不明なもので、曖昧的因果性としてとらえられます。ブラックボックスがあることで、マネをしてみたけれどうまくいかないという状況がつくれ、真の競争力を持つことができます。この事業の優位性があるからこそ、フランチャイズ展開が可能になるのです。

b．コンセプトワーク【FC 本部編】

　次に、フランチャイズ本部のコンセプトワークを行います。業態編と同様に、【誰に】【何を】【どのように】と具体的に落とし込んでいきます。

　多くの店舗が統一した活動を行うようにするためには、多店舗展開における理念やビジョン（何のためのフランチャイズ展開か）をしっかりと構築しておくことが必要です。私どもフランチャイズ研究会による調査では、成功してい

図表 2-9　コンセプトマップ【FC 本部編】

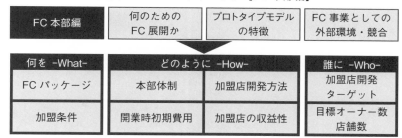

図表 2-10　マインドマップの例

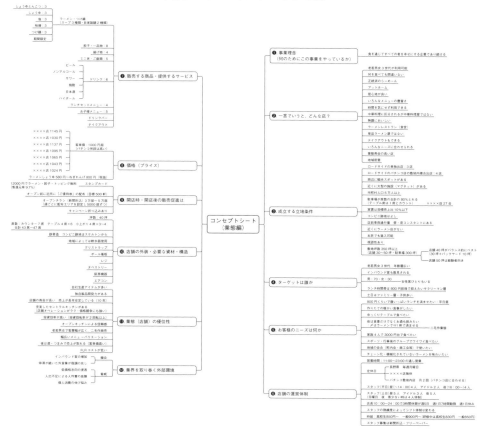

る加盟店ほど、本部の経営理念やビジョンに賛同していたという結果が出ています。

　これらの検討内容については、次の「3. フランチャイズ・システムの設計・構築」および「第3章　本部展開編」の中で具体的に解説をしていきます。

ｃ．マインドマップを用いたコンセプトワーク

　コンセプトワークを行う際には、図表2-10のようなマインドマップを用いて整理することも有効です。特に、複数人数で本部立ち上げのプロジェクトを進める際には、コンセプトの議論がしやすくなります。

③フランチャイズ展開の可能性

　コンセプトワークの結果を、ビジネスモデルの形に落とし込んだものが、図表2-11になります。

　フランチャイズとは、本部と加盟者が、契約に基づいて異なるビジネスモデルを運営し発展していくビジネスであり、2つのビジネスモデルを左右につなげたようなモデルとなります。フランチャイズ事業では、本部は、加盟者に成功確率の高い事業ノウハウを提供することで成立します。つまり、今までの直営店事業における責任とは異なる新たな責任が生じることになります。

　このビジネスモデルと前掲の「図表2-2　フランチャイズ展開事前確認

図表2-11　フランチャイズビジネスモデル

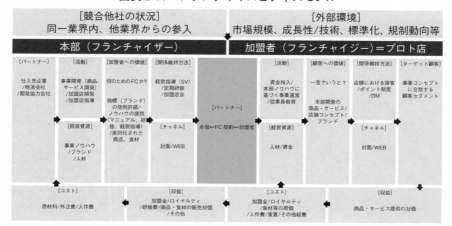

チェックシート」を用いて、フランチャイズの展開可能性を確認してください。

a．自社のビジネスモデル（業態）

現在自社で行っているビジネス（業態）が、競争力のある商品・サービスを展開しており、十分な収益性を有しているか？　という点が重要です（図表2-12）。

そして、これらの商品・サービスを販売するための成功ノウハウが直営店で実証されている必要があります（「3ショップ・2イヤーズ・ルール」）。

図表2-12　自社のビジネスモデル（業態）

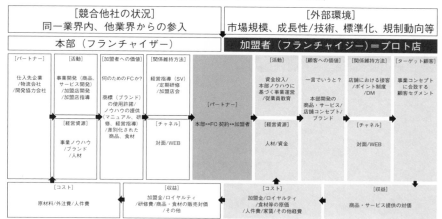

b．本部としての準備

次に、フランチャイズ本部としての準備が整っているのかということがポイントになります（図表2-13）。

フランチャイズ・ビジネスでは、未経験者でも成功できる仕組みになっていることが必要です。本部の研修を受講し、フランチャイズマニュアルに従うことで事業運営ができる状態になっており、本部からの定期的な経営指導により、継続して成果が得られるようになっていることが求められます。

そのためにも、フランチャイズ加盟者のための立地、店舗（内外装）、オペレーションなどの標準化を図り、仕組みを構築（システム化）しておく必要があり、さらには、これらをマニュアルとして形にしておく必要があります。研

修のカリキュラム、経営指導の手法なども確立しておきます。

　また、直営店の実績をもとに、加盟店の初期投資の試算、収支モデルおよび投資回収期間等のシミュレーションを行い、フランチャイズ展開の準備をしていきます。

　そして、本部企業に資金力があるかどうか、という点も忘れてはならないポイントです。フランチャイズ化の準備、展開には一定の資金が必要になります。フランチャイズ展開し始めた当初には、本部としての業務負担や、ある程度の赤字を覚悟する必要もあります。

図表 2-13　本部としての準備

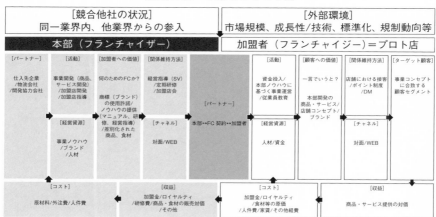

ｃ．ビジネスの規模感、将来性（外部環境）

　これはフランチャイズ・ビジネスに限ることではありませんが、ビジネスの規模・将来性が十分にあるかどうかは重要なポイントです（図表2-14）。

　フランチャイズ・ビジネスでは、うまく展開できれば、多くの加盟者が関わることになります。フランチャイズ展開しようとするビジネスの市場規模が小さすぎたり将来の成長がなかったりするようでは、フランチャイズ・ビジネスとして成立しません。

　また、フランチャイズ展開を始めたばかりの段階では、フランチャイズの準備・展開のための費用が収入（加盟金・ロイヤルティ等）を上回り、赤字とな

る場合もあります。フランチャイズ本部として十分な利益を得られるようになるのは、加盟者が一定数を超えてからです。そのためにも、一定の規模があり、将来性のあるビジネスである必要があります。

　さらにもう1点述べるとすれば、法的規制を受ける業種・業態の場合、今後の法改正の動向に十分注意する必要があります。

図表2-14　ビジネスの規模感・将来性（外部環境）

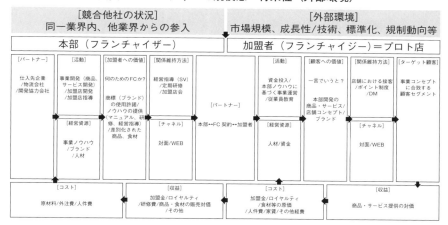

②3ショップ・2イヤーズ・ルール

　コンセプトを確立したからといって、直ちに加盟者を募集できるわけではありません。まずは、直営店の開発・運営を通して加盟者に提供できる成功ノウハウの構築と検証を行うことが必要です。成功ノウハウを客観的に検証するためには、同じ業態コンセプトで最低3店舗以上出店し、最低2年以上の実証期間を持つ必要があります。このように、成功ノウハウ構築のために実証期間を設けるルールを「3ショップ・2イヤーズ・ルール」といいます。

■3ショップ・2イヤーズ・ルールのポイント
●同じ業態コンセプトの店舗を開発する
●最低3店舗、出店する
●最低2年以上、運営する

　一つの店舗が繁盛したとしても、地域性、流行性、店主の個性等の特殊要因でたまたま繁盛しているだけかもしれません。その特殊要因を排除し、コンセプトの永続性を高めていくことが、フランチャイズ・ビジネスの成功につながります。そのうえで、店舗のオペレーションを標準化し、安定した業績が出せることを証明するためにも、2年程度の時間が必要です。このルールが達成されて初めて、フランチャイズチェーンを展開できる可能性が高まったといえるのです。

　ただし、昨今は市場環境や消費者ニーズの変化等のスピードが速いため、業態の陳腐化も早く進みます。したがって、「最低2年以上」を、「最低1年以上」とする考え方もあります（「3ショップ・1イヤー」）。業種や業態の特性、本部が投入できる経営資源の質と量、競合チェーンの展開スピードなども勘案して、検証期間を設定してください。

② 立地タイプと適正商圏の明確化

①立地タイプの明確化

　立地タイプには、駅前型、住宅地型、商店街型、オフィス街型、郊外ロードサイド型、小判ザメ型、観光地型等があります。自社のコンセプトがどのような立地に適性があるかを見極めることが重要です。

　また、出店施設の特性として、路面店（単独店）型、SC（ショッピングセンター）テナント型、駅構内テナント型、GMS（大型スーパー）・病院等併設型等があります。

　これら立地の特性は、路面店型とそれ以外に大きく分けることができます。これは、自力で集客をしなければならないか、あるいは集客を施設に依存できるかの違いです。路面店型は加盟者が単独で出店するため、フランチャイズ事業者が自力で集客を行う必要があるものの、営業活動における自由度は高くなります。SCやショッピングモールなどに出店する場合は、その施設の集客力を利用することができますが、営業時間や共通ポイントシステムの利用など、さまざまな面で制約を受けることになります。

②適正商圏を設定する

　適正商圏とは、その業種業態がターゲットとする顧客層を吸引できる主要な

図表2-15　立地タイプ別の特徴と注意点

立地タイプ	特徴	注意点
駅前型	●店前通行量が多く、年代等顧客層の幅が広い ●通行量に通勤・通学ラッシュ等時間帯により偏り	さまざまな来店客が見込まれる一方、店舗賃料が高い
住宅地型	●購買客になりうる顧客の近くに立地 ●店前通行量が少ない可能性 ●地域住民の生活動線を調査する必要あり	コンセプトに合う顧客がいるのかを慎重に検討する必要あり
商店街型	●最寄品業種の立地の多い近隣型 ●買回品業種の多い地域型 ●商圏が広く地域自体が商業集積といえる広域型 ●商店街のタイプにより適性業種が存在	商店街のタイプ（最寄り商店街・買回り商店街・大規模商店街等）と業態が合っているか検討する必要あり
オフィス街型	●周辺のオフィスに通勤するビジネスマン・OL等が顧客層 ●休日は顧客数が大幅にダウン	来店客の増減が激しく、ニーズにも特徴があるため、コンセプトとの整合性を確認する必要あり
郊外ロードサイド型	●自動車客がメイン ●店前通行量や駐車場の入りやすさ、店舗や看板の訴求力が重要	車客のニーズに対応しているかを検討する必要あり
小判ザメ型	●ロードサイドの大型店等に隣接する立地に出店し、大型店等が集客した客のおこぼれを狙う ●家賃が安く、出店費用を抑えられるメリットがある	大型店の集客力に左右されるので、来店客層や来店時間等を見極める必要あり
観光地型	●観光客が顧客層 ●観光施設に向かう動線上にあることがポイント	観光客向けか地域住民に向けた店舗かをコンセプトに合わせて検討する必要あり

地理的範囲のことです。適正商圏は、業種・業態コンセプトによって異なるほか、交通機関や道路条件等の地理的な条件によっても異なります。

　商圏の広さは、商品特性によって異なります。一般的には、希少性が高まるほど広くなるといわれており、最寄品（日常的に購入する食品等）であれば狭く、買回品（ファッション衣料や住居商品）や専門品（高級車やブランド品など）であれば広くなります。商品特性が同じでも差別化度が高いのであれば、遠くの顧客まで販売促進を行うこととなり、適正商圏はさらに広くなります。飲食業態では、フルサービスの客単価の高い業態は適正商圏が広く、セルフ

サービスの客単価の低い業態は相対的に商圏範囲が狭くなります。

　商圏範囲は、店舗からの直線距離でとらえると最もシンプルですが、より精密なモデルを構築するために、来店に要する時間（たとえば、店舗から徒歩10分で到達できる範囲など）で設定します。その際、交通機関や道路条件等によって、単位時間で到達できる距離が大きく異なります。

　最寄品であれば、来店の手段は徒歩や自転車が中心となりますが、買回品や専門品の店舗では、各種交通機関や車を使って顧客が何分で来店できるかを計算し、適正商圏を設定しています。

　商圏を設定する理由の一つは、その商品・サービスのおおよその市場規模を推測するためです。市場規模の推測が、販売促進活動の具体的なコスト計算や、来店客数の予測に基づく収益予測、収益予測をベースにした投資回収予測につながり、将来出店判断を行う際の判断基準となります。

> ■適正商圏設定のためのポイント
> ●商品特性：最寄品・買回品・専門品
> ●地理的条件：道路条件、交通機関
> ●販売促進の方法：宣伝・告知範囲の広さ・媒体

③市場規模を理論的に算定する

　加盟店開発を合理的、統計的に進めていくためには、事業に応じた市場規模がどの程度あるのかを理論的に算定することが必要です。理論上の市場規模は、ターゲットとする顧客層の人口・世帯数と購買力（当該商品の支出額）の積で算出できます。

> 市場規模　＝　ターゲット顧客層の人口・世帯数　×　購買力

　ターゲット顧客層の人口・世帯数は、該当の区市町村のホームページや、総務省統計局が提供している地理情報システム「jSTAT MAP」を活用して調べることができます（jSTAT MAP については第４章ケーススタディの3. を参照）。

　また、市場規模を計算する専門の調査会社やコンサルタント、ソフト販売会社もあるので、大規模な出店を進める際にはこれらの活用も検討します。

　購買力は、総務省が発表している家計調査年報で調べることができます。家

計調査年報の１世帯当たりの品目別支出額から、事業会社の商品・サービスに属する支出を確認します。その金額のうち、当該商品やサービスに支出できる部分が購買力になります。

　このように、ターゲット顧客層の人口・世帯数×購買力で算出された市場規模にその業種・業態の適正立地の要素を加味することで、モデル商圏を設定します。そのためにも、モデル商圏となりうる地域を設定し、実験店（直営店）を出店することでどの程度の収益が見込めるのかを検討する必要があります。

参考：総務省統計局　家計調査年報　１世帯当たり品目別支出金額
「都市階級・地方・都道府県庁所在市別」　http://www.e-stat.go.jp/

④適正商圏の算定

　実際に、実験店（直営店）による業種業態別適正商圏算定の方法を考えてみましょう。まず、モデル商圏となりうる地域を設定します。次に、実験店を出

図表 2-16　実験店（直営店）から考える適正商圏の考え方

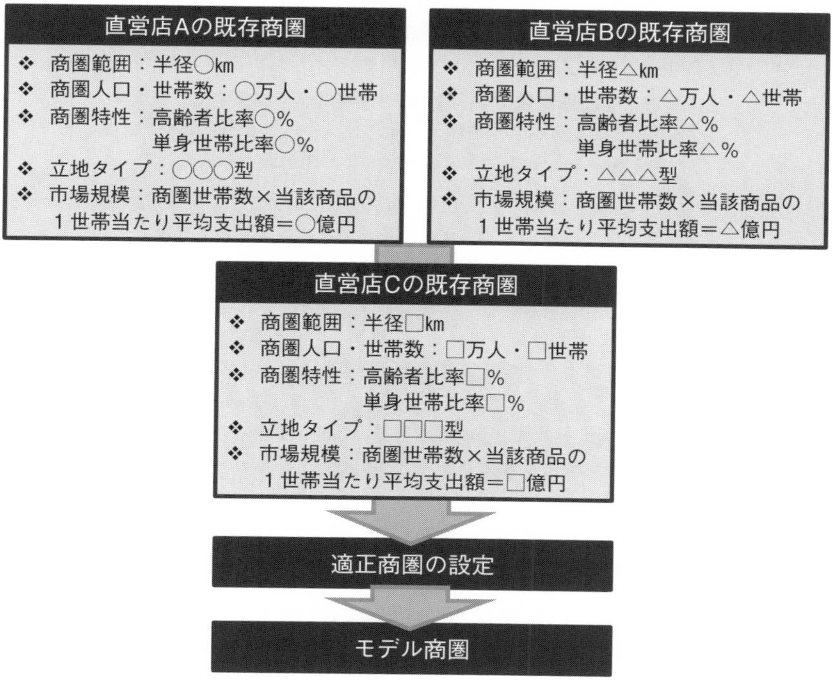

店することによりその来店客数、売上を検証します。商圏範囲のターゲット顧客の何％を来店客にできているのか、売上予測はどうであったかを確認します。これらを複数店舗で検証を繰り返し、精度を高めていくことで加盟店開発の適正商圏の予測、売上予測が可能になっていきます。

③ 商品・サービスの開発と育成 ──────────

① フランチャイズ展開に適した商品・サービスとは何か

　フランチャイズ展開に適した商品・サービスとは、売れている理由、売れていない理由が分析できている商品・サービスといえます。これはフランチャイズパッケージとして提供する場合、思いつきやその場限りの仕入ではパッケージになり得ないからです。業態コンセプトに基づいた商品・サービスがなぜ売れたか、売れなかったかを分析して、売れる理由を明確にして商品・サービスを提供する能力が本部には求められます。これこそが商品・サービスにおける成功ノウハウであり、このノウハウを蓄積するためにも、フランチャイズ加盟

図表 2-17　フランチャイズ展開にふさわしい商品の育成

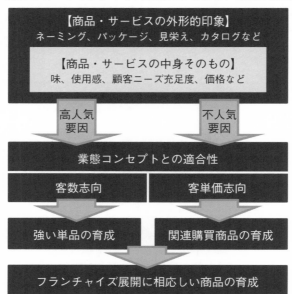

の開発当初は、直営店での販売分析に注力しなければなりません。

　売れたり、売れなかったりする理由は、商品・サービスの中味に関するものと、外形的なものに分けられます。中味についての理由は、味、使用感、ニーズ充足度、価格、接客等であり、外形的な理由は、商品ネーミング、パッケージ、見栄え、カタログ等があげられます。

　また理由によって対策も異なりますので、どちらに問題があるのか、業態コンセプトとの整合性を考えながら、検討する必要があります。お客様に定期的にアンケートを取ったり、従業員にヒアリングしたりするなどして、総合的に問題点への対策を練る必要があります。

　また、業態コンセプトとの整合性を考えるポイントは図表2-18のとおりです。最寄品・買回品・専門品といった商品特性の違いと客数・客単価志向の違いによって、商品開発のポイントが変わってきます。

図表2-18　商品開発のポイント例

		商品特性		
		最寄品	買回品	専門品
志向	客数志向	商品コンセプトを広くし、多くの来店を狙う	低単価品や限定品を定期的展開できる商品展開を行う	商品サービスをパッケージ化し、来店を容易にする
	客単価志向	商品ラインを広くし、買い上げ点数アップを狙う	商品ラインを広くとり、顧客との関係性を強化して客単価を高める	商品ラインを広くとり、顧客との関係性を強化して客単価を高める

②新商品・新サービスを開発する

　具体的に新商品や新サービスを開発する際のポイントを図表2-19に沿って考えていきます。

a．新商品・サービスのアイデアの探索

　アイデアの探索においては自社内だけではなく、広くアイデアを集めます。たとえば、①消費者や加盟店からの苦情・意見・要望、②従業員の意見や提案、③専門家の意見や業界情報、④競争企業の商品・サービス研究等があります。最近では、インターネットを活用して一般の顧客の意見を聞くなどの方法でアイデアを収集している企業もあります。

　また、潜在的ニーズを把握する方法として、新商品導入前にモニター制度を活用するなど、テストマーケティングを行うことも有効です。これらの情報をふまえ、開発担当者のアイデア、感性を盛り込み、他店にないオリジナリティのある商品・サービスを開発します。

ｂ．商品・サービスの開発：関連する諸条件のクリア

　ここでは、特に価格政策が重要になります。お客様がお求めになりやすい価格を設定し、高い品質で提供できるようにするため、仕入、加工方法、提供の仕方まで含めて工夫をする必要があります。また、商品・サービスの開発については、専門の部署を設けて、お客様に飽きられないよう、定期的に（季節商品等）新しい商品・サービスが提供できる体制をつくります。商品・サービスの開発体制を構築するには、単に新しいものを生み出せばよいのではなく、前

図表 2-19　商品・サービス開発のフロー

新商品・サービスのアイデアの探索
① 消費者や加盟店からの苦情・意見・要望 ② 従業員の意見や提案 ③ 専門家の意見や業界情報 ④ 競争企業の商品・サービス研究など

仮説としてターゲットの設定

ターゲットニーズの収集（マーケットリサーチ）

新商品・サービスの開発
＜商品の構成要素の明確化＞ ❖外的要因：ネーミング、パッケージ、見栄えなど ❖商品そのもの：味、価格、品質、使用感、顧客ニーズ　充足度など
＜関連する諸条件のクリア＞ ❖仕入先の開拓　　　　　❖提供方法の明確化 ❖加工方法の明確化　　　❖原価率の算定など

テスト販売による新商品・サービスの市場性・地域性 （立地タイプ、適正商圏、競合など）の検証

生産性向上のためのトレーニング、マニュアル作成

新商品・サービスの正式導入

提条件として、モデル立地、モデル商圏内の客層・競合等についてのマーケティング機能やノウハウを確立させておくことが重要です。

　新商品や新メニューをフランチャイズ・ビジネスに適したものにするには、生産性・市場性・地域性を考慮します。たとえば、生産性では、飲食業の場合は、アルバイトでも調理ができるよう、オペレーションの簡略化、標準化が重要です。

④ 店舗オペレーションの標準化

　アーリーステージの本部では、店舗数が少なくノウハウの蓄積もまだ足りないため、店舗オペレーションやレイアウトなどが店舗ごとに異なっていることが多く見られます。しかし、店舗によってオペレーションやレイアウトがバラバラでは、運営レベルにもばらつきが出てしまい、フランチャイズチェーン全体のイメージが低下してしまう恐れがあります。店舗内のサービス水準の向上とローコストオペレーションを同時に実現するためにも、基準となるオペレーションの確立は不可欠です。

　店舗オペレーションの標準化は、図表2-20のステップに基づいて進めていきます。ポイントは「すべてを統一する」という考え方ではなく「最低限これだけは守ってもらう基準＝最低基準」を決めるという考えで進めます。「すべてを統一する」という考え方では、加盟者に自由度がなくなるため、モチベーションの低下や、顧客からの要求に柔軟に応えることができないといった問題が起こりやすいからです。また、逆に「これだけはやってはいけない」ということを明確にすることもポイントです。

　すでに直営店を経営している本部にとっては当たり前のことでも、加盟者にとっては初めての経験になるため、直営店の「当たり前」を明文化し、まとめることが重要です。それらを明文化したものがマニュアルとなります。

　また、時流に沿ったオペレーション変更も必要となります。たとえば、世界的に感染症が流行した際に、さまざまな業界で省人化や非接触化（例：ロボットによる配膳や事前予約システム、セルフレジなど）の対応が進められました。このような時流に沿った対応ができなかったチェーンは、ともすれば「対応が遅い」「いい加減な」チェーンだと、顧客からの信頼を失ってしまう可能

図表 2-20　店舗オペレーションの標準化

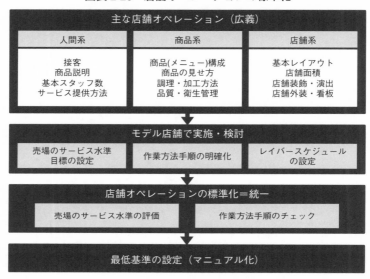

性があります。業界内外の動向にもしっかりとアンテナを立てて、必要があれ
ば随時オペレーションを見直すことを意識しておきましょう。

⑤ 店舗デザイン・設計の標準化

　フランチャイズチェーンは「統一イメージ」のもとチェーン展開することが
重要です。その最たるものは店舗デザインであり、このデザインに統一性が感
じられないとチェーン展開のメリットを生かすことが難しくなります。店舗デ
ザイン・設計を標準化することで、具体的には下記のメリットを享受すること
ができます。

①誘導効果と演出効果

　店舗デザインのメリットの一つに誘導効果があります。これは、外観からそ
の店舗のブランドを認識させることで、顧客は商品やサービス、またそのブラ
ンドによって保証される品質についても連想することができ、安心して店舗を
利用することができるという効果です。

　また、店舗デザインには演出効果もあります。これは、商品やサービスの魅

力を演出することで、顧客に対し購買意欲を喚起する効果のことです。デザインや陳列、色のトーン、照明などを駆使することで、その商品やサービスの持つ魅力を最大限まで引き出すことができるのです。なお、演出効果は、視覚的な要素だけでなく、BGMや肉の焼ける音などの聴覚的要素や、匂いなどの嗅覚的要素でも訴求することができます。

②出店コストの低減

　店舗のデザイン・設計を標準化することで、コスト削減効果も見込めます。共通の部材を使用することで規模のメリットが得られるため、部材単価を低減させることもできますし、また基本的な設計パターンを決めておくことで、新規に設計するよりも設計コストを抑えることも可能です。

　また、前述したオペレーションの標準化や効率化といった面からもデザインや設計を検討する必要があります。代表的なものとして動線があります。小売業などでは一般的に、顧客動線（施設内を顧客が通る道筋）を長くすることで客単価がアップする傾向があります。また、従業員動線（施設内を従業員が通る道筋）を短くすることで作業効率が高まりやすく、結果としてサービス品質も向上する傾向があります。施設のデザイン・設計を検討する際はこういった側面にも留意する必要があるでしょう。

6 効果的な販売促進策の検証

①効果的な販売促進

　本部は、加盟者に対し「売上をつくる」ノウハウの提供が求められるため、販売促進は必要です。加盟者が目標の売上を達成できていない場合はもちろんですが、現在は好調であってもオープン後数年が経過すると売上が減少あるいは横ばいになることも多いので、効果的な販売促進が必要となるのです。そのため、本部はまず直営店で販促活動を行い、その検証を行うことで独自のノウハウを蓄積していかなくてはなりません。本部には、加盟者（加盟店）の立ち上げ時に短期間で月次損益を黒字化するための販売促進策がしっかりと検証されていることが求められるでしょう。

　具体的な販促活動については、広告の利用などが容易に思いつきます。しかし、広告活動による市場への告知だけでは十分ではありません。告知に加え、

消費者の購買意欲を高めるようさまざまな活動を組み合わせて実施することがポイントとなります。販促活動には、広告、PR、パブリシティ、人的販売などがあるので、自社の商品・サービスに合った販促活動を実施することが重要です。

また、客数増加を狙うための販促活動は、店舗の立地条件などにより大きく変わります。具体的に狙うべきは既存顧客の来店頻度向上および新規顧客の開拓ですが、その内容・訴求方法はさまざまです。そのため、オフィス街、繁華街、郊外などの立地パターンか、あるいはテナントなら百貨店、駅商業施設、ショッピングセンター、アウトレットなどの業態パターンに切り分けて販促活動の実施と検証を行い、ノウハウを蓄積することが重要です。

近年ではICT（情報通信技術）の普及・発達により、CRM（Customer Relationship Management、顧客関係管理）の取組みを行うことが容易になってきました。たとえば、POSレジなどを活用することで、いつ・誰が・何を・いくらで購入したか、といった情報を入手することができます。これらの情報を生かすことで、アップセル（より上位の商品やサービスを販売すること）を狙ったり、メールなどでリマインドすることでリピート購入を促したりするこ

図表 2-21　効果的な販売促進

販促＝売上をつくる			
客数対策		客単価対策	
新規顧客の開拓	既存顧客の来店頻度向上	買上点数の増加	商品単価の向上
チラシ折込ポスティングチラシ街頭配布	ダイレクトメールケータイ販促	視認率の向上レジ前販促の活用	商品ラインナップの検証商品改廃

訴求方法	
価格訴求	非価格訴求

立地パターン・業態パターン別に効果検証	
立地パターン	業態パターン
オフィス街型・繁華街型・郊外型など	百貨店型・駅商業施設型・SC型・アウトレット型など

とが可能になります。

　また、同様にWebマーケティングの取組みも、近年では必須の販売促進策といえます。たとえば、近場の飲食店を探す際にマップ上で店舗を検索するという人も多いでしょう。こういった顧客を取り込むために、マップ上にビジネスプロフィール（店舗の情報や写真など）を掲載するということも、今では一般的に行われています。効率的なマーケティング活動をサポートするためのMA（Marketing Automation）ツールなども含めて、自社のビジネスに合ったWebマーケティングの取組みを検討しましょう。

②販促効果の検証

　販促効果を検証するには、まず販促目的を明確にしておくことが重要です。その際には売上金額や集客人数、客単価などの定量的なデータだけでなく、定性的なデータも必要です。目標の売上金額を達成できたとしても、ターゲットとしていた顧客層とは異なる顧客層が来店していた場合は、本来目的としていた効果は得られなかったと考えるべきでしょう。たとえば、男性向けに販促活動を行ったのに、実際に集客できたのは女性だったという場合、次回以降に販促活動を行う場合は内容の見直しが必要です。

　目的を明確にしたら、店舗（施設）の現状に合った販促計画を立て、目的に合った販促媒体を選択・実行し、効果を検証評価して改善する、というPDCA（Plan—Do—Check—Action）サイクルにのっとった販促を行うことがポイントです。その際は、効果の検証が行えるような仕組みを内包させることも重要です。たとえば、クーポン券やチラシ持参など販促の効果が手元に残るようにすることは検証を行ううえで必須となります。

　また、集客効果だけでなく、費用対効果の検証も併せて行うことが重要です。具体的には、広告等の媒体費用、商品・サービスの値引き金額など販促活動にかかった経費を集客人数で除してお客様1人当たりにかかった集客費用を算出します。このような取組みから費用対効果が高い販促企画のノウハウが構築され、加盟者への指導も行えるようになるのです。

　効果検証についても、ICTを活用することで、より詳細に検証することが可能になっています。たとえば、SNSを利用して広告を出稿する場合、どのような目的（認知度アップなど）で、どのような顧客層（地域や年齢、性別な

ど）に、どのような内容の広告を実施するのかを設定しますが、結果としてど
の程度のリーチ数や反応があったのかを定量的なデータとして入手することが
できます。回収したクーポン券の枚数を数える、といった手間が省けることか
ら、事業者にとって効果検証がやりやすく、かつ精度を高めることができるよ
うになってきているのです。

図表 2-22　販促効果の検証（PDCA サイクル）

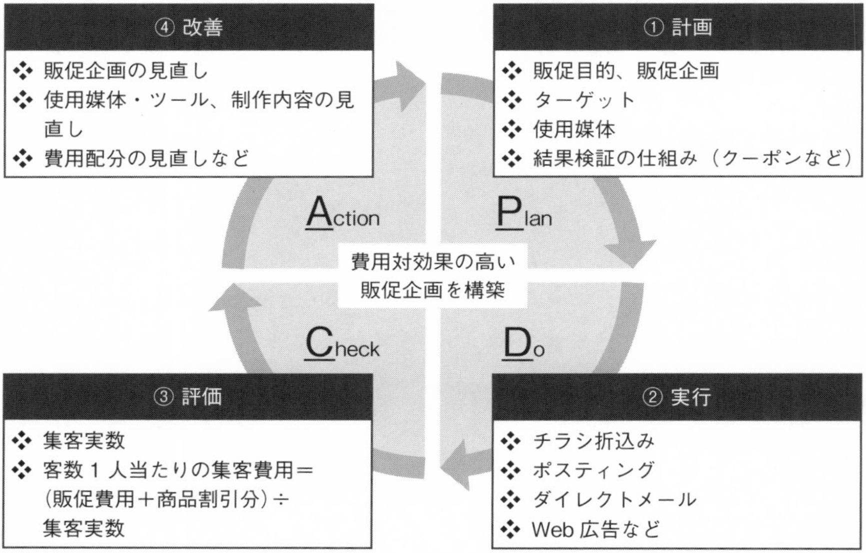

④ 改善
- ❖ 販促企画の見直し
- ❖ 使用媒体・ツール、制作内容の見直し
- ❖ 費用配分の見直しなど

Action

① 計画
- ❖ 販促目的、販促企画
- ❖ ターゲット
- ❖ 使用媒体
- ❖ 結果検証の仕組み（クーポンなど）

Plan

費用対効果の高い
販促企画を構築

Check

Do

③ 評価
- ❖ 集客実数
- ❖ 客数 1 人当たりの集客費用＝
  （販促費用＋商品割引分）÷
  集客実数

② 実行
- ❖ チラシ折込み
- ❖ ポスティング
- ❖ ダイレクトメール
- ❖ Web 広告など

7 情報システムの導入・開発

　企業活動ではさまざまな情報を取り扱いますが、これらの情報を、コン
ピュータ（ハード・ソフトウェア）を用いて効率的に処理し、分析できるよう
にするための仕組みが情報システムです。

　企業活動に必要な情報システムには、業務運用の支援をしたり、業務の流れ
や情報を効率的に把握・分析したりするための管理システム（販売管理・購買
管理・在庫管理・労務管理・会計管理・ビジネスインテリジェンスなど）、組
織間における円滑で良好なコミュニケーションを支援するためのシステム（グ

ループウェア・ワークフロー・チャット・SNS など）、マーケティングを行う
ためのシステム（SFA・CRM・MA など）などがあります。

　今や、情報システムは、正しい経営判断を行ううえでも必須のものです。自
社の状況、発展段階に応じて必要なものを導入・開発していきます。

図表 2-23　情報システムや IT サービスの例

分類	システム・サービス例	事例
マーケティング	●営業支援（SFA） ●顧客管理（CRM） ●マーケティング（MA） ●地理情報 SYS（GIS）	Web サイトや SNS、顧客情報等と連動した予約管理、レコメンド、クーポン発行など、複数のシステムや情報を連携した販売促進の支援。
販売・精算	●タブレットレジ ●セルフ POS ●キャッシュレス決済	安価で導入がしやすいタブレットレジが台頭。キャッシュレス化も促進。 顧客自らが商品をスキャンして精算するセルフ式 POS による、ボトルネックになりがちなレジの無人化、効率化。
人材管理 コミュニケーション	●勤怠管理 ●シフト管理 ●社内 SNS・チャット ●グループウェア ●ワークフロー	スマホや交通系 IC カードを用いた勤怠管理。AI によるシフト管理の自動化など、店長業務の削減。 社内 SNS による組織をまたいだ従業員のコミュニケーション促進。
経営管理 効率化	●販売・購買管理 ●在庫管理 ●会計管理 ●BI ●RPA	経営上必要となる各種情報を効率的に処理、分析するための管理システム。 これらを一元的に管理する ERP。 人的なパソコン業務を自動化し効率化を図る RPA。
業種・業態別	〈飲食〉 ●配膳ロボット ●スマホオーダー 〈小売〉 ●購買行動管理（カメラ＋AI） 〈教育〉 ●AI 学習 〈フィットネス〉 ●入館管理 ●AI ミラー	各業種・業態における人材不足を解消するための情報システム・IT サービスが増加。非接触、無人での店舗運営を可能にしている。 また、単に業務の効率化を目指すだけでなく、デジタル技術（5G、AI、IoT、ロボットなど）を活用した新たなビジネスモデルを創出する例も増えている。

①情報システムの導入方法

　情報システムは、店舗運営上、最低限必要なシステムから優先的に導入し、企業の発展段階に応じて必要なものを構築していくことが現実的なステップです。

　情報システムの導入方法として、大きくは「オンプレミス」と「クラウド」に分けることができます。オンプレミスとは、自社開発・自社運用ともよばれ、情報システム（サーバーやソフトウェアなど）を、企業（本部）が管理する施設内に設置し、運用することを指します。一方、クラウドの場合、企業が使用する情報システムを、拡張可能な仮想環境にて提供します。通常、利用者は必要な分だけの料金を支払うことになります。また、事業の拡大に合わせて、サーバーやサービスの拡大を柔軟に行うことができます。ITに関わるトータルコストを抑えつつ、効率的なIT運用を行うことができます。ただし、クラウドの採用にあたっては、次のような点に注意する必要があります。

- 企業（本部）の独自機能が必要な場合、対応ができない可能性がある。この対応をするためのカスタマイズが必要となると、その分のコストが大幅にかかる場合があり、自社開発との比較検討を行うこと。
- 利用者数の増加にともない、ランニングコスト（利用料）が大幅に増加する可能性がある。将来の拡大計画も検討すること。
- 取り扱う情報の取扱いをクラウド事業者に委ねることになる。その可否を判断すること。
- 情報の流通経路全般にわたるセキュリティが適切に確保されるのか確認が必要。そのためにも、自社にてセキュリティ要件を定めること。
- 海外のクラウド事業者によるサービス提供の場合、国内法以外の法令が適用されるリスクを評価すること。
- クラウドサービスの中断や終了の可能性がある。その場合、円滑に業務を移行するための対策を事前検討しておくこと。

　オンプレミスの場合、開発時だけでなく、保守・運用にもコストがかかることも考慮しておかなければいけません。コストを抑えたいのであれば、既存のクラウドサービスに業務を合わせ、チェーンとして決して譲れない部分のみ、ごく限られたカスタマイズを行う方法もあります。

導入する情報システムにより、「オンプレミス」とするか「クラウド」とするか、自社に適した方法を調査・検討しましょう。

図表2-24　オンプレミスとクラウド

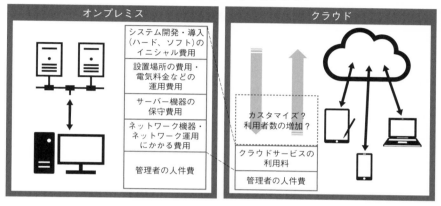

②システム構築のステップ

自社独自の情報システムを構築する場合のステップについて解説します。

情報システムを構築する際に最も重要なことは、情報システムにどのような目的を持たせるかを明確にし、それに沿ったシステムを構築することです。そのためには、システムを構築するときに以下のポイントを「システム要件」として整理します。

a．そのシステムを構築する目的

b．現状の仕組み・システムが抱える課題

c．システム構築で実現したい姿（目標）

d．運用を開始したい時期

e．この実現にかけられる費用

これらのポイントが整理できれば、システム会社へRFP（Request For Proposal：提案依頼書）を提示したり、既存のパッケージソフトの機能で要件を賄えるのかを確認したりすることが可能になります。また、c. d. e. の優先度と、c. の中の要件の重要度をあらかじめ決めておくと、決定の際の判断が容易になります。

図表 2-25　情報システム RFP のサンプル

内容

3．提案依頼事項

　提案にあたっての前提条件がある場合は明記ください。また、弊社要件を満たさない提案内容、もしくはより良い提案がある場合は、その差異を明記ください。

3-1　提案の範囲

　今回の提案をお願いする機能追加・改修の範囲は以下のとおりです。
これらについて、具体的な実現方法をご提案ください。

カテゴリ	要求事項	主な内容
売上登録	POSレジで売上登録情報が、リアルタイムで本部と共有されるようにする	・売上額・客数・組数・客単価 ・売上原価・粗利・時間・性別 ・商品・商品カテゴリ・数
売上レポート	売上高、客数、客単価、売上原価、粗利のレポートが日次で出力される	・売上高 　-時間帯別 -曜日別 -前年比 -前月比 ・客数 ・・・
・・・	・・・	・・・

8 業態のブラッシュアップ

　プロトタイプを構築したら、このプロトタイプをブラッシュアップ（磨き上げ）していくことが重要です。現在は商環境の変化のスピードが速く、顧客ニーズも多様化しているため、外部環境の変化に合わせて業態をブラッシュアップしていかなければ企業として生き残っていくことが難しい時代だからです。

　たとえば、コンビニエンスストアでは、もともとは若者対象の商品構成が中心でしたが、料金収納代行・キャッシュディスペンサー・チケット端末（子供から大人までが対象）の導入や、野菜や惣菜（女性や高齢者対象）の取り扱いなど外部環境の変化に合わせて業態をブラッシュアップさせてきました。新しい商材や新しいサービスを加えることで、客層を広げ、環境の変化に対応していく取組みが「業態のブラッシュアップ」です。

　ほかにも、リモートワークの普及にともなって、ホテル宿泊業界ではデイユースのサービス展開を始めています。インバウンド需要が低迷しているなか、客層を広げてさまざまなニーズを取り込むことで、活路を見いだそうとしているのです。これも「業態のブラッシュアップ」といえましょう。

　ブラッシュアップするためにまずやらなければいけないことは、フランチャイズ本部として「変えてはいけないところ」と「変えてもいいところ」を明確にすることです。「変えてもいいところ」を時流に合わせてブラッシュアップしていくとよいでしょう。

　また、業界内では競合他社のサービスを模倣するということが一般的に行われています。上記のコンビニエンスストアの事例でも、ある事業者が新しいサービスを展開したら、他の事業者がすぐに追随して同様のサービスを展開する、という「いたちごっこ」が頻繁に発生しているのです。こういった模倣を防ぐために、競合他社が簡単には真似できないようブラックボックス化しておくことも重要です。

　留意点として、業態のブラッシュアップを行うことで、新たな費用負担が発生する可能性があるということにも気をつける必要があります。この場合、本部だけでなく、加盟者にも費用負担を求めるケースもあることから、フラン

チャイズ契約書にあらかじめその点を記載しておくなどの予防措置が必要とな
るでしょう。

❸ フランチャイズ・システムの設計・構築

1 マニュアルの整備・作成

　フランチャイズはノウハウを売るビジネスといわれていますが、このノウハウを標準化し、見える化したものがマニュアルになります。マニュアルとは、フランチャイズ・ビジネスにおける本部の商品ともいえます。

　加盟者の成功を支援するために、本部はノウハウをマニュアル化し、研修を通じて加盟者に伝授する必要があります（詳細は、フランチャイズ研究会著『フランチャイズマニュアル作成ガイド』（同友館）を参照）。

①マニュアルの種類

　業種・業態により構成・内容は異なりますが、マニュアルには、次のようなものが必要です（図表2-26）。

　これらすべてのマニュアルが揃っていることに越したことはありませんが、本部を立ち上げる段階で、すべてを準備しておくことは現実的ではありません。最低限、加盟店が店舗運営できるレベルのものから作成していきます。

- ●基本マニュアル
- ●管理マニュアル
- ●オペレーションマニュアル

は必須となります。続いて、

- ●マーケティングマニュアル
- ●オープンマニュアル

と作成していきます。

　加盟者が増えていくなかで、本部体制をしっかりと築いていくために、本部が使用する

- ●スーパーバイジングマニュアル
- ●加盟店開発マニュアル
- ●マニュアル管理マニュアル

を整備していきます。

図表 2-26　マニュアルの種類

種類	概要	対象	
		本部	加盟者
基本マニュアル	本部の理念や価値観、経営方針を記載したもの	○ 全員	○ 全員
管理マニュアル	事業責任者（オーナー含む）が管理すべき項目を説明したもの	○ 責任者	○ 責任者
オペレーションマニュアル	事業に携わるすべての人に関わる運営の手引き。最初に作成するもの	○ 全員	○ 全員
マーケティングマニュアル	販売促進や広告宣伝のスケジュールや手法を記載したもの	○ 全員	（一部） 責任者
オープンマニュアル	事業開始までの段取りを記載したもの。FC では、本部用と FC 用に分かれる	○ 開業担当	（一部） 責任者
スーパーバイジングマニュアル	本部から派遣される指導者が指導するためのガイドラインとするもの	○ SV	―
加盟店開発マニュアル	加盟者を開発するマーケティング手法について記載したもの	○ 開発担当	―
マニュアル管理マニュアル	マニュアルの保管方法やメンテナンスなど、マニュアル管理運営のルールを決めたもの	○ 教育担当	―

②マニュアル作成のステップとコツ

　マニュアルの作成にあたり、全体を取りまとめるプロジェクトマネージャーと、各パートを執筆作成する担当者でプロジェクト組織をつくります。マニュアルを実務に根ざしたものにするために、マニュアル作成の担当者には、現場経験のある人を選びましょう。

　また、マニュアルの作成を外部に委託する場合、「短期間で作成できる」「仕上がりが綺麗にできる」「網羅的なマニュアル体系となる」といったメリットがある一方、「ノウハウが内部に残りづらい」「コストがかかる」「メンテナンスに向けた体制を組んでおかないと最新の状態に保てない」といったデメリットもあります。メリットとデメリット、本部立ち上げのスピード感などを考慮し、外部委託の可否を判断してください。

　マニュアル作成は、『ルールづくり→仕組みづくり→（狭義での）マニュアルづくり→仕掛けづくり』という流れに従って進みます。

図表 2-27　マニュアル作成の流れ

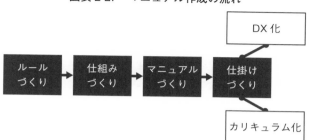

a．ルールづくり

　商品の製造方法、飲食物の調理方法、サービスの提供方法、接客方法など、その具体的手段や手順について、できるだけ具体的に制定します。このときには、寸法、時間など、数値に置き換えていく作業も必要です。店舗によって、あるいは人によって、これらが異なってしまっては、顧客に提供する商品・サービスの品質にバラつきが出てくることは容易に想像できると思います。ですから、最初にこのルールをつくることから始めるのです。

b．仕組みづくり

　次に、決めたルールを一連の業務の流れ（ビジネス・プロセス）に従って実行できるよう、仕組みをつくり上げていきます。このとき、一連のプロセスを最適化し、効率的・効果的に業務が流れるよう最適化していく必要があります。さらに、ITを活用することによって、さらなる効率化が図れることになります。しかし、あくまでもIT化は手段にすぎません。業務のルール化と仕組み化をしたうえで、より最適化を図る手段としてIT化を考えなければ、IT投資に対する最大限の効果は得られません。

c．マニュアルづくり

　いよいよマニュアルを作成していくことになります。まずは目次をつくり、全体として何が必要かを明らかにしたうえで、担当者に割り振り、作成を進めていきます。管理マニュアルは管理者を中心としたヒアリングにより、デスクワークで作成できますが、オペレーションマニュアルの作成には、現場での取材が欠かせません。マニュアル作成を契機として現場に足繁く通うことで、業務改善の種を見つけることもあるでしょう。

　マニュアルの作成には、一般的に使用している文書作成ソフトウェアを利用すればよいですが、作成や共有を Web 上で行うクラウドサービスもあります。また、動画マニュアルを作成するケースも増えています。動画マニュアルはスマートフォンとアプリで簡単に作成できるようになっています。どれか一つだけの方法をとるのではなく、ドキュメント・Web・動画など、それぞれの利点を理解し、最適な組み合わせで使うとよいでしょう。

　わかりやすいマニュアルを作成するためには、文章ばかりでなく写真やイラスト、フロー図や表などの図表を多く使うように構成します。

図表 2-28　マニュアルのサンプルとポイント

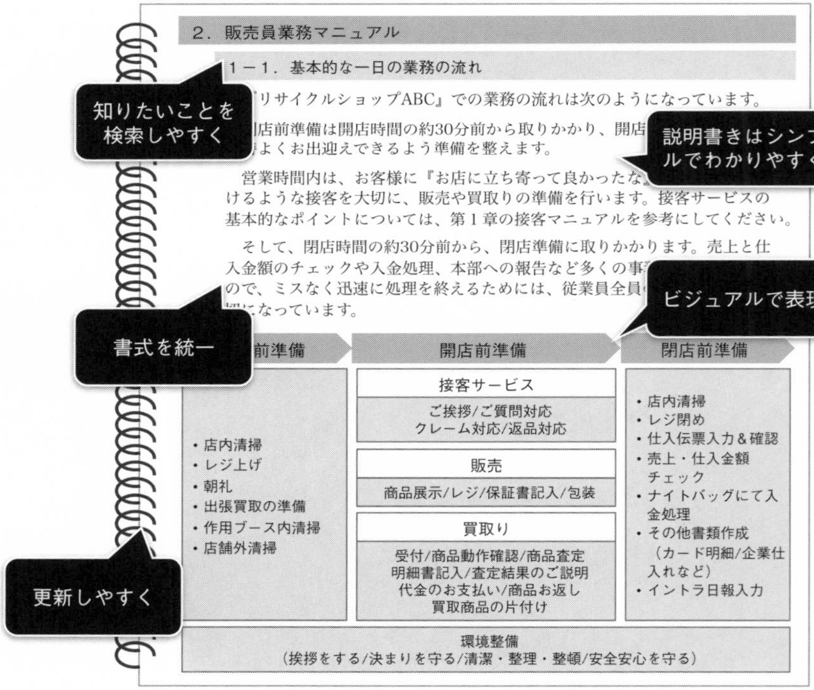

ｄ．仕掛けづくり

　マニュアルはつくって終わりではなく、活用していくことが重要です。さらに、一部の店舗や担当者だけが活用していても意味がありません。全店舗・全

員がマニュアルを活用しなくてはいけません。マニュアルを活用するための仕掛けづくりが必要です。たとえば、「すぐに見られる状態にする」「教育ツールにする」「チェックツールにする」などがそれに当たります。

　外部環境の変化や顧客の変化に対応するため、自社のビジネスモデルの改革を常に行う必要があります。当然、それにともなってマニュアルの改訂作業も必須となります。そのための管理体制や改訂ルールも必要であり、**マニュアルの活用→業務の改善→マニュアルの改訂**という一連の流れが続くように、仕掛けをつくっておく必要があります。

　また、「仕掛け」には、「DX化」と「カリキュラム化」の2つの側面があります。

　「DX化」とは、新たなデジタル技術（クラウド、ソーシャル、ビッグデータ、モバイル、AI、ロボット等）を活用して、新たなビジネスモデルを創出したり、柔軟に業務効率化や合理化を進めたりしていくことで、事業のブラックボックス化が進んだり、最少人数での効率的な業務が行えるようになったりして、ビジネスモデルとしての競争力が上がってくることになります。

　「カリキュラム化」とは、未熟なメンバーを戦力化するため、マニュアルに加えて、教育ツールやケーススタディなど、技術・技能を習得させるような具体的なカリキュラムを準備することです。このことで、スキルが共有化され、組織が多能工化された状態になっていきます。

② スーパーバイジング体制の構築

　フランチャイズ・ビジネスでは、スーパーバイザー（SV）とよばれる本部スタッフが加盟者の支援（スーパーバイジング）を行います。

①スーパーバイジングの目的
　スーパーバイジングの主な目的は、以下の3点です。
- 加盟店の業績向上（不振時のサポート）
- 加盟店オーナーとのコミュニケーション（オーナーを一人にさせない、加盟契約の継続）
- 契約違反や不正などの監視

　そして、これらの目的を達成するために、以下の活動を行います。

● 本部の理念・ビジョン・経営戦略・マーケティング戦略を加盟者に浸透さ
　せる。
● それらに基づいて行われる実践活動や店舗運営が加盟者に正しく理解さ
　れ、実践されているかをチェックし、継続的に指導・支援する。
● 加盟者の意見を聞き、必要があれば本部の関連部署に情報を伝える。
SV には、これらの活動を効果的に行うため、6 つの機能が求められます。

図表 2-29　スーパーバイザー（SV）の 6 つの機能

コントロール（統制機能）	コミュニケーション（情報伝達機能）
フランチャイズ契約に基づいた、標準的な運営や加盟店のあるべき姿を実現するために、統制を行う機能	本部と加盟店の間に立って、お互いのやり取りによる情報、意見、気持ちの交流を通じて、加盟店との信頼関係を強めていく機能
コンサルテーション（経営診断機能）	カウンセリング（コンサルテーションの潤滑油）
仮説〜検証のプロセスを通じて、加盟店の業績向上に向けた施策の最適解を導き出し、支援する機能	加盟店がコンサルテーションに基づいた行動を取れるよう関係を円滑にする機能
プロモーション（販売促進機能）	コーディネーション（本部各部署との調整機能）
チェーン全体の販売促進の実施や加盟店ごとの個別販促の実施をサポートする機能	加盟店が業績を向上させるために本部の各部署と密接に連携し、最適な加盟店支援につなげる機能

　新たに事業を始めるにあたり、加盟者の不安は大きいものです。計画どおり
の売上を上げることができるのか、上がらなかった場合にどのような対策をと
るべきなのかなど、加盟前はもちろん、加盟後にも多くの不安や問題に直面す
ることになります。
　本部と加盟者の間に立ち、不安や問題の解決に具体的に取り組む支援を行う
のが SV です。SV は本部としての戦略を遂行しながら、加盟者を支援し、結
果的に本部のブランド価値を最大化するために活動します。

　スーパーバイジングがSVの人的な資質に左右されずに、効果的に実施されるためには、スーパーバイジングについてもマニュアル化を進めることが重要です。加盟者が増加し、SVの担当者が複数となっていく過程で、スーパーバイジング業務、本部事務処理と加盟者からの報告、開業業務支援について盛り込んだ、SVマニュアルを作成することも計画に入れていきましょう。

②スーパーバイジング体制

　スーパーバイジング体制とは、6つの機能に代表される活動を実行して目的を達成できるSVを育成し、巡回可能な範囲や店舗数に基づいてSVを配置していくことです。規模が大きくなれば、地区のSVを束ねるエリアマネージャーを配置することもあります。

　スーパーバイジング体制はフランチャイズチェーン成功のために大変重要な役割を担っています。立ち上げ期にはフランチャイズチェーン本部の社長自らがSVとして活動するケースも多々ありますが、できるだけ早い段階（加盟者5店舗が目安）で、組織的なスーパーバイジング体制を構築できるよう、計画を立てましょう。

　SVは加盟者を成功させ経営を安定させる役割を担っています。SVに求められる適性の中で重要なことは、当該業務に精通し、業務を習熟していることです。SV候補には、実際に店舗での実務経験が求められます。すなわち、店長または、それに準じる経験者であることが必要です。

　アーリーステージの本部の場合は、時間をかけてSVを育成する余裕がありませんから、直営店から優秀な店長を抜擢することが有効な手段といえるでしょう。ある程度加盟者が増えスーパーバイジング業務の標準化が進んだ段階で、若手人材を育成していくためのシステム構築を考えることが望ましいでしょう。

　SVを育成するには、要件を明確にしたうえで計画的に育成していくことが求められます。SVの育成を置き去りにした店舗展開は危険です。店舗展開のスピードと、SV育成のバランスを保ちながら事業展開することが大切です。

　また、バランスのとれたSVを育成するために、チェック表などを用いて、SVに必要なスキルと現状を定期的にチェックし、不足しているスキルを強化するという方法もあります（図表2-30参照）。

　もう一つの方法としては、SV 経験者を新規で採用する、あるいはフラン
チャイズ本部の支援を目的とした企業やコンサルティング会社等へスーパーバ
イジング業務をアウトソーシングすることも考えられます（チェーン運営ノウ
ハウの重要部分の社外流出には要注意）。

　この場合、SV は本部の理念・ビジョンを伝えていくという役割もあること
から、本部の理念やビジョン、戦略を深く理解し、それに基づいたスーパーバ
イジング業務を行うことができるよう、十分なコミュニケーションを取ること
が必要となります。

図表 2-30　スーパーバイザー（SV）スキルのチェック表の例

SV スキル	チェック項目
提案力	□加盟者が客観的に判断できる資料を提示し、方向性を示すことができる □加盟者が実行できる具体的な選択肢を複数提供することができる □一方的な押し付けではなく、加盟者に応じた柔軟な提案ができる
率先垂範	□自ら現場でスタッフ教育の見本を、行動して示している □自ら商品の陳列変更や POP、貼り付けなどを行っている □スタッフとともに行動しながら、あるべき店づくりを行っている
関係構築力	□相手の希望や要求を聞き入れ、受容してから提案を行うことができる □相手の立場に立って行動し、こまめに情報を提供することができる □業務以外でも家族の話や体験など、すべてを傾聴する姿勢を持っている
調整力	□目標達成のために、状況に合わせて関係者の意見を調整することができる □目標から外れた場合、時期をみて目標に適合させる修正を行うことができる □オーナー（店長）と従業員の間に入り良好な関係を保つことができる
協調性	□訪店時は、制服を着用するなど自ら支援、協働していく姿勢を見せている □加盟者の利益を第一に考えていることを示し、信頼を得ている □本部要請を、加盟者の利益につながる具体策として提案している □自分の都合や利益にこだわらず、チェーン全体の利益を考えることができる

③ 教育訓練システムの構築

　フランチャイズチェーンとして成功するためには、加盟者が開業前に基本的
なノウハウを身につけ、開店後も継続的に加盟者が運営の品質を一定に保ち、
ブランドイメージを維持できるように教育・訓練することが重要です。

　単にマニュアル等の文書を提供されただけでは、加盟者として開業して、成
功することは非常に困難です。

①研修の重要性

　フランチャイズチェーンにおける研修は、本部、加盟者双方にとって非常に重要な意味を持っています。フランチャイズ・ビジネスでは、加盟者はその業界の素人であったり、仮に経験者であってもそのチェーンの経営システムを全く知らない人であったりします。

　加盟者教育の目的には、店舗運営システムを習得させるだけでなく、経営理念の浸透と共有化もあります。フランチャイズチェーンは、理念共同体であるといわれています。さまざまな経験や考え方を持った加盟者が、一つのシステムに従って事業を行っていくためには、共通の理念が大きな役割を果たします。実際に店舗運営を行う前に、チェーンの経営理念をしっかりと理解していただくことが重要です。理念の共有化がなく、ただ単に利益を上げることだけを目的とした組織では長続きせず、いずれさまざまなトラブルが発生することが予想されます。

　加盟時だけでなく、定期的な研修を通じて継続的に繰り返し経営理念の浸透と共有化を図っていくことで、本部と加盟者の方向性の違いから生じるさまざまなトラブルを未然に防ぐことにもなります。

　フランチャイズ本部が構築する教育システムの一般的な形態は、開業前に実施される「開業前研修」と開業後に行われる「開業後研修」に分けられます。

ａ．開業前研修

　開業前研修は、加盟者が事業を始めるにあたって必要な基本的知識やスキルを身につけるための研修です。研修によって、営業活動に必要な知識・技術を習得して、初めて加盟者として日々の店舗運営を行うことができます。

　フランチャイズ加盟は「自力で開業する場合に比べて短期間でノウハウを身につけられる」ことがポイントですから、本部にとっては、短期間で一人前の経営者に育てる研修システムを持つことが大変重要になります。

　研修によって受講者をどのレベルまで引き上げるかを設定し、それに応じたカリキュラムを構築します。主要な内容としては、座学形式で学ぶものとして、「経営理念」、「店舗運営方法」、「商品・サービス知識」、「接客方法」、「パート・アルバイトの採用や教育方法」、「会計知識」、「労働基準法」、「労務管理」、「ワークスケジュールの作成方法」などがあります。

　また、実際に店舗で業務を行いながら学ぶ実地研修も取り入れます。座学によって学んだ知識を、自信を持って店舗運営に生かせるように、直営店研修（OJT）などを利用して、実際の業務遂行能力を身につけます。

　もし仮に未習熟者が店舗の運営を行った場合、業績不振や、お客様からクレームが出るなど、チェーンのイメージを損なう恐れもあります。そこで開業前研修の途中や最後に、加盟者が経営者として相応しい能力を身につけたかどうかを本部担当者が判断する確認テストを行うとよいでしょう。

　まだ能力が不十分と判断されれば再研修を受講させる、最悪の場合は契約を破棄して開業させない等の対応をとる本部もあります。このような仕組みをつくることにより、基準レベルを下回る加盟者の発生を防ぐことが、成功するフランチャイズチェーンには必要となります。

b．開業後研修

　開業後は、一般的に、SV等が店舗訪問し、継続的な指導を行っていきます。SVを通して、本部の方針や店舗運営基準を伝え、そのうえで、加盟者側の立場に立って、成功のためのアドバイスやサポートをすることが目的です。また開業前研修の内容を補充・発展させていく役割も担います。しかし、SVの巡回だけに頼らず、開業後に加盟者を集めて研修を定期的に行うことも非常に有効です。加盟者同士のネットワークを強化し、成功体験や課題を共有することで、業務の改善や、モチベーションの向上にもつながる効果が期待できます。

　開業後も、企業を取り巻く外部環境は常に変化し続けていきます。本部は、環境変化に対応して研修の内容を常に見直し、研修内容をブラッシュアップすることが求められます。ブラッシュアップした研修内容は、全加盟者に浸透させることが必要となります。また、そのような役割はSVが担うのが一般的です。

②研修の実施方法の設計

　研修方法としては、主に知識を学ぶ座学形式と、実際に店舗で業務を行いながら学ぶ実地研修を組み合わせるのが一般的です。座学によって学んだ知識を、店舗運営の現場で実際に使えるように、直営店研修（OJT）などを利用して業務遂行能力を身につけます。

　座学形式の研修の場合、インターネットを通じて受講できるオンライン型にて実施する方法もあります。オンライン研修は、PC・タブレット端末とインターネット環境が揃えばどこからでも受講可能なため、移動時間、会議室の確保の手間、交通費や宿泊費などが不要となり、本部・加盟者の双方にとって効率的な研修方法といえます。

　オンライン研修は、「あらかじめ録画した動画を見る研修」と「リアルタイムにライブ配信によって行う研修」の2つに分けられます。「あらかじめ録画した動画を見る研修」では、研修当日の受講時間や講師、会場などに縛られずに実施することができるため、受講者は好きな時間・場所で自由に受講できます。本部としては、加盟者が決められた研修を受講したか、受講状況の確認と習熟度合いの確認テストだけを行えばよいことになります。

　一方、「リアルタイムにライブ配信によって行う研修」は、Web会議システムなどを利用してリアルタイムで行います。受講者は、各々好きな場所で研修を受けることができます。研修の受講時間を統一する必要はありますが、リアルタイムな質疑応答やディスカッションなど、コミュニケーションを図れるのがメリットとなります。

　加盟店のオーナー（社長）と研修受講生が異なる場合には、研修期間中、オーナーへ定期的に報告を行います。出席状況、受講姿勢、確認テストの点数、研修の修了予定などを伝えます。大事なことは、参加している受講生がふさわしくない人物であれば人員交代の申し出を行うことです。好ましくない状態のまま続けていても、両者にとって不幸になるだけです。そのためにも、出席状況、受講姿勢、確認テストなどの記録をしっかり取っておくことです。

　前提として、フランチャイズ契約書に、不適切な人材である場合には人員交代の指示を行う可能性があることを入れておく必要があります。

図表 2-31　研修カリキュラム表の例

1 日目　【基礎編】場所：直営○○店

時間		テーマ	内容	マニュアルの使用箇所	
10:00	10:05	はじめに	出席確認、研修概要、注意点など	基礎編	P1～P6
10:05	11:35	●●カフェの説明	●●カフェの概要	基礎編	P7～P30
			・●●カフェとは		
			・コンプライアンス、商標の取り扱い		
			・コーヒーの基礎知識		
			・カフェ業界の動向		
11:35	12:35	体験入店	お客様として：来店～食事～会計まで（昼食込み）		
12:35	12:50	質疑応答			
12:50	13:20	昼休憩			
13:20	14:00	接客、トーク例含む	接客の基本、来店→注文→配膳	接客編	P1～P30
14:00	14:40		お会計、バッシング	接客編	P31～P50
14:40	15:00		電話対応、イレギュラー対応、クレーム対応	接客編	P51～P84
15:00	15:10	休憩			
15:10	17:40	顧客対応の練習	実践（ビデオ撮影）→振り返り→実践		
17:40	18:00	確認テスト			

2 日目　【座学＋実地】場所：直営○○店

時間		テーマ	内容	マニュアルの使用箇所	
10:00	10:10	はじめに	出席確認、研修の概要、注意点、前日の振り返り		
10:10	12:00	店舗運営、基本	・開店業務について	運営編	P1～P40
			・身だしなみ、衛生面について		
			・閉店業務について		
12:00	13:00	昼休憩			
13:00	14:00	グルメサイトの使い方	（店舗のパソコン使用）電話予約の取り方		
			・情報掲載のやり方、お知らせ方法		
			・実践練習		
14:00	15:00	管理系	座学	管理編	P1～P36
			・売上管理、金銭管理、人事管理について		
			・危機管理、本部への報告・連絡について		
			・発注方法（PC 使用）		
15:00	15:30	休憩＆準備			
15:30	17:00	実践練習	実践（ビデオ撮影）		
17:00	18:00	振り返り	ビデオを見ながら振り返る		

3 日目　【座学＋実地】場所：直営○○店

時間		テーマ	内容	マニュアルの使用箇所	
10:00	10:10	はじめに	出席確認、研修の概要、注意点、前日の振り返り		
10:10	11:40	マーケティングについて	SNS の活用、店内 POP	販促編	全体
			店内の写真撮影とアップ方法、留意点		
			紹介カード、年間イベント		
11:40	12:40	昼休憩			
12:40	17:00	実践練習（※休憩込み）	実践（ビデオ撮影）→振り返り→実践　（2 名）		
		1 回目（13：00～）	実践（1 時間）→振り返り（1 時間）		
		2 回目（15：00～）	実践（1 時間）→振り返り（1 時間）		
17:00	18:00	振り返り	チェック表を使って振り返る		

4 供給・物流システムの構築

　フランチャイズチェーンでは、本部は加盟者に対し、同一イメージで同じ業態を運営するために必要な商品や原材料、資材等を供給する義務があります。フランチャイズチェーンを維持するためには、これらを継続的に供給する体制を整備することが欠かせません。

　供給システムは大きく、①供給頻度とエリア、②供給体制の2つに分けられます。最初の数店レベルでは「原（材）料別の問屋物流、店舗ごと納入」が現実的です。ただし、飲食業態などでは、原材料の鮮度を保つため、冷蔵・冷凍での配送が必要になり輸送コストがかかります。そのコスト分を加盟店の食材原価に乗せたら想定していた収支モデルが成り立たない、ということも起こり得ますので注意が必要です。30店以上を目指す段階にあたっては、供給システムの構築をあらかじめ検討し計画化しておくことが大切です。

　商品等の受発注に関して、受発注システムを利用し、在庫管理や受発注業務の効率化を図ることがあります。さらに、本部が算定した一定数量を自動的に納入する制度（自動受発注制度）を採用するチェーンもあります。自動受発注制度は、品切れ（機会損失）の防止や発注業務の軽減といった実務上のメリットは大きいものです。しかし、発注量や納入量をITシステムが自動算出するため、フランチャイズ契約においては注意が必要です。業務の効率化という実務面と、民法や商法といった法律面の両方が関係しますので、専門家へ相談していただくことをおすすめします。

①供給頻度とエリア

　コストを抑えながら供給システムを構築するためには、計画的なエリア拡大と、店舗数の増加に対応した体制の整備が大切です。小売店や飲食店舗は、いかに優れた立地を確保できたとしても、それぞれの店舗が孤立していては商品の供給や物流に問題が生じてしまいます。企業の物流コストの50%以上を輸送費が占めることを考えると、物流のコストを下げるためには、1台のトラックで何店舗まで配送可能かを検討する必要があります。

　この考えをふまえて、出発する物流センターを中心としてほぼ放射線状に店舗を構えることを物流ドミナント戦略といい、セブン-イレブンもこの方法で

成功してきたといわれています。店舗をどのエリアで増やしていくのかを考える際に、ドミナント戦略を採るのか、採らない場合にはどのように物流を設計するのかを、事前に計画に盛り込むことが供給システム成功の重要なポイントになります。

なお、ドミナント戦略を採る場合は注意が必要です。フランチャイズ契約においてテリトリー権の設定がない場合、本部が既存加盟店の近隣に出店することは原則自由ですが、状況によっては加盟店に対する配慮が必要となります。配慮の方法としては、「既存加盟店の近隣に出店する場合、その既存オーナーに対して、出店する旨を事前通知する」「新規出店前に既存オーナーに対して優先出店権を与える」「既存オーナーに対して一定の支援（販促支援など）を行う」などがあげられます。

また、公正取引委員会のフランチャイズ・ガイドラインでは、ドミナント戦略に関して、以下のように示されています。

> "加盟者募集に際して、加盟希望者の開業後のドミナント出店に関して、配慮を行う旨を提示する場合には、配慮の内容を具体的に明らかにした上で取決めに至るよう、対応には十分留意する必要がある。"

加盟者との契約に際し、情報開示書面への記述や事前の説明などに注意が必要です。

②供給体制

供給体制については、自社で賄う方法と、外部の業者と連携して体制の整備をするという方法があります。委託する範囲についても、物流だけを委託するのか、製造から物流までをすべて委託するのかなど、選択肢は多様です。

また、当初は外部に委託するが、加盟者が一定以上になったら自社内対応に切り替えるなど、段階によって供給体制を変えていくという考え方もあります。

アーリーステージでの供給体制構築では、まずは供給するものの範囲と納品頻度等を明確にしたうえで、外部の業者にRFP（提案依頼書）を提示して複数社を比較検討し、自社内対応も含めて判断するというのが現実的なステップとなるでしょう。

図表 2-32　物流アウトソーシングコンペのステップ

作業ステップ	準備する資料	留意点
①外部委託（アウトソーシング）の意思決定	物流アウトソーシング企画書	委託範囲や拡大計画などを企画案としてまとめる
②物流コンペ準備	自社の物流環境図	現状と将来図
	物流コストの推移	過去の実績推移
	物流課題一覧表	対応案が検討できるレベル
	既存の協力会社概要	委託範囲に関連する場合
③コンペ企画書作成	コンペ計画書	提案項目、スケジュール、条件
④RFP（提案依頼書）作成	資料の明細と作成要領	比較のポイントを意識して作成
⑤合同説明会	説明会資料、守秘義務契約書	RFP に基づいて説明、質疑応答を行う
⑥提案書受付	応募一覧	
⑦検討会	提案比較表	同じ基準で比較評価を行うこと
⑧面談	面談記録	1 社ずつ時間を取る
⑨決定通知	決定通知書	詳細スケジュールと契約条件を詰めてから決定する
⑩基本契約書締結	基本契約書	
⑪導入計画作成	稼働詳細スケジュール	役割分担や責任も明示する
⑫テスト運用	テスト計画書	評価方法、改善点への対応方法も検討
⑬実行	詳細契約書	保険や事故負担についても定める

⑤ 本部として必要な情報システムの導入・開発

　フランチャイズ・ビジネスでは、本部から加盟者に対してビジネスモデルを提供します。多くの場合、このビジネスモデルには、そのビジネスの競争力を高めるための情報システムも含まれています。当然、加盟者の経営においても、同じ情報システムの導入は不可欠なものとなります。

　では、本部（直営店）にて導入していた情報システムを、そのまま加盟者に導入させればよいかというと、そう簡単にはいきません。フランチャイズ事業を展開する際には、今までに使用していた情報システムをそのまま加盟者にも使用させるのか、あるいはフランチャイズ用にカスタマイズするのかを検討する必要があります。たとえば、直営店にはコスト意識を持たせるために原価情

報を開示したい反面、加盟者（加盟店）には原価情報を開示したくない、といった事情が出てくることがあるからです。

　また、フランチャイズ事業を展開していくと、本部は複数の加盟者を管理していく必要が出てきます。本部にとっては加盟店数が増えるほど取り扱う情報量が増え内容も多様化していくため、これらの情報を整理し、いつでも引き出せるようにするためのシステムづくりが必要となります。

　さらに、直営店のみで経営していたときに比べて、加盟者を募集・管理するためのマーケティングシステムなど、必要な情報システムは多岐にわたることになります。必要な情報システムすべてを一気に投資して導入していくというのは現実的ではありません。まずは、加盟店の店舗運営に必須となる情報システムの改良から手をつけ始め、その後は、本部が発展していくに従って必要となるシステムを順次導入し拡張していくのがよいでしょう。

　市場や顧客、競合他社の状況変化に対応し、市場で勝ち続けるためにも、本部による情報システムの改良や、新たな情報システムの導入は必要な取組みとなります。これらは、加盟店の業務効率を向上させ、ビジネスモデルの競争力を上げるものであり、加盟者の経営にとっても必要な取組みです。

　しかし、情報システムの開発・導入には、当然コストがかかります。これらのコスト負担を加盟者に求めていくことになりますが、これに対して、加盟者が難色を示すのはよくある話です。計画的な対応、契約上の対策が必要となります。

⑥ 立地評価方法の整備

　出店場所の選定は、将来の業績に大きな影響を及ぼす非常に重要なことです。そのため、加盟者は、事業の成功確率が高い物件の紹介や、加盟者自身が選んだ物件の立地診断・売上予測など、本部によるサポートを期待します。

①本部による立地診断や売上予測は義務なのか

　フランチャイズ契約において、本部による立地診断や売上予測は義務ではありません。

　AI（人工知能）を活用した売上予測サービスなども登場してはいますが、その精度を上げるためには、相当な店舗数を複数年運営してきたデータが必要

になります。しかし、これから本部を始めようという企業では、分析可能な既存店が少ないケースがほとんどでしょう。

また、その店舗でうまくいくのか？　売上はどれくらいになりそうか？　という予測は、あくまでも将来の予測であり、経済動向・市場環境・加盟者の経営努力などによって大きく左右されるものです。

フランチャイズ本部としては、そのリスクを回避するために、予測売上の提示や売上保証はしないことをフランチャイズ契約書に定めておきます。

> ● 本部は予測売上を提示しないこと。加盟者は、自らの責任と判断で、その店舗の事業計画を作成しなければならないこと。
> ● 加盟者は、自らの責任と判断で店舗を選定しなければならないこと。
> ● 開業後の業績は、経済動向・市場環境・加盟者の経営努力などによって大きく左右されるものであり、フランチャイズ本部は、その店舗の売上は保証しないこと。

しかし、どれくらい儲かる事業なのかもわからずに加盟を決断する加盟者はいません。一般的には加盟希望者に対してモデル損益や収支シミュレーションなどを提示します。

既存の店舗数が少なく、立地の評価基準が整えられていない本部の場合には、新店の立地評価は本部の経験則で行うケースがほとんどとなります。しかし、本部としては、いつまでもそのような方法に頼っているわけにはいきません。直営店、フランチャイズ加盟店の増加にともなって、データに裏付けされた立地基準や売上予測法を整備していく必要があります（※第3章：本部展開編にて解説）。

②立地評価方法

立地評価では、その店舗がターゲットにしている顧客の来店行動に影響を及ぼすさまざまな空間情報を体系的にとらえることが必要です。空間情報を体系的にとらえるためには、「商圏」「動線」「地点」の3次元の視点で、業態に即した項目を設定して評価を行います。

これまで商圏分析を行うには、数十万円以上はする専用のGISソフトウェアや有料のサービスを使う必要がありました。しかし、「jSTAT MAP」とい

図表 2-33　立地評価の 3 つの視点と診断ポイント

商圏（面）	動線（線）	地点（点）
来店するお客様が居住ないしは勤務している地域の特性	候補地への近づきやすさ、競合店との位置関係、動線の方向性	候補地や近隣の特性
☑商圏の範囲（半径○km、徒歩・自動車で○分以内） ☑商圏人口（店舗に集客できる商圏範囲の人口） ☑来店する顧客が居住・勤務している地域の特性	☑店舗までの動線や方向（出店候補地への近づきやすさ、駅や施設などから店舗までの経路） ☑接近性（駅や施設などからの近さ、利便性） ☑競合店との位置関係	☑候補地や近隣の特性 ☑店頭通行量（店の前をどのような人がどれくらい通るのか） ☑視認性（店舗がはっきり認識できるか） ☑店舗の構造（出入口や柱、店舗設備等の位置・造り）

う商圏分析を行うための無料のインターネットサービスが登場しています。このサービスは、独立行政法人統計センターが運用管理を行っている「政府統計の総合窓口（e-Stat）」にて提供されており、登録をすることで無料利用できます。

（参考 URL：https://jstatmap.e-stat.go.jp/）

　また、動線や地点の診断を行う場合には、インターネット上の Web マップサービスも活用できます。位置表示や経路検索機能、風景のパノラマ写真、ス

トリートビューの閲覧などが利用できます。

　これらのインターネットサービスを用いることで、効率よく診断を行うことができます。また、実地ではわからない数値情報を得ることもできます。

　しかし、これらのサービスに用いられているデータや、マップに掲載されている画像などは、リアルタイムにアップされているものではなく正確性を欠いたものとなります。たとえば、夏になると街路樹に葉が生い茂って遠くから看板が見づらくなったり、画像で見るより駐車場の入口が狭くて入店しづらかったりする場合などです。

　やはり、「現場」「現物」「現実」の三現主義が大事であり、机上だけではなく、実際に現場で現物を観察して、現実を認識した情報をもとに判断することが重要です。

　実際に調査した情報を取りまとめるための評価シートの例を図表2-34に紹介します。このようなシートを加盟者に提供し、加盟者が調査した情報をまとめさせ、これらの情報をもとにして出店可否の判断を行います。また、調査情報を蓄積しておくと、本部が立地評価基準や売上予測方法を整備していくときに役立てることができます（第3章の「2.（2）立地評価基準・売上予測方法の整備」参照）。

図表 2-34　立地評価シートの例

立地調査シート

加盟者名		調査年月日	XXXX/XX/XX

●店舗条件

物件名		住所		
店舗坪数		敷地坪数		←路面店の場合
敷地形状		←3：奥行に比べて間口が広い／2：ほぼ正方形／1：奥行に比べて間口が狭い		
敷地正面間口		←a：敷地正面間口（道路に接道している幅）		
店舗正面間口		←b：道路に面する店舗の間口		
敷地入口幅		←c：道路に面する敷地の入口幅		
敷地入口数				
店舗障害状況				

※店前障害物とは、街路樹、別の建物や看板、電線・電柱・道路標識など

3：なし	障害がない
2：あり・障害小	障害は多少あるが、大きな問題ではない場合
1：あり・障害大	障害があり、入りやすさ・見えやすさに影響している

●通行量・交通量　※［通行量・交通量］シートを参考に計測

通行量

曜日	時間帯	計測時間	通行量	
			①男性	②女性
平日	11:00-12:00	○分間		
	17:00-18:00	○分間		
休日	11:00-12:00	○分間		
	17:00-18:00	○分間		

交通量

曜日	時間帯	計測時間	通行量	
			①乗用車	②商用車
平日	11:00-12:00	○分間		
	17:00-18:00	○分間		
休日	11:00-12:00	○分間		
	17:00-18:00	○分間		

●視認性

確認箇所	A車線	B車線	C車線	D車線
50m手前				
100m手前				

※下表の評価基準（状況）をもとに評価

点数	店舗	看板
5点	○	○
4点	△	○
4点	○	△
3点	×	○
3点	○	×
2点	△	△
2点	△	×
2点	×	△
1点	×	×

※店舗・看板は、お客様が自店舗と認識できることが前提
※物理的に見える自店舗と認識できない壁や看板の側面などは評価しない

基準	状況
○	はっきり見える
△	半分程度見える（自店舗と認識できる部分が）
×	①全く見えない　②半分程度以下（看板の一部）③道路が100m以上延びていない　④CD車線（側道）が無い

●沿道他業種、公共施設

施設	有無	備考	施設	有無	備考
カフェ			銀行		
コンビニエンスストア			郵便局		
美容室			小学校・中学校		
ファミリーレストラン			市役所・町役場		
スーパーマーケット			交番・警察署		
ショッピングセンター			病院・クリニック		

※店前道路に沿って左右おおむね200m圏内（もしくは同じ敷地内/ビル内）にある施設数をカウント　　※個人零細店は除く

●競合

他社競合	店舗名	距離	備考	自社競合	店舗名	距離	備考
①				①			
②				②			
③				③			

※半径3km圏内の競合他社/自社競合の店舗名、直線距離、その他情報を記入

●複合型出店

テナント	店舗名	業種	備考
①			
②			
③			

※同一敷地内／ビル内に別テナントが存在する複合出店形態の場合、店舗名、業種（飲食・小売・サービス）、その他情報を記入

通行量・交通量調査について

【 都市型（ 来店手段が徒歩・自転車） 】	【 郊外型（ 来店手段が自動車） 】
◆計測対象 ①男性 ②女性 ※高校生など顧客対象外は含めない	◆計測対象 ①乗用車（軽乗用車、普通乗用車、ワゴン、RVなど） ②商用車（トラック、バス、宅配車、タクシーなど） ※商用車＝基本的に顧客とはならない車両
◆計測時間帯・曜日 　時間帯　11:00-12:00／17:00-18:00　各30分 　　　　　※店舗のピーク時間帯中心に 　　　　　※オフィス性の強いところはランチ時間は除く 　曜日　平日／休日の2日間	◆計測時間帯・曜日 　時間帯　11:00-12:00／17:00-18:00　各30分 　　　　　※店舗のピーク時間帯中心に 　曜日　　平日／休日の2日間
◆計測方法 原則、店舗前を測定する 下図を参考に[計測範囲]に入ってくる通行者を測定する 例1：車道/歩道区別あり　　　　例2：車道/歩道区別なし 例3：角地 	◆計測方法 原則、片側の車道を測定する 下図を参考に[計測範囲]に入ってくる車両を測定する 例1：沿道 例2：交差点 例3：T字路

⑦ 店舗設計・建築体制の整備

①店舗の標準仕様の明確化

店舗仕様の標準化に取り組む手順は以下のようになります。

> a. 標準的な店舗面積（売場部分・バックヤード部分・厨房スペース等）、レイアウト、什器・座席配置等を決定する
> b. 基本となる店舗外観デザイン（外装）、内装デザインを決定する
> c. 看板、什器・備品、設備等の詳細仕様を決定する

こうして「店舗の標準仕様」を確定し、内外装および部材、設備等を共通化することにより、単価の引き下げを図ります。そのためには、スポット的に工事業者、設備業者等から相見積をとることが考えられますが、一つの事業者に継続的に発注することで、コスト低減を図ることも考えられます。また、業者によっては、店舗設計・建築だけでなく、オープン後の保守点検までを任せることで、総合的かつ長期的なコストの削減を図る方法もあります。

本部がアーリーステージであっても、交渉の材料として、今後の店舗数の見込み等を語り、その熱意に実現可能性の高さを感じさせれば、コスト低減に応じてくれる事業者もいると思います。こうした事業者とは、日頃から良好な関係を構築しておくことが大切です。

また、什器・備品といった店舗設備については、卸業者を通さず、メーカーと直接に交渉することにより、コスト低減を実現することができる場合もあります。

店舗の設計、施工には社内のスタッフから、実際に施工を担当する業者まで、実に多くの人が関わることになるため、仕上がり品質を統一するために、「店舗の標準仕様」を定めておくことが大切です。

②店舗設計および店舗建築のための体制の整備

フランチャイズ・システムにおける店舗は、その内外装がフランチャイズ・システムの提供する商品および役務の品質を連想させるものであり、事業イメージを象徴する場所として、極めて重要な意味を持っています。

ただし、この重要性は業種により異なります。不動産や教育、保育等のサー

図表 2-35　設計基準書の例

店舗外観

ブランドの表現は、CIお級、トーン&マナーによる統一感が重要です。路面店、インショップ店で異なる条件でも、お客様に「ブランドとしての顔」を表現することができます。素を基調とした明確感のある白のグラフィック、店内が見えやすく入りやすいファサードとします。

ショップ看板

基本設計

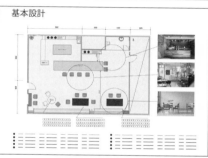

内装デザイン例

袖看板（基本仕様）

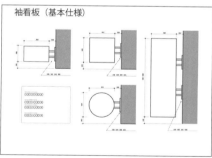

A型看板

指定部材①：ドア

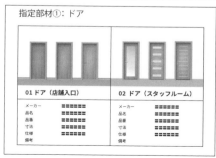

01 ドア（店舗入口）	02 ドア（スタッフルーム）
メーカー　■■■■■■	メーカー　■■■■■■
品名　　　■■■■■■	品名　　　■■■■■■
品番　　　■■■■■■	品番　　　■■■■■■
寸法　　　■■■■■■	寸法　　　■■■■■■
仕様　　　■■■■■■	仕様　　　■■■■■■
備考　　　■■■■■■	備考　　　■■■■■■

指定部材②：照明器具リスト

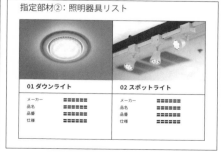

01 ダウンライト	02 スポットライト
メーカー　■■■■■■	メーカー　■■■■■■
品名　　　■■■■■■	品名　　　■■■■■■
品番　　　■■■■■■	品番　　　■■■■■■
仕様　　　■■■■■■	仕様　　　■■■■■■

ビス業では、フランチャイズ・システムを表示する標識や看板などを除き、店舗の内外装について厳格な仕様を定めない本部もあります。これに対して、コンビニエンスストアやファストフード店等の小売業、飲食業では、店舗の内外装がチェーンのイメージを形成しているため、厳格な仕様が定められ、フランチャイズ本部が指定する店舗の構造・レイアウト、内外装、什器備品の選択配置に従わなければなりません。よって、フランチャイズ・システムの業種・業態を勘案したうえで、内外装の仕様を検討し、店舗設計・店舗建築の仕組みをどのように構築すべきかを考える必要があります。

　フランチャイズチェーンの規模拡大につれてフランチャイズ本部の組織体制が整ってくると、通常、店舗設計はイメージや仕様の統一を図るため、本部内に店舗設計・建築部門を設置していくことになります。全国的に展開するほどの規模になれば、店舗の施工は、本部指定業者が行う場合が多くなります。加盟者側で地元の業者に依頼することもありますが、その場合でも本部が地元施工業者を紹介することが多くなります。

　本部が施工業者を指定する場合は、施工実績のある信頼できる業者に任せることができるため、本部・加盟者ともにスケジュールやコストの管理が容易になる点がメリットです。他方、加盟者側で業者に発注する場合は、スケジュールおよびコスト管理はもちろんのこと、本部側で本部指定の仕様どおりに店舗ができているかなどについて監理する必要があります。万一、仕様の伝達ミスなどにより、仕様と異なる店舗（たとえば、外装の色が違う、照明が不足している、ロゴの大きさが違うなど）が出来上がってきた場合には、つくり直しなどで工期遅れや追加コストが発生することになりますので注意が必要です。

⑧ 加盟者オープン支援内容の整備

①オープン標準スケジュール表とオープン基準の作成

　本部による加盟者のオープン支援メニューを固めるためには、加盟者の開業日から逆算しての必要な項目の洗い出しと優先順位付けを行い、「オープン標準スケジュール表」を作成することが必要です。

　図表2-36はオープン標準スケジュール表の例です。必要な項目を「大」「中」「小」で体系化し、主担当者、標準開始日・標準完了日を明確化します。

　また、実際に開業予定日を迎えても、本部が要求するレベルの店舗設備やスタッフ体制が整っていなければ開業できないということを明確にするため、オープンにあたって必要な基準を定めておくことも必要です。

②オープン支援内容の整備

　本部からのオープン支援内容は、業種・業態によって異なります。一例としては、プレオープン（開店日前のトレーニングを兼ねた短時間営業）、3日間の開店セール、その後の1週間程度の販売応援、販売促進援助などを本部が行うといった形です。サービス業においては、技能・技術の完全習得や顧客開拓に関する支援期間が長くなります。

　この内容や条件については、本部は継続的に加盟者の開店支援を行っていく必要があるため、マニュアル化していくことが重要です。加盟者にとっては、複数店舗を経営している場合を除き、開業は初めての経験となりますので、マニュアル化されたプロセスにのっとって、加盟者が安心して開業前準備を行えるような仕組みを構築することが必要になります。

　特に開店間もない期間は、オーナーも店長も業務に慣れておらず、非常に混乱するので、本部からの支援スタッフ（加盟店開発担当者やスーパーバイザーなど）が日常業務のフォローを行い、店舗運営を軌道に乗せるようにサポートします。

　本部からの支援スタッフは、開店後1週間から10日間程度、店舗運営をサポートするのが一般的です。加盟者からの希望があれば、追加費用を加盟者に負担してもらい、サポート期間を延長するという仕組みを構築することも必要です。それにより、加盟者の開業後の運営を円滑化させ、成功へと導いていくことが、加盟者だけでなく、本部にとってもメリットが生まれるからです。

図表 2-36　オープン標準スケジュール表の例

オープン日：	2023/4/1							
中項目	小項目	主担当者	標準 開始日		標準 開始日		目標 開始日	目標 完了日
加盟申込	事前説明	本部（○○・△△）	150 日前	22.11.2	150 日前	22.11.2		
相談	財務相談	本部（○○）	150 日前	22.11.2	145 日前	22.11.7		
相談	事業計画作成アドバイス	本部（○○）	150 日前	22.11.2	145 日前	22.11.7		
加盟申込	申込受付	本部（○○・△△）	140 日前	22.11.12	140 日前	22.11.12		
店舗	消防署、事前相談	加盟者・本部（△△）	140 日前	22.11.12	130 日前	22.11.22		
店舗	業者選定（相見積もり）	本部（△△）	140 日前	22.11.12	110 日前	22.12.12		
店舗	物件、概算見積もり	本部（△△）	140 日前	22.11.12	110 日前	22.12.12		
店舗	店舗内装、設計	本部（△△）	140 日前	22.11.12	110 日前	22.12.12		
店舗	出店基準の提供	本部（△△）	140 日前	22.11.12	105 日前	22.12.17		
店舗	物件探し	加盟者・（本部）	140 日前	22.11.12	105 日前	22.12.17		
店舗	物件情報提供	本部（△△）	140 日前	22.11.12	105 日前	22.12.17		
店舗	商圏情報提供	本部（△△）	140 日前	22.11.12	105 日前	22.12.17		
店舗	物件、現地確認	本部（△△）	140 日前	22.11.12	105 日前	22.12.17		
法人設立	定款作成	加盟者・本部アドバイス（☆☆）	140 日前	22.11.12	100 日前	22.12.22		
法人設立	印鑑作成（丸印、角印）、登録	加盟者・本部アドバイス（☆☆）	140 日前	22.11.12	100 日前	22.12.22		
法人設立	法務局届出	加盟者・本部アドバイス（☆☆）	140 日前	22.11.12	100 日前	22.12.22		
法人設立	開業届出（県税、税務署）	加盟者・本部アドバイス（☆☆）	140 日前	22.11.12	100 日前	22.12.22		
法人設立	労働基準監督署届出	加盟者・本部アドバイス（☆☆）	140 日前	22.11.12	100 日前	22.12.22		
法人設立	ハローワーク届出	加盟者・本部アドバイス（☆☆）	140 日前	22.11.12	100 日前	22.12.22		
法人設立	社会保険、労働保険届出	加盟者・本部アドバイス（☆☆）	140 日前	22.11.12	100 日前	22.12.22		
店舗	物件,家賃などの本部アドバイス	本部（☆☆）	140 日前	22.11.12	90 日前	23.1.1		
店舗	物件契約	加盟者	90 日前	23.1.1	90 日前	23.1.1		
店舗	工事契約	加盟者	100 日前	22.12.22	90 日前	23.1.1		
店舗	エアコン発注	加盟者	100 日前	22.12.22	90 日前	23.1.1		
店舗	工事着工	加盟者・本部（△△）	90 日前	23.1.1	90 日前	23.1.1		
契約	FC 契約	加盟者・本部	90 日前	23.1.1	90 日前	23.1.1		
契約	加盟金等受け取り	加盟者・本部	90 日前	23.1.1	90 日前	23.1.1		
電気	申し込み	加盟者	90 日前	23.1.1	90 日前	23.1.1		
水道	申し込み	加盟者	90 日前	23.1.1	90 日前	23.1.1		
ガス	申し込み	加盟者	90 日前	23.1.1	90 日前	23.1.1		
電話	申し込み	加盟者	90 日前	23.1.1	90 日前	23.1.1		
営業	近隣挨拶	加盟者	100 日前	22.12.22	90 日前	23.1.1		
施設許可認可申請	申請書類資料収集	加盟者・本部アドバイス（☆☆）	80 日前	23.1.11	80 日前	23.1.11		
店舗	市役所、用途変更届出	加盟者・本部（△△）	110 日前	22.12.12	70 日前	23.1.21		
送迎車	車両選定アドバイス	加盟者・本部（□□）	80 日前	23.1.11	70 日前	23.1.21		

オープン日:	2023/4/1							
中項目	小項目	主担当者	標準 開始日		標準 開始日		目標 開始日	目標 完了日
送迎車	見積り	加盟者・本部（□□）	80日前	23.1.11	70日前	23.1.21		
オープン前販促計画	販促計画の作成	加盟者・本部（☆☆）	70日前	23.1.21	70日前	23.1.21		
マスコミプレリリース	配布計画	加盟者・本部（☆☆）	70日前	23.1.21	70日前	23.1.21		
什器・備品	リストアップ	本部（△△）	90日前	23.1.1	60日前	23.1.31		
什器・備品	名刺手配	本部（○○）	90日前	23.1.1	60日前	23.1.31		
施設許可認可申請	第1回県庁申請	加盟者・本部アドバイス（☆☆）	60日前	23.1.31	60日前	23.1.31		
マスコミプレリリース	原案作成	加盟者・本部（☆☆）	60日前	23.1.31	60日前	23.1.31		
店舗	工事、進捗管理	加盟者・本部（△△）	90日前	23.1.1	50日前	23.2.10		
店舗	工事完了	加盟者・本部（△△）	50日前	23.2.10	50日前	23.2.10		
店舗	引き渡し	加盟者・本部（△△）	50日前	23.2.10	50日前	23.2.10		
駐車場	手配	加盟者・本部（□□）	70日前	23.1.21	50日前	23.2.10		
駐車場	契約	加盟者・本部（□□）	50日前	23.2.10	50日前	23.2.10		
送迎車	発注	加盟者・本部（□□）	70日前	23.1.21	50日前	23.2.10		
送迎車	車庫証明取得	加盟者・本部（□□）	70日前	23.1.21	50日前	23.2.10		
ユニフォーム	発注	加盟者	50日前	23.2.10	50日前	23.2.10		
施設許可認可申請	第2回県庁申請	加盟者・本部アドバイス（☆☆）	50日前	23.2.10	50日前	23.2.10		
営業	営業回り	加盟者	60日前	23.1.31	50日前	23.2.10		
営業	FAX DM 1回目（事業所申請時点）	加盟者	50日前	23.2.10	50日前	23.2.10		
チラシ作成	配布計画	本部（☆☆）	50日前	23.2.10	45日前	23.2.15		
チラシ作成	掲載情報	本部（☆☆）	50日前	23.2.10	45日前	23.2.15		
チラシ作成	写真素材	本部（☆☆）	50日前	23.2.10	45日前	23.2.15		
チラシ作成	チラシ原案	本部（☆☆）	50日前	23.2.10	45日前	23.2.15		
リーフレット	リーフレット原案の確認	本部（☆☆）	50日前	23.2.10	45日前	23.2.15		
リーフレット	発注	本部（☆☆）	45日前	23.2.15	45日前	23.2.15		
スタッフ採用	ハローワーク申し込み	加盟者	70日前	23.1.21	45日前	23.2.15		

⑨ 加盟金・保証金の設定 ────────────

①開業資金設定のポイント

　開業資金を設定するうえでは、「必要資金の積み上げ」と「投資回収期間」の2つの視点のすり合わせが重要です。

　必要資金の積み上げは、開業時に必要となる資金を積み上げていき、開業資金を設定する方式です。必要な金額は、設備投資額や初期在庫投資等の大小により異なりますので、業種・業態によって大きく差が出てきます。たとえば、有店舗か無店舗か、店舗面積の大小、厨房・什器等の必要設備、適正立地等の要素により金額は変動していきます。

　一般的に、店舗を必要としないサービス業や小売業（無店舗販売）では開業資金は低くなります。一方、厨房設備や内外装費・什器費用への投資が必要となる飲食業は、高い開業資金を設定する必要が出てきます。さらに、郊外型の飲食業や小売業は、相当数の駐車場等の確保も必要なことから、その分、開業資金は高額になります。

　投資回収期間は、加盟する側にとって、投下した資金をどれくらいの期間で回収できるかが大きな関心事項となるため、回収期間を意識した開業資金額の設定が大切になります。たとえば、業態の陳腐化の激しい飲食業では、回収期間が長すぎると投下した開業資金を回収する前に、競合店の出現などにより利益を捻出できなくなるリスクが顕在化します。また、個人の加盟者の場合は資金調達力が弱く、より早期に資金を回収しないと資金ショートを起こす恐れがあります。

　フランチャイズ・システムとして開発する業態によって、加盟者が負担する開業資金は大きな影響を受けます。大きな敷地を必要とする店舗を使う業態を展開しようとするならば、開業資金負担が重くなることは避けられませんので、個人の加盟希望者よりも法人の加盟希望者をターゲットにした戦略になるでしょう。

②加盟金の設定

　加盟金とは、フランチャイズ契約締結時に加盟者から本部に支払われる金銭です（加盟金は、フランチャイズ契約によっては、権利金、入会金、分担金な

どとよばれることもあります)。

　加盟金の性質は、一般的にa. フランチャイズの付与、b. ノウハウ開示、c. 商標・サービスマークの使用許諾、d. 開業準備諸費用（立地診断費用・開業前研修費用等）などの対価として支払われるものとされています。フランチャイズ契約によっては、上記の一部のみの対価としている場合もあり、開業前研修の費用等が別途設定されていることがあります。

　加盟金の額の設定にあたっては、それが第三者から見て高額なレベルではなく、同業他社の事例も参考にしながら決定することが必要です。言うまでもなく、加盟者側がフランチャイズ加盟により得られると考えられるメリットに見合う額でなければなりません。

③保証金の設定

　保証金とは、加盟金と同様に加盟時に本部が徴収する金員であり、加盟者が差し入れる担保としての性質を持つものです（もっとも、保証金の性質については、契約によって一様ではないため、ここでは原則的な保証金のあり方について記載しています）。

　保証金は、具体的には、商品等の仕入やロイヤルティの支払いなどの担保として設定します。契約が終了したときには、担保としての必要性が無くなるた

図表 2-37　加盟金・保証金の性質とポイント

加盟金の性質とポイント	保証金の性質とポイント
<性質> FC契約締結時に加盟店から本部に支払われる金銭。一般に①営業許諾料②商標・サービスマークの使用料③開業準備費用（立地診断費用・開業前研修費用等）④ノウハウ開示の対価などとされている。	<性質> 一定の債務の担保として加盟店が本部にあらかじめ交付する金銭。（ただし、契約内容による。）
<ポイント> 「加盟金不返還特約」は絶対的なものではなく、適正な対価性、十分な説明が必要になる。	<ポイント> 保証金が担保としての性質を持つ場合、本部の持つ被担保債権額の大きさに応じて保証金の額も大きく変わってくる。

め、本部は加盟者に速やかに返金する必要があります。しかし、加盟者への債権が残っている場合には、その金額を差し引いて返金することになります。一般的に、加盟者の本部からの仕入が大きいほど、また、加盟者1店舗当たりの売上高が大きくなるにつれてこの保証金は高く設定されている傾向があります。

⑩ ロイヤルティの設定

①ロイヤルティの性質

　ロイヤルティとは、フランチャイズ契約において、加盟者から本部に定期的に支払われる金銭のことです。一般的には、以下の3つの対価とされています。

ａ．商標・サービスマークの使用

　商標・サービスマークとは、商品や役務（サービス）を提供する側がその品質を保証し、商品やサービスの提供を受ける顧客が、その商品やサービスの出所を認識できるようにするために使用される標識のことです。商標・サービスマークを使用することによって、顧客による商品やサービスの利用を促す役目を果たします。

ｂ．フランチャイズ・システムの使用

　フランチャイズ本部が開発した商品・サービスやノウハウを使用することにより、効率的なオペレーションを可能とします。

ｃ．継続的な経営指導

　本部から派遣されるスーパーバイザー等による継続的な指導・援助が受けら

図表 2-38　ロイヤルティの性質

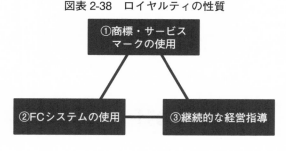

れます。ただし、フランチャイズ契約の種類によっては、経営指導（SV の派遣等）はロイヤルティに含めず、別途徴収する場合もあります。

②ロイヤルティの算定方法

ロイヤルティの算定方法には、毎月決まった額を支払う「定額方式」と、一定率を用いて算定する「定率方式」があります。ロイヤルティの算定方式の全体的な傾向は、加盟者の売上高の実績に一定率を乗じて算定するケースが多くなっています。

業種別に見れば、小売業や飲食業ではロイヤルティ設定なしも散見されますが、これは本部が商品の卸売機能を有し、そこから利益を確保しているからだと考えられます。

またコンビニエンスストアの本部では、加盟者の粗利益の実績に対して一定率を乗じて算定しているケースが大半です。サービス業は、比較的小規模な本部が多いことから、算定のための複雑な仕組みの構築が必要ない定額方式を採用する本部も見られます。飲食業では、店舗の立地により売上が変動する特徴を持つため、売上高の一定割合で徴収する場合が多くなっています。

売上高に対するロイヤルティ率に関して見ると、小売業は、売上高が高く粗利益率が低いという業種特性を有するため、売上高に対するロイヤルティ率は低く設定しています。逆にサービス業は、売上高が低く粗利益率が高いという業種特性を有するため、売上高に対するロイヤルティ率は高く設定しています。飲食業では、ロイヤルティ率が低い業種・業態や、突出して高い業種・業態が少ないのは、ほぼ類似した収益構造になっているからだと推測されます。

③ロイヤルティの設定方法

ロイヤルティ設定のポイントは次のとおりです。

第一に、ロイヤルティの額・算定方法は、加盟者にとって過度な負担にならない水準に設定する必要があります。加盟者からすると、ロイヤルティはフランチャイズ契約が継続する限り支払い続けなければなりません。フランチャイズ・システムを持続可能なものとするためには、本部も加盟者も「共存共栄」の関係を築けるロイヤルティの水準にする必要があります。

第二に、本部が加盟者に対して、ロイヤルティという対価に見合う十分なノウハウを提供できるかどうかが重要です。本部は、店舗指導能力や商品開発力

の高さ、ネームバリューの高さなどを勘案して、加盟者の納得が得られるようなロイヤルティの額・算定方法の根拠を用意しておきます。チェーン全体で共通の管理システムを使うための費用や、広告宣伝や販売促進を本部が代行する場合の費用などについては、ロイヤルティとは別にシステム利用料や共通広告（販促）費といった項目を設定する場合もあります。この場合、定額、あるいは実費負担とすることで何のための費用なのかがわかりやすくなるとともに、将来の金額の変更に弾力性を持たせるという意味もあります。

　第三に、ロイヤルティの算定方法の決定にあたっては、フランチャイズ・システムの業態による特性を考慮しましょう。加盟者の売上を把握しにくい業態では定額制にすると管理が容易です。業態に応じたロイヤルティの算定方法がありますので、同業他社や類似する業種の状況を参考にするとよいでしょう。

　第四に、複数店を出店する加盟者に対しては、インセンティブを与えるような仕組みにすることが望ましいでしょう。加盟者が同一のフランチャイズ・システムを展開する場合、すでに本部・加盟者間には関係性ができており、2店舗目以降の展開にかけるコストを低く抑えることができるので、その利益を加盟者にも還元するという仕組みです。これはフランチャイズ・システムのドミナント展開に資する仕組みといえます。

　以上のような考え方のもと、ロイヤルティの設定は、本部の中期事業計画策定の中でシミュレーションを繰り返して確定していきます。

図表 2-39　加盟金・保証金・ロイヤルティの例

区分	業態	チェーン（ブランド）名	加盟金（万円）（税抜）	保証金（万円）	月額ロイヤルティ（税抜）
小売業	コンビニエンスストア	セブン-イレブン（C タイプ）	250	0	売上総利益の 56%～76%
		ローソン（Cn タイプ）	100	0	総粗利益高の 45%～60%
		ファミリーマート（2FC-N タイプ）	150	0	営業総利益の 56～69%
	リユース	タックルベリー	400	100	52,500 円＋月売上の 3%
		大黒屋（ベーシックプラン）	0	0	100,000 円（定額）
		おたからや	240	0	100,000 円（定額）
フードサービス業	ハンバーガー	モスバーガー	200	40	売上高の 1%
	アイスクリーム	サーティワンアイスクリーム	200	0	売上高の 5%
	カフェ	コメダ珈琲店	300	900	1 席当たり月額 1,500 円
		ドトールコーヒーショップ	150	150	売上高の 2%
	日本そば	ゆで太郎	200	200	売上高の 5%
	ラーメン	リンガーハット	300	200	売上高の 5%
	焼き肉	牛繁	250	150	売上高の 3%
	パスタ	ポポラマーマ	300	100	売上高の 4%
	丼	伝説のすた丼屋	200	150	売上高の 3%
	カレー	ゴーゴーカレー	130	200	売上高の 5.5%
	宅配ピザ	ナポリの窯	150	100	80,000 円（定額）
	高齢者配食	ニコニコキッチン	190	80	売上高の 3%
サービス業	学習塾	明光義塾	300	0	売上高の 10%
		スクール IE	200	50	売上高の 10%
	介護	GENKINEXT	200	100	売上高の 10%
		だんらんの家	280	0	130,000 円（定額）
	複合カフェ	スペースクリエイト自遊空間	200	100	売上高の 3%
	不動産	ハウスドゥ！	150	70	100,000 円（定額）
	ヘアカット	11cut	200	100	売上高の 6%
	フィットネス	FITS ME	200	50	売上高の 3%
	リラクゼーション	Re.Ra.Ku	300	50	売上高の 8%
	ハウスクリーニング	おそうじ本舗	20	20	86,000 円（定額）
	葬儀会館	ティア	500	0	売上高の 3%

出典：『よくわかる！　FC チェーン収支モデル比較ハンドブック（改訂版）』（FC 研究会）他

11 収支モデルの設定

①収支モデルについて

　収支モデルは、加盟希望者に対してフランチャイズ加盟する際にどれくらいの初期投資が必要であるか、そしてその投資をした結果どれくらい儲かるのかをイメージしてもらうためのものです（図表2-40参照）。

　その金額算定にあたっては、フランチャイズ本部が経営する直営店の店舗実績を参考にして算定することになります。もちろん出店地域や立地条件などによって、人件費や地代家賃などの違いがありますので、あくまでも想定できる標準的な数値を設定することになります。また、ロードサイド型の大型店舗や駅前ビルイン型の小型店舗など、いくつかの出店パターンがある場合には、そのパターンごとに収支モデルを作成することが望ましいといえます。

図表2-40　加盟店の収支モデル例

A　初期投資モデル（15坪店舗）

項　目	金額（円）
加盟金	3,000,000
保証金	2,000,000
内装・設備一式	10,000,000
研修費・販促他経費	3,000,000
初期投資合計	18,000,000

B　月間損益モデル（15坪店舗）

項　目	金額（円）	構成比
売上高	4,000,000	100.0%
売上原価	1,600,000	40.0%
売上総利益	2,400,000	60.0%
ロイヤルティ（売上高×5%）	200,000	5.0%
人件費（パート・アルバイト）	600,000	15.0%
地代家賃	300,000	7.5%
水道光熱費	260,000	6.5%
その他経費	250,000	6.3%
減価償却費	220,000	5.5%
利　益（オーナー利益）	570,000	14.2%

　フランチャイズ本部としては、多くの加盟希望者を募りたいので、多額の利益が出るような収支モデルを作成したいところですが、あくまでも客観的で合理的な根拠がある数字の積み上げにより作成する必要があり、さらに、実現可能性の高いものでなくてはなりません。

②初期投資モデル作成のポイント

　初期投資モデルの作成については、図表2-40のAのようにフランチャイズ本部が想定する諸費用を項目ごとに設定します。

a．加盟金

　フランチャイズ本部に加盟するための加盟金を記載します。この加盟金がどういう性格の対価であるか（たとえば、フランチャイズの付与、マニュアル等ノウハウの開示、商標の使用許諾に対する対価、開業前研修費用など）について明確にしておく必要があります。

b．保証金

　保証金は、フランチャイズ加盟者がフランチャイズ本部へのロイヤルティや商品代金の支払いなどが滞った場合などに備えるためのもので、一般的にフランチャイズ加盟者側に瑕疵がなければ、フランチャイズ本部はその保証金を契約期間終了後、フランチャイズ加盟者に返還しなければならないものです。したがって、月間のロイヤルティやフランチャイズ本部と加盟者との間の取引金額などをもとにして、適切な保証金金額を設定する必要があります。

c．内装・設備一式

　店舗の面積や席数に応じて想定される内装費用や設備金額を記載します。この金額に設計料が含まれるのか、フランチャイズ本部指定の業者に依頼しなければならないかなどについての説明があるとよいでしょう。

d．研修費・販促他経費

　フランチャイズ加盟から開店までに必要な研修費やチラシなどの広告・販売促進費などにかかる費用を記載します。これらの支払いが必須であるか任意であるか、また、その具体的な内容についての説明があると親切です。

　加盟希望者がフランチャイズ加盟をしてビジネスを始めるにあたっては、初期投資モデルに記載されている項目以外にも会社設立費用、印鑑やゴム印作成費用なども発生しますし、店舗物件契約の際の契約金、敷金・保証金、仲介手

数料のほか、開業するまでの家賃負担も加盟者にとっては重要な初期投資費用に含まれます。これらは、フランチャイズ本部が収受する金銭ではないので、初期投資モデルに記載がない場合もありますが、これらの記載があるとより親切でしょう。仮にこれらの記載がない場合においても、フランチャイズ本部としては、加盟希望者が負担する初期投資額として把握し説明する必要があります。

図表 2-41　初期投資モデルに記載されないことが多い項目

- 会社設立費用（司法書士報酬、登録免許税等）
- 印鑑・ゴム印作成費用
- 店舗物件契約の際の契約金、敷金・保証金、仲介手数料
- 店舗契約時から開業までの家賃負担

③損益モデル作成のポイント

損益モデルは、図表 2-40 の B のようなものが一般的です。

a．売上高

「平均客単価×平均客数」を基本とし、月間売上高の平均値となるように設定します。

b．売上原価

売上高にかかる商品原価（食材原価）を設定します。飲食店などでは日常的に発生する廃棄ロスなどがあれば、この売上原価に含めておくことが適切です。売上原価は以下の算式で計算することができます。

売上原価＝期首（月初）在庫＋仕入高－期末（月末）在庫

c．売上総利益

売上高から売上原価を差し引くことにより算出します。「粗利益」とよばれます。

d．ロイヤルティ

ロイヤルティはフランチャイズ本部によってその算定方法が異なります。自社のロイヤルティ設定に見合った金額を設定します。通常のロイヤルティのほかに、加盟者にコンピュータ端末を導入させることによるシステム管理費やシステムリース料、チラシ作製費用をはじめとした共通広告宣伝費などが発生す

る場合には、このロイヤルティに含めず、別項目で開示するほうが親切である
といえます。

e．人件費

正社員、アルバイト、パートなどの人件費平均を設定します。なお、人件費
といっても、加盟者オーナーの給与はこの項目には記載しないことが一般的で
す。加盟者オーナーの取り分（給与）は、収支モデル一番下の「利益」に含ま
れると考えることが一般的です。また、採用教育費、法定福利費、福利厚生費
などを人件費に含める場合もあります。

f．地代家賃

立地条件や店舗面積等に応じた一般的な地代家賃額を設定します。加盟者
オーナーが自分自身でテナント物件を所有している場合には地代家賃は不要と
なりますが、収支モデルにおいてはそれらオーナーの個別事情まで考慮する必
要はありません。

g．水道光熱費

主に電気代、ガス代、水道代などの水道光熱費の月平均額を設定します。季
節により数値変動が激しい場合には、年間で想定される光熱費額を 12（か月）
で除して設定します。

h．その他経費

恒常的に発生する諸経費などがあればこの項目に含めず、別項目で開示する
とよいでしょう。

i．減価償却費

図表 2-40 の B の損益モデルでは減価償却費の項目を設けましたが、この減
価償却費の項目を設けていない損益モデルも多く見られます。減価償却費の項
目を設けない場合の理由としては、減価償却費は現金の支出がない経費である
ことから、加盟希望者に対しては毎月の現金収支ベースで開示したほうが説明
のしやすいこと、また、減価償却費はその企業により異なる計算方法を選定で
きることなどにより、正確な減価償却費を開示することが難しいことがあげら
れます。

なお、減価償却費を設定する場合には、減価償却資産の金額をその使用可能
年数（耐用年数）で除したものを、さらに 12（か月）で除することにより、

減価償却費月額を算定するなどの単純な計算方法がよく用いられます。

j．利益（オーナー利益）

オーナーの手元に残る利益の目安となる項目です。しかし、フランチャイズ本部側としても、この設定金額のすべてがオーナーの手元に残ると思ってはいけません。なぜなら、収支モデルに記載されない事務用品費など細々とした支出も発生しますし、採用教育費や福利厚生費、利益に対して課される税金なども収支モデルに記載されないことが一般的だからです。

なお、減価償却費を設定しない収支モデルにおいては、この利益の項目は「償却前利益」と表示する場合もあります。

図表 2-42　損益モデルに記載されない費用等の例

● 事務用品費・消耗品費
● 採用教育費・法定福利費（社会保険料）
● パート・アルバイトの交通費・まかない食事等の福利厚生費
● 利益に課税される税金（法人税または所得税等）

④収支モデル・初期投資モデルと投資回収期間との関係

初期投資モデルと損益モデルを作成するうえで最も重要なポイントは、これら初期投資モデルにより投下した資本が、この損益モデルによってどれくらいの期間で回収できるか、という合理性の検証です。フランチャイズ・ビジネスは、フランチャイズ本部が、そのフランチャイズ契約期間において、加盟者に対して一定の利益を計上させることを前提としたビジネスモデルであるため、投資回収期間はフランチャイズ加盟契約期間内であることが基本となります。

⑤投資回収期間の計算

投資回収の計算方法は、その目的や与えられる諸条件によっていくつかの選択肢がありますが、フランチャイズビジネスモデルの検証（初期投資モデルと損益モデルの検証）という視点からは、「投資回収期間法」が最も簡便でわかりやすい計算方法といえます。

【投資回収期間法（ペイバックルール）の計算式】
投資回収期間（年）＝初期投資額÷（年間税引後当期利益＋年間減価償却費）

　上記計算式中の初期投資額からは、返還される保証金や敷金などは除いて計算します。図表2-40のAでいうと、保証金200万円は除外しますので、投資回収期間計算上の初期投資額は1,600万円となります。

　また、回収原資は税引後の利益を用い、かつ、キャッシュアウトがない減価償却費は足し戻して回収原資としてカウントします。図表2-40のBでいえば、税引後当期利益は4,788,000円（57万円×12か月×（1－法人税実効税率30%））、年間減価償却費は2,640,000円（22万円×12か月）ですから、計算式に当てはめると、以下のとおりとなります。

　初期投資額 16,000,000 円 ÷ (4,788,000 円 + 2,640,000 円) ≒ 2.1 年

図表2-43　投資回収期間の計算例

初期投資　1,600万円		
年間キャッシュフロー 7,428,000円	年間キャッシュフロー 7,428,000円	年間キャッシュフロー 7,428,000円
1年目	2年目	0.1年

2.1年で投資回収

⑥初期投資費用の本部側の税務会計

　フランチャイズ本部が加盟者から契約時に収受する加盟金・保証金等については、その内容によって税務上の取扱いが異なります。以下は、主に中小企業に関する税務処理を示したものです。

内　容	本部の税務処理
加盟金による収入（返還不要なもの）	収益計上
保証金（返還を要するもの）	預り保証金（債務）
内装・備品費等を本部が販売したもの	収益計上
開業前研修費等による収入	収益計上

⑦「収益認識に関する会計基準」への対応

　2021 年 4 月から始まる会計年度から、上場企業（子会社や関連会社を含む）や上場準備会社（同）で新収益認識基準が強制適用となりました。これにより、該当企業は、新収益認識基準に基づいた会計処理が求められます。

　フランチャイズ本部においては、加盟金収入、割引クーポンの付与、自社ポイントや他社ポイントの取り扱い、加盟店への食材等の販売等について、新収益認識基準の適用となる可能性があります。

　詳しくは、会計事務所や監査法人にお問い合わせのうえ、対処してください。

❹ 本部事業計画の策定

① 直営店・加盟店出店計画

① 現実的な計画の策定

　フランチャイズ事業の中期計画は、直営店出店計画とフランチャイズ加盟者出店計画に分けて計画します。直営店については、立地や商圏について加盟者への波及効果を考えながら計画的に出店していきます。

　出店計画の基礎として、プロトタイプ店の立地タイプ別の適正商圏規模（成立要件）を明確にしなくてはなりません。それをもとに、どのエリアにどのくらいの店舗が成立可能かのマーケット分析を行います。この分析方法は展開する業種・業態によりさまざまです。

② 出店計画はマクロからミクロにとらえる

ａ．出店計画のたて方

　まず、出店基準の仮設定をします。これは、プロトタイプ店において計算された適正商圏規模（成立要件）から仮に設定します。たとえば、地域の人口、競合の出店状況（出店していることを優先する場合も、しない場合もあり）等で設定します。

　次に、出店方法を検討します。路面店やSC等施設内といった出店形態、土地建物の購入や賃貸といった利用形態、居抜き物件といった物件形態等、出店方法を検討する必要があります。

ｂ．出店計画の立案手順

　優先エリアを選定します。マーケット規模、ドミナント可能性、物流可能エリア、SV巡回可能エリアから検討していきます。

　また、具体的出店方法に対応した出店候補市区町村の仮設定を行います。出店エリアが決まったら、エリアのマーケット状況の把握を行います。

　さらに、競合のドミナント調査を行います。競合しているチェーンや企業の出店状況を調査し、競合の出店戦略とバッティングしているか否か、バッティングしている場合に独自のドミナント戦略を進めるのかを検討します。

　そして最後に出店エリアを確定し、具体的に市区町村毎に出店できるターゲットを定め、出店可能物件を選択する作業に入ります。

図表 2-44　出店計画の立案手順の例❶

1. 第１優先のエリア（50 箇所）への出店を検討
- 「全国市区町村の人口総数が 10 万人以上」かつ
- 「『■■■』が出店している市町村」かつ
- 「競合の『△△△』が出店していない」

2. 具体的な出店方法に対応する出店候補市区町村を仮設定する
- SC 出店の候補エリア（決定している分）を設定する（5 店舗）
  - ①　○月○日　○○○市
  - ②　○月○日　○○○町
  - ③　○月○日　○○○区
  - ④　○月○日　○○○市
  - ⑤　○月○日　○○○市
- SC■■■内に出店可能な店舗（原則店舗面稿 30 坪以上）があるエリアを設定する。該当するのは全国で 70 店舗
  70 店舗のうち、すでに△△△が出店している■■■は 20 店舗
  現状■■■内にすぐに出店可能と思われるのは 5 店舗
  残り 15 店舗への出店可能性を検討する
- ■■■隣接型として敷地面稿が 100 坪以上取れる店舗エリアを設定する（現在該当 1 店舗）

3. その他の出店候補エリアのドミナント状況を地図上で調査する
- 50 箇所のうち、■■■が出店している市区町村で、複数店舗を出店しているエリアは 20 市区町村。この 20 エリアのうち、すでに△△△が出店しているエリアは 5 エリア。SC 出店可能エリアは 3 エリアなので、残り 12 市区町村のドミナント状況を地図で把握する
- ■■■の店舗を地図上にプロットし、半径 3 km の円を描き、その円の隣接具合をチェックして、ドミナントが形成されている市区町村から優先する

4. 第１優先の残りエリアと第２優先のエリアを検討する
- 第１優先のエリアと第２優先のエリアの中で比較検討して決定する

図表 2-45　出店計画の立案手順の例❷

評価項目	使用データ	出所
①利用者（子供）マーケット	0〜14 歳男女人口（2020 年：現状・2030 年：10 年後・2040 年：20 年後）※通常は 12 歳までだが、公表されている階級ピッチの関係で 14 歳までとする	国立社会保障・人口問題研究所『日本の地域別将来推計人口（2018 年推計）』2020 年〜2045 年までの推計人口をもとに加工※福島県内市町村については未推計
②出産対象年齢マーケット	16〜39 歳女性人口（2020 年：現状・2030 年：10 年後・2040 年：20 年後）	
③依頼者（母親）マーケット	20〜49 歳女性人口（2020 年：現状・2030 年：10 年後・2040 年：20 年後）	
④所得水準	納税義務者 1 人当たり課税対象所得額（2020 年）	総務省「課税標準額段階別令和 2 年年度分所得割額等に関する調査（合計）（所得割納税義務者数・課税対象所得・課税標準額・所得割額））」をもとに加工
⑤人口流入	転入超過数（2020 年）	総務省統計局「住民基本台帳人口移動報告」男女別他市区町村からの転入者数、他市区町村への転出者数及び転入超過数─全国、都道府県、市区町村（令和 2 年）をもとに加工
⑥待機児童	待機児童数（2020 年 4 月 1 日現在）	厚生労働省「保育所等関連状況取りまとめ（令和 2 年 4 月 1 日）」結果をもとに加工

1.　データ統合
- ●対象データを各サイトから収集
- ●市区町村別に統合し、分析対象 6 項目に加工・再編（1,810 都市）

2.　規模カット
- ●成立するマーケットの最低規模として、総人口 20 万人以上の都市を抽出（全体に対する人口比：約 55％）
- ●1,810 都市⇒106 都市（東京 23 区は他都市より規模が飛び抜けている（別格な）ので除く）

3.　上位 25％抽出
- ●評価項目①〜⑤に関して、75 パーセンタイル以上（上位 25％）に該当する都市を抽出
- ●106 都市⇒27 都市

4.　候補都市選定
- ●現状のマーケットボリュームを優先しつつ、他項目の上位 25％を加味して候補を選定
- ●27 都市⇒22 都市（第 1 優先候補都市：うち 2 都市は当社既設）

5.　候補都市選定
- ●第 2 優先候補都市として、各データが 50 パーセンタイル以上の評価と地域性を加味して選定
- ●（106 都市－22 都市）⇒10 都市（第 2 優先候補都市）

② 投資計画

　フランチャイズ本部を立ち上げるにあたっての投資計画を検討します。立ち上げ時には、パンフレットなどの加盟案内作成費用、フランチャイズ契約書等法務面の諸費用のほか、フランチャイズ本部と加盟者とのシステム開発費用およびシステム機器などの費用が発生します。そして、加盟者を募集すると、問い合わせの受付対応をする担当者の人件費や接客スペースなどオフィス環境整備の支出も発生します。また、事業説明会の開催費用やフランチャイズショーなどのフェアへの出展費用などについても考慮しておく必要があります。

　フランチャイズ本部立ち上げに必要な主な費用は図表 2-46 のとおりです。

図表 2-46　フランチャイズ本部立ち上げに必要な主な費用

●加盟パンフレット・ホームページ・会社案内等作成費用
●各種マニュアル作成費用 　●オペレーションマニュアル 　●店長業務マニュアル 　●人事管理・衛生管理マニュアル 　●危機管理・金銭管理マニュアル 　●オープンマニュアル・営業マニュアル
●法務手続・知的財産に関する費用 　●フランチャイズ契約書作成費用 　●法定開示書面作成費用 　●商標登録費用
●コンサルタント費用
●システム設計・開発費用（システム機器含む）
●フランチャイズ本部オフィス整備費用 　●本部オフィス開設・応接設備 　●受付担当の人件費
●フランチャイズ事業説明会・フェア等の出展費用

　また、フランチャイズ本部立ち上げ準備期・加盟者募集開始時など各ステージにおいて、必要な人材の確保および人材研修なども必要ですから、どの時点でどれくらいの支出が発生するか事前に計画をしておくことが必要です。

③ 資金調達・返済計画

①資金調達

　フランチャイズ本部を立ち上げる際に必要な投資の見積もりができたら、それら資金をどのような手段で調達できるか検討する作業が必要です。

　フランチャイズ本部の資金調達方法としては、一般的な企業と同様に「融資」と「増資」がメインとなります。

　融資により調達した資金は当然ながら返済しなければならず、増資により調達した資金は出資者である株主に返済する必要がない資金です。

　フランチャイズ本部を立ち上げる際に必要な資金は、将来を見据えた長期的な支出であることからその回収は長期間にわたると考え、返済期間が長期間の融資あるいは返済の必要がない増資によって調達することが望ましいといえます。

　フランチャイズ本部を立ち上げた後には、本部の人件費や家賃などの諸経費も日常的に発生します。これらの諸経費もフランチャイズ本部を立ち上げる際に必要な運転資金に含め、余裕を持った資金調達を行うことが必要です。

ａ．融資による資金調達

　これまでの直営店舗での実績をもとに付き合いのある金融機関等に融資を依頼する、あるいは、フランチャイズ・ビジネスを新規事業として、新たな融資枠を設定してもらうなどの方法があります。また、政府系の金融機関や自治体等のあっせん融資の中には、新規事業開拓や事業多角化を行う企業への融資制度を設けている場合もあります。

ｂ．増資による資金調達

　増資は、株主構成および持株割合が変わらない株主割当増資と株主構成および持株割合が変わる第三者割当増資があります。第三者割当増資には、知己の個人や企業に増資を引き受けてもらう場合や、投資ファンド等を利用する場合等があります。第三者割当増資は、株主構成および持株割合が変わることから、どのような株主構成であるべきか、そして株価がいくらであるかなどの資本政策について、企業のビジョンや経営計画に基づいて決定する必要があります。

②返済計画・資本政策

ａ．融資資金の返済計画

　投資資金を融資により調達した場合、その融資資金の返済原資は、営業により獲得した利益から捻出しなければなりません。返済金額は、その投資にかかる資産の減価償却費の範囲内が一つの目安となります。

ｂ．増資を行う際の資本政策の立案

　増資による資金は、出資者である株主へ返済の必要がないので、返済原資の獲得について腐心することはありませんが、誰からいくら出資を受け入れるかについては、慎重に検討しなければなりません。特に第三者割当増資の場合には、企業の株主構成が変わることになります。株主構成が変わるということは、企業の所有者（所有持分）に変動が生じるということです。誰からいくら増資を受け入れるのかという判断を間違ってしまうと、将来思い描く経営ができなくなる可能性があるなど、経営権の自由度が低下することにもなります。綿密な事業計画や投資計画をもとに、いつどのような資金を誰から調達するか、そして、その際の株価はいくらを想定するかなどについて計画を立てる必要があります。

④ 組織体制・人員計画

①組織体制

　フランチャイズ事業の立ち上げ当初から、大きな組織をイメージする必要はありません。実際には、直営店でプロトタイプを開発していた規模感のままでフランチャイズ展開を始めるケースがほとんどです。このようなケースでは、フランチャイズ本部は各業務の兼任体制でスタートし、スタッフは事業責任者を含め数人から10人程度の組織になります。

　組織として必要な機能（職務分掌）は「店舗開発」「運営指導（SV）」「教育・研修」「システム管理・開発」「営業・広報」「事務管理」などになります。これは一般的な機能としての区分けであり、実際はスタート時に1人のスタッフが複数の機能を担当し、繁忙期には応援体制をとって全社員で同じ業務に取り組む、といった組織体制で始めることになります。アーリーステージでは、人的資源が限られているため、一部の業務をアウトソーシングするのも有効な

手段となります。

　ただし、20店舗を超えると収益的にも安定してくるので、並行して機能の専門性を高め専門スタッフを置き、本部の組織化を進めていくことが可能になります。また業務の増加に応じて、組織を分化する必要も出てきます。

②人員計画

　人員計画は、コストとのバランスが必要です。どの時期から人員を増やすべきか業種・業態で異なってきます。前項であげた機能はどれも重要なものですが、加盟者の日常の営業に欠かせない商品供給や加盟店開発に人員を厚くすることがフランチャイズ事業を進展させていくために必要なことになります。

図表 2-47　本部人員計画の例

○○○○FC 本部
人件費
（単位：千円）

年度	基準	年俸	2022 年	2023 年	2024 年	2025 年	2026 年
FC 加盟店出店数			5	5	10	10	10
加盟店合計（累計）			5	10	20	30	40
事務管理	20 店に 1 人	2,400	1	1	1	2	2
営業・広報	50 店に 1 人	5,000					1
システム管理・開発	50 店に 1 人	5,000					1
店舗開発	10 店に 1 人	5,000	1	1	2	2	2
教育・研修	30 店に 1 人	5,000				1	1
運営指導（SV）	10 店に 1 人	5,000	1	1	2	3	4
事業責任者		12,000	1	1	1	1	1
FC 部門合計			4	4	6	9	12
人件費計			24,400	24,400	34,400	46,800	61,800

本部家賃

賃貸料	社員 1 人当たり 2 坪		3,600	3,600	3,600	3,600	3,600

増加人員数					2	3	3
1 人当たり追加消耗品費		250			500	750	750

開発・SV 旅費交通費

加盟店開発		100	500	500	1,000	1,000	1,000
運営指導（SV）		20	100	200	400	600	800
計			600	700	1,400	1,600	1,800

　また、当初は多店舗化がうまくいかない可能性もありますので、パート・アルバイトによる増員やアウトソーシングの活用を通じて、人員増加が大きな固定費増加にならないよう注意しましょう。

③情報共有とコミュニケーション

　加盟者が10店舗を超え、チェーンといえるようになると、直営店、加盟者も含めて意識的なコミュニケーションが必要になってきます。今まで社長や幹部が常に来店し陣頭指揮をとっていたため、表面化しなかったコミュニケーションの問題が、店舗増加による来店頻度・滞在時間の減少によって顕になることが多くなります。加えて本部と加盟者が物理的に離れていると、コミュニケーションの質および量が低下します。メッセージアプリやグループチャットツールなど時代に即したコミュニケーションツールを積極的に利用していくことが求められます。

⑤ 損益計算・資金収支計画

①損益計画・資金収支計画のポイント

　損益計画およびそれに応じた資金収支計画（以下、「損益・収支計画）の作成にあたっては、各部門での損益・収支計画を積み上げることにより行います。フランチャイズ本部の損益・収支計画は、「直営部門の売上（利益）計画」、「フランチャイズ部門の売上計画」をもとに、これらの数値を統合して「全社の損益・収支計画」を完成させます。

　なお、損益・収支計画作成にあたっては、月次単位で数値を積み上げ、それを年単位で集計したものを5か年程度作成することが望ましいでしょう。

a．直営部門の売上（利益）計画

　フランチャイズ本部の直営店の実績をもとに、直営店出店計画に応じた、標準売上高、標準売上原価、人件費他諸経費、営業利益を設定します。新店開店の場合には、テナント契約時から開店時までの間の家賃負担や広告費などの諸経費についても細かく月次で設定していく必要があります。

図表 2-48　直営部門の売上（利益）計画の例

【直営売上計画】

○○○○FC 本部　　　　（単位：千円）

	2022 年	2023 年	2024 年	2025 年	2026 年
直営出店数	2	2	1	1	1
直営店合計（新規出店累計）	2	4	5	6	7

	1 年目	2 年目	3 年目	4 年目	5 年目
直営店標準売上	36,000	36,000	36,000	36,000	36,000
直営店標準売上原価	12,600	12,600	12,600	12,600	12,600
直営店標準利益	5,000	5,000	5,000	5,000	5,000

直営店売上						
	既存店	120,000	120,000	120,000	120,000	120,000
	初年度開店	36,000	72,000	72,000	72,000	72,000
	2 年度開店		36,000	72,000	72,000	72,000
	3 年度開店			18,000	36,000	36,000
	4 年度開店				18,000	36,000
	5 年度開店					18,000
	合　　計	156,000	228,000	282,000	318,000	354,000

直営店利益						
	既存店	18,000	18,000	18,000	18,000	18,000
	初年度開店	5,000	10,000	10,000	10,000	10,000
	2 年度開店		5,000	10,000	10,000	10,000
	3 年度開店			2,500	5,000	5,000
	4 年度開店				2,500	5,000
	5 年度開店					2,500
	合　　計	23,000	33,000	40,500	45,500	50,500

b．フランチャイズ部門の売上計画

　フランチャイズ部門については、加盟者との契約期間に基づいた売上計画を設定します。項目としては、フランチャイズ加盟金、ロイヤルティ、加盟者に対する商材販売利益、研修実施等収益、内装・設備等販売利益および設計料収入、加盟者の業務の一部をフランチャイズ本部が受託する場合の業務受託収入などがあり、損益に影響しない収支項目として、保証金の収受があげられます。

図表 2-49　フランチャイズ部門の売上計画の例

【FC 売上計画】

○○○○FC 本部　　　　　　　　　　　（単位：千円）

		2022 年	2023 年	2024 年	2025 年	2026 年
FC 加盟店出店数		5	5	10	10	10
加盟店合計（新規出店累計）		5	10	20	30	40

		1 年目	2 年目	3 年目	4 年目	5 年目
加盟店標準売上		36,000	36,000	36,000	36,000	36,000
加盟店標準売上原価		12,600	12,600	12,600	12,600	12,600

加盟金	1,000	5,000	5,000	10,000	10,000	10,000
ロイヤルティ（売上定率）	初年度加盟	4,500	9,000	9,000	9,000	9,000
5%	2 年度加盟		4,500	9,000	9,000	9,000
	3 年度加盟			9,000	18,000	18,000
	4 年度加盟				9,000	18,000
	5 年度加盟					9,000
商品マージン(加盟店売上原価の)	初年度加盟	788	1,575	1,575	1,575	1,575
2.5%	2 年度加盟		788	1,575	1,575	1,575
	3 年度加盟			1,575	3,150	3,150
	4 年度加盟				1,575	3,150
	5 年度加盟					1,575
開業前研修	100	500	500	1,000	1,000	1,000
開業時サポート	100	500	500	1,000	1,000	1,000
設計監理費マージン	200	1,000	1,000	2,000	2,000	2,000
工事費実差額	450	2,250	2,250	4,500	4,500	4,500
その他マージン						
FC 関連収益合計		14,538	25,113	50,225	71,375	92,525

保証金	1,000	5,000	5,000	10,000	10,000	10,000
保証金累計		5,000	10,000	20,000	30,000	40,000

加盟店末端売上	初年度加盟	90,000	180,000	180,000	180,000	180,000
	2 年度加盟		90,000	180,000	180,000	180,000
	3 年度加盟			180,000	360,000	360,000
	4 年度加盟				180,000	360,000
	5 年度加盟					180,000
	合　　計	90,000	270,000	540,000	900,000	1,260,000

本部商品売上	初年度加盟	31,500	63,000	63,000	63,000	63,000
	2 年度加盟		31,500	63,000	63,000	63,000
	3 年度加盟			63,000	126,000	126,000
	4 年度加盟				63,000	126,000
	5 年度加盟					63,000
	合　　計	31,500	94,500	189,000	315,000	441,000

c．全社の損益計画

　前述の「a．直営部門の売上（利益）計画」、「b．フランチャイズ部門の売上計画」を頭に、本部機能として必要な人材投資、システム開発・設計費、その他諸経費を直営店・加盟店の出店数に応じて設定し、全社の損益計画を設定します。

d．全社の資金収支計画

　前述「c．全社の損益計画」により算出された利益に対して法人税等を差し引いて税引後利益金額を算出します。

　さらに、この税引後利益金額をもとに、出店計画に応じたテナント契約や内装・設備投資などの出店費用とその投資資金を賄うための資金調達方法および資金調達額、その返済金額などの財務的な項目を設定し、全体的なキャッシュフローを求めます。このキャッシュフローを求める際には、すでに利益から差し引かれている減価償却費を足し戻します。

図表 2-50　全社の損益計画の例

【利益計画】

○○○○FC 本部　　　　　　　　　　　　（単位：千円）

項　目		摘　要		2022 年	2023 年	2024 年	2025 年	2026 年
直営店収益				23,000	33,000	40,500	45,500	50,500
FC収益	加盟金	売上計画による		5,000	5,000	10,000	10,000	10,000
	ロイヤルティ	売上計画による		4,500	13,500	27,000	45,000	63,000
	共同広告宣伝費	売上計画による						
	商品マージン	売上計画による		788	2,363	4,725	7,875	11,025
	開業前研修	売上計画による		500	500	1,000	1,000	1,000
	新店建築マージン	売上計画による		500	500	1,000	1,000	1,000
	機器販売マージン	売上計画による		2,250	2,250	4,500	4,500	4,500
	その他マージン	売上計画による						
	収益合計			36,538	57,113	88,725	114,875	141,025
販売費・一般管理費	給料手当	人員計画による（FC 部門）		24,400	24,400	34,400	46,800	61,800
	福利厚生費	給料賃金の	15.0%	3,660	3,660	5,160	7,020	9,270
	人件費合計			28,060	28,060	39,560	53,820	71,070
	地代駐車代・家賃			3,600	3,600	3,600	3,600	3,600
	水道光熱費			2,400	2,400	3,000	3,600	3,600
	広告宣伝費			3,600	3,600	4,800	6,000	6,000
	通信費			2,400	2,400	3,000	3,600	3,600
	開発・SV 旅費交通費	人員計画による		600	700	1,400	1,600	1,800
	消耗品費	売上比	2.0%	731	1,142	1,775	2,298	2,821
	雑費	売上比	2.0%	731	1,142	1,775	2,298	2,821
	研究開発費	売上比	3.0%	1,096	1,713	2,662	3,446	4,231
	保険料			500	500	500	500	500
	外注費			2,400	2,400	2,400	2,400	2,400
	追加備品費					500	750	750
	支払利息	借入計画による		570	510	450	390	330
	減価償却費	定率法		4,156	3,756	3,483	3,295	3,163
	その他経費	年度定額＋売上比	2.0%	1,931	2,342	2,975	3,498	4,021
	人件費以外経費計			24,714	26,206	32,319	37,274	39,635
	販管費合計			52,774	54,266	71,879	91,094	110,705
当期利益	営業利益			−16,237	2,846	16,846	23,781	30,320
	税金	税率	40.0%			1,382	9,513	12,128
	税引後利益			−16,237	2,846	15,464	14,269	18,192
	償却前税引後利益	キャッシュフロー		−12,081	6,602	18,948	17,564	21,355

図表 2-51　全社の資金計画の例

【資金計画】

○○○○FC 本部　　　　（単位：千円）

	項　目		摘　要	準備年度	2022 年	2023 年	2024 年	2025 年	2026 年
調 達	自己資金	前期繰越金			15,000	919	5,522	22,469	38,033
		手元余裕資金							
		資産処分							
		増資		15,000					
		その他							
		償却前税引後利益	キャッシュフロー		−12,081	6,602	18,948	17,564	21,355
		小　　計		15,000	2,919	7,522	24,469	40,033	59,387
	借入金	金融機関借入 1	日本政策金融公庫	20,000					
		金融機関借入 2							
		小　　計		20,000					
		調達合計		35,000	2,919	7,522	24,469	40,033	59,387

運 用	投資	土地							
		建物							
		保証金・敷金		1,000					
		内装工事・什器備品等		3,000					
		本部情報システム等		2,000					
		開業費その他(本部構築)		14,000					
		運転資金							
		小　　計		20,000					
	借入金返済	既存借入金返済							
		新規借入金返済 1	日本政策金融公庫		2,000	2,000	2,000	2,000	2,000
		新規借入金返済 2							
		小　　計			2,000	2,000	2,000	2,000	2,000
		運用合計		20,000	2,000	2,000	2,000	2,000	2,000
		次期繰越金		15,000	919	5,522	22,469	38,033	57,387

総 括		キャッシュフロー			−12,081	6,602	18,948	17,564	21,355
		キャッシュフロー累計			−12,081	−5,479	13,469	31,033	52,387
		借入金返済額			2,000	2,000	2,000	2,000	2,000
		借入金残高		20,000	18,000	16,000	14,000	12,000	10,000
		返済後キャッシュフロー（単年）			−14,081	4,602	16,948	15,564	19,355
		返済後キャッシュフロー（累計）			−14,081	−9,479	7,469	23,033	42,387
		投資回収率			−60%	−27%	67%	155%	262%

❺ フランチャイズ契約内容の決定

① フランチャイズ契約書作成時の留意点

①なぜフランチャイズ契約書が必要なのか

　フランチャイズ・ビジネスは、本部から加盟者に対するノウハウとビジネスモデルの提供（それに対する対価の支払い）、および多数の加盟者の統括管理を内容とします。したがって、提供するノウハウ、ビジネスモデルとそれに対する対価を明らかにするとともに、多数の加盟者を統括管理するためのルールを明らかにするために、契約書が必要となります。

②フランチャイズ・ビジネスに対する法規制

　フランチャイズ・ビジネスに関する主な法律としては、前述のように（第1章の「4. フランチャイズ・ビジネスに関する法律」参照）、中小小売商業振興法（小振法）と独占禁止法があります。両者はその目的を全く異にするうえに、フランチャイズ・ビジネスの一部しか見ていません。そのため、フランチャイズ・ビジネスに対するわが国の法規制は、公正取引委員会の運用（フランチャイズ・ガイドライン等）と裁判例の蓄積によって補われているのが実情です。

　もっとも、近年、フランチャイズビジネスモデルが多様化しており、特定商取引法で制限する業務提供誘引販売取引（51条）に該当するフランチャイズ契約や加盟者との間で労働契約関係が疑われるフランチャイズ契約等も散見されるようになり、従来の小振法や独占禁止法以外の法規制にも目を配る必要があるといえます。

③加盟者にとってのメリットを具体的に考える

　本部の利益ばかりを考えてフランチャイズ契約書を作っていては、チェーンは長続きせず、成り立ちません。本部としては、加盟者にとっての加盟することのメリット、加盟し続けることのメリットを十分検討してフランチャイズ契約を設計する必要があります。

④本部が使える契約書を作る

ａ．チェーンのビジネスモデルを生かせること

　フランチャイズの契約書は、そのチェーンのビジネスモデルの実態に沿ったものを作らなければなりません。具体的には、①初期投資は低額か高額か、②個人の労働力を生かすビジネスか、③法人の組織力を生かすビジネスか、④多数の加盟者を管理する本部の組織やシステムは完備されているか、等を検討して作成する必要があります。

ｂ．実際の業務のフロー、管理のフローに沿っていること

　「人・物・金」の実際の流れに沿った契約書を作ります。「人」については、特殊能力を必要とするか、本部からの応援が不可欠か、「物」については、本部が提供するのか、業者が提供するのか、ロジスティックは完備されているのか、「金」については、仕入代金、顧客の支払い、ロイヤルティの支払いの各サイトに無理がないかを直営店の実際に即して検証する必要があります。

ｃ．本部を守る手段が網羅されていること

　本部担当者の中には「本部を守り過ぎると、独占禁止法に反する」と心配する人がいますが、本部が十分な統制力を発揮しなければチェーン全体の発展はなく、ひいては加盟者の利益も維持できません。

　本部防衛手段としては、平時の手段と有事（＝訴訟時）の手段とに分けて準備します。ただし、本部防衛手段については加盟者の理解を得ることが不可欠ですので、本部としては十分な説明と理論武装が必要となります。また、一方的な押し付けだけではチェーンは有効に機能しないので、加盟者の声を吸い上げる制度（加盟者会や掲示板の運営など）を用意します。

② フランチャイズ契約書の作成

①基本姿勢

　フランチャイズ契約書を作るときは、実行できない契約書を作らないようにしてください。たとえば、マニュアル類が整備されていないのに、「詳細についてはマニュアルに従う」と記載するようなことは避けてください。フランチャイズ契約書には以下のような事項を記載します。

②フランチャイズ契約書の記載事項

a．加盟金

　加盟金が何のための対価かを明確にしてください。一般には、フランチャイズの付与、ノウハウの開示、商標の使用許諾、開店指導、開店前研修等の対価とされています。

　加盟金には不返還条項を定めることが一般的ですが、最近の裁判実務では不返還特約も絶対ではありません。不返還特約の効力を強めるためには、なぜ返すことができないかを加盟者に十分理解してもらう必要があります。

b．保証金

　保証金が担保する範囲を意識してください。「本契約に基づいて生じた債務を担保するため…」と書く場合、食材や商品供給契約上の債務は担保されない危険があります。

c．ロイヤルティ

　ロイヤルティの対価性は加盟金の対価性以上に重要です。本部としては、加盟者が支払うお金に相応しいサービスを提供しているか、加盟者がロイヤルティを払い続ける動機づけはあるかを考えてください。また、契約締結に際しては、できること・できないことをはっきりと説明してください。

d．業者の指定

　建設工事、食材供給等について業者を指定すること自体は独占禁止法に反しません。ただし、それがチェーンシステムの維持のために必要であることを明記してください。

e．立地診断・売上予測

　フランチャイズ訴訟の大部分は、売上予測と実際の売上高との乖離に起因しています。加盟契約交渉時に物件の立地診断を行い、売上予測を提示する場合、こうしたトラブルを防止するために、契約書中には、その店舗はあくまで加盟者自らの判断と責任で出店すること、本部が提出する資料は、参考意見に過ぎないことを明記してください。

f．テリトリー制

　自社のフランチャイズ・ビジネスが、テリトリー制度をとるに相応しいものか否かを十分検討してください。テリトリー条項を定めた場合、隣のテリト

リーを侵害した加盟者に対する指導や制裁（違約金を課す、利益・顧客を剥奪
する）の方法をあらかじめ用意しておく必要があります。

g．開業前研修

　開業前研修については、契約書上で研修期間・人数・費用を明示してくださ
い。また、所定の期間内に修了できなかった場合や、その研修生が適性を欠く
場合に、本部が追加研修を命じる可能性があり、その場合には追加研修費用が
別途必要となりますので、契約書中に明記してください。

h．経営指導

　どのような種類・方法で指導するかを明記してください。できれば、SVの
臨店回数まで記載するのが望ましいです。しかし、アーリーステージの本部の
場合、どの程度のSV派遣を行えるかが予想できない場合もあるので、契約書
は抽象的な記載にとどめ法定開示書面で柔軟に記載する例もあります。

i．運営規律

　本部の指示、指導、マニュアルに従うことを明記してください。また、加盟
者での事故や不祥事がチェーン全体の風評被害をもたらすことがありますの
で、そうした事態を防止するために、個人情報の厳格管理、セクハラ禁止、暴
力団との関係禁止などを定めます。

j．商標管理

　商標の使用許諾の範囲と条件を明確にするとともに、規定に違反した場合の
違約金条項を定めてください。これは秘密保持義務や競業避止義務についても
同様です。

k．秘密保持義務

　フランチャイズにとってノウハウは重要な営業秘密ですが、そのノウハウを
用いることが効果的であることが立証されなければ営業秘密としての「有用
性」がないとする判例もありますので、ノウハウを営業秘密と見なす規定を置
くことが有効です。また、ノウハウが記載されているマニュアルは、管理を徹
底してください。

l．競業避止義務

　競業避止義務は、秘密保持義務を補完するとともに、本部の営業権を保護す
るために定められます。加盟者が子会社や提携先を通じて競業行為をする場合

も想定して、契約条項を定める必要があります。

m．違約金

違約金は「損害賠償の予定」とされるので、違約金以外に損害賠償請求をできなくなる危険があります。ですから、「違約金とは別に損害賠償を請求できる」ことを明記してください。

違約金の額はロイヤルティの 30 か月〜60 か月程度にとどめるのが無難です。また、軽微な違反行為と重大な違反行為（競業避止義務違反）を同額で扱うのは望ましくありません。中途解約違約金は、違約罰ではなく本部の期待権の保護を目的とするので、違約金の額も自ずと低くなります。

n．契約期間

加盟者の投資回収期間を十分配慮して契約期間を定めてください。フランチャイズ契約には、自動更新条項を置く例が一般的ですが、契約内容の変更に備え、更新時に新契約に書き換えることも視野に入れてください。

o．解除事由

加盟者の不渡りや重大な契約違反が起きたときに、本部が催告なしに契約を解除できるように、解除事由を列挙しておきます。また、フランチャイズ契約以外の契約の債務不履行があっても解除できるようにしてください。ただし、解除するためには信頼関係の破壊が必要と解されるので、注意が必要です。

p．契約終了後の措置

契約終了後の措置（マニュアル返却等）を明記してください。また、加盟者がこれらの措置を行わない場合に、本部が必要な措置を実施できるようにしておきます。

q．連帯保証人

加盟契約以外の法律関係に基づく債務も担保することを明記してください。他の加盟者の契約との関係、他の加盟者のフランチャイズ契約と同一ではないことを記載します。なお、フランチャイズ契約上の連帯保証は、加盟者がフランチャイズ契約に基づき本部に対して負担する債務を包括的に担保するもので、契約締結時には債務の範囲が特定していません。そのため、個人が連帯保証人になる場合は極度額（保証人が負担する債務の上限額）を定めておく必要があります（民法 456 条の 2）。

③専門家との相談

　フランチャイズ契約書では、加盟者や消費者とのトラブルを予防するための条項や万が一紛争になった場合の条項を網羅しておくことが必要です。これらの条項は各種の業法や過去の裁判例等を踏まえて作成しなければならないので、弁護士等の専門家に相談することをおすすめします。

③ 法定開示書面の作成

①法定開示事項一覧

　小振法は、小売業、飲食業等を行うフランチャイズ本部に対して法定開示書面の準備と交付を義務づけています。また、フランチャイズ・ガイドラインはサービス業のフランチャイズも含むすべての本部に情報開示を求めています。小振法が事前開示を義務づける事項は以下のとおりです（法11条1項、小振法施行規則10条、11条）。

図表 2-52　法定開示事項一覧

一　加盟に際し徴収する加盟金、保証金その他の金銭に関する事項	(1) 徴収する金銭の額又は算定方法 (2) 加盟金、保証金、備品代その他の徴収する金銭の性質 (3) 徴収の時期 (4) 徴収の方法 (5) 当該金銭の返還の有無及びその条件
二　加盟者に対する商品の販売条件に関する事項	(1) 加盟者に販売し、又は販売をあっせんする商品の種類 (2) 当該商品の代金の決済方法
三　経営の指導に関する事項	(1) 加盟に際しての研修又は講習会の開催の有無 (2) 加盟に際して研修又は講習会が行われるときは、その内容 (3) 加盟者に対する継続的な経営指導の方法及びその実施回数
四　使用させる商標、商号その他の表示に関する事項	(1) 当該使用させる商標、商法その他の表示 (2) 当該表示の使用について条件があるときは、その内容
五　契約の期間並びに契約の更新及び解除に関する事項	(1) 契約の期間 (2) 契約更新の条件及び手続 (3) 契約解除の要件及び手続 (4) 契約解除によって生じる損害賠償金の額又は算定方法その他の義務の内容
六　前各号に掲げるもののほか、経済産業省令で定める事項	(1) 当該特定連鎖化事業を行う者の氏名又は名称、住所及び常時使用する従業員の数並びに法人にあっては役員の役職名及び氏名

(2) 当該特定連鎖化事業を行う者の資本金の額又は出資の総額及び主要株主（発行済株式の総数又は出資の総額の百分の十以上の株式又は出資を自己又は他人の名義をもつて所有している者をいう。）の氏名又は名称並びに他に事業を行つているときは、その種類

(3) 当該特定連鎖化事業を行う者が、その総株主又は総社員の議決権の過半に相当する議決権を自己又は他人の名義をもつて有している者の名称及び事業の種類

(4) 当該特定連鎖化事業を行う者の直近の三事業年度の貸借対照表及び損益計算書又はこれらに代わる書類

(5) 当該特定連鎖化事業を行う者の当該事業の開始時期

(6) 直近の三事業年度における加盟者の店舗の数の推移に関する事項

①各事業年度の末日における加盟者の店舗の数

②各事業年度内に新規に営業を開始した加盟者の店舗の数

③各事業年度内に解除された契約に係る加盟者の店舗の数

④各事業年度内に更新された契約に係る加盟者の店舗の数及び更新されなかつた契約に係る加盟者の店舗の数

(7) 加盟者の店舗のうち、周辺の地域の人口、交通量その他の立地条件が類似するものの直近の三事業年度の収支に関する事項（2022 年 4 月 1 日より施行される改正小振法施行規則で追加）

①当該特定連鎖化事業を行う者が把握している加盟者の店舗に係る事項に掲げる項目に区分して表示した各事業年度における金額（（6）にあっては、項目及び当該項目ごとの金額）

イ　売上高

ロ　売上原価

ハ　商号使用料、経営指導料その他の特定連鎖化事業を行う者が加盟者から定期的に徴収する金銭

ニ　人件費

ホ　販売費及び一般管理費（ハ及びニに掲げるものを除く）

ヘ　イからホまでに掲げるもののほか、収益又は費用の算定の根拠となる事項

②立地条件が類似すると判断した根拠

(8) 直近の五事業年度において、当該特定連鎖化事業を行う者が契約に関し、加盟者又は加盟者であつた者に対して提起した訴えの件数及び加盟者又は加盟者であつた者から提起された訴えの件数

(9) 加盟者の店舗の営業時間並びに営業日及び定期又は不定期の休業日

（10）当該特定連鎖化事業を行う者が、加盟者の店舗の周辺の地域において当該加盟者の店舗における小売業と同一又はそれに類似した小売業を営む店舗を自ら営業し又は当該加盟者以外の者に営業させる旨の規定の有無及びその内容

（11）契約の期間中又は契約の解除若しくは満了の後、他の特定連鎖化事業への加盟禁止、類似事業への就業制限その他加盟者が営業活動を禁止又は制限される規定の有無及びその内容

（12）契約の期間中又は契約の解除若しくは満了の後、加盟者が当該特定連鎖化事業について知り得た情報の開示を禁止又は制限する規定の有無及びその内容

（13）加盟者から定期的に金銭を徴収するときは、当該金銭に関する事項

　①徴収する金銭の額又は算定に用いる売上、費用等の根拠を明らかにした算定方法

　②商号使用料、経営指導料その他の徴収する金銭の性質

　③徴収の時期

　④徴収の方法

（14）加盟者から定期的に売上金の全部又は一部を送金させる場合にあってはその時期及び方法

（15）加盟者に対する金銭の貸付け又は貸付けのあっせんを行う場合にあつては、当該貸付け又は貸付けのあっせんに係る利率又は算定方法その他の条件

（16）加盟者との一定期間の取引より生ずる債権債務の相殺によって発生する残額の全部又は一部に対して利息を附する場合にあつては、当該利息に係る利率又は算定方法その他の条件

（17）加盟者の店舗の構造又は内外装について加盟者に特別の義務を課すときは、その内容

（18）特定連鎖化事業を行う者又は加盟者が契約に違反した場合に生じる金銭の額又は算定方法その他の義務の内容

　また、先述したように、公正取引委員会のフランチャイズ・ガイドラインにおいても、開示することが望ましいとする事項として8項目をあげています（第1章の「4.フランチャイズ・ビジネスに関する法律」(2) ②参照）。

②法定開示事項に関する改訂

　なお、2021年3月の中小小売商業振興法施行規則改訂においては、加盟しようとする者が店舗の収益構造に関する適切な情報を把握できるように、加盟しようとする者が今後経営しようとする店舗と立地条件が類似した既存加盟店店舗の直近3年分の収支についての事項（店舗の売上、売上原価、本部へのロ

イヤルティ、人件費その他一般管理費等の費用など）を開示することが義務づけられました（図表2-52　六（7）①）。

　このように、改訂された中小小売商業振興法施行規則では、本部に対し、立地条件が類似した既存加盟店店舗の収支に関する情報の開示を義務づけていますが、ここで、本部が開示義務を負う情報は、あくまで本部が「把握している」情報です。また、改訂された中小小売商業振興法施行規則の施行日は2022年4月1日ですので、それ以降の法定開示書面に適用されます。

　立地条件が類似した既存加盟店の収支ついての事項としては、イ．売上高、ロ．売上原価、ハ．商号使用料、経営指導料その他の特定連鎖化事業を行う者が加盟者から定期的に徴収する金銭、ニ．人件費、ホ．販売費及び一般管理費、ヘ．イからホまでに掲げるもののほか、収益又は費用の算定の根拠となる事項があげられています（図表2-52　六（7）①）。

　「ハ．商号使用料、経営指導料その他の特定連鎖化事業を行う者が加盟者から定期的に徴収する金銭」としては、ロイヤルティ・チャージ・建物転貸料・システム利用料・広告分担金などがあります。「ホ．販売費及び一般管理費」としては、地代家賃・広告宣伝費・リース料・減価償却費・水道光熱費・廃棄費用などがあります（一般社団法人日本フランチャイズチェーン協会「法定開示書面『フランチャイズ契約の要点と概説』作成ガイドライン」）。

　立地条件が類似すると判断するための要素としては、「周辺の就業人口、世帯人口」「周辺の交通量」「公共交通機関等の施設の有無」「営業時間」「立地区分（幹線道路沿い・街中立地・住宅街立地・施設内立地・特殊立地等）」「契約形態」「競争環境」「その他業態固有の要素」などがあげられます（前掲「法定開示書面『フランチャイズ契約の要点と概説』作成ガイドライン」）。

　なお、立地条件が類似する既存店の収支についての事項は売上予測や収支モデルとは異なります。ですから、フランチャイズ本部が加盟希望者に対して収支モデルや収益シミュレーションを提示する場合は、立地条件が類似する既存店の収支と収益シミュレーション、売上予測との違いを加盟希望者が十分理解できるようにしてください。

　法定開示書面にはフランチャイズ契約書のような法的拘束力はないので、法定開示書面に書いてあるだけで加盟者を義務づけることはできません。ただ

し、法定開示書面はフランチャイズ契約書の各条項を解釈ないし補充する意味を持つので、法定開示書面を作成する際は、フランチャイズ契約書の内容と矛盾しないように注意してください。

　法定開示書面の作成には、他の本部の法定開示書面が参考になります。一般社団法人日本フランチャイズチェーン協会が運営する「JFA フランチャイズガイド」という Web サイトの「情報開示書面」のページには、日本の主要なフランチャイズ本部の法定開示書面が掲載されていますので参考にしてください。

JFA フランチャイズガイド：http://fc-g.jfa-fc.or.jp/

第 3 章

本部展開編

■本部展開の全体像

本部展開の全体像

1. 加盟店開発
　①加盟店開発の手順の確定　　　　　⑤事業説明会開催のポイント
　②加盟契約までの手順別ポイント　　⑥加盟希望者の審査基準
　③加盟店開発に必要なツール
　④見込み客発掘の方法

2. 物件探索と立地診断・売上予測
　①物件探索　　　　　　　　　　　②立地評価基準・売上予測方法の整備

3. 加盟店に対する支援体制
　①加盟者に対する教育の内容・方法　④新商品・新サービスの導入
　②スーパーバイジングの実践ポイント　⑤本部機能のブラッシュアップ
　③マーケティング支援

4. 本部事業計画の進捗管理
　①予実・進捗管理とステージの認識　③加盟者増加時のチェック項目
　②投資時・直営店増加時のチェック項目　④イグジットを意識した会計基準の変更等

5. エリアフランチャイズ展開
　①エリアフランチャイズとは何か　　④エリアフランチャイズのメリット・デメ
　②エリアフランチャイズの３つのパターン　　リット
　③既存加盟店の取扱い　　　　　　⑤エリアフランチャイズの導入状況

6. グローバル展開
　①活発化する日本企業による海外展開　④アジア諸国の法制度
　②国内経済の停滞と成長する海外市場　⑤海外展開の準備
　③海外フランチャイズ展開の類型　　⑥海外展開を成功させるポイント

1 加盟店開発の手順の確定

　第2章で詳述したように、本部の基礎固めののちプロトタイプを確立し、フランチャイズ・システムが設計・構築され、本部事業計画が定まれば、いよいよ加盟店開発のスタートです。

　加盟店開発を効果的に推進していくには、まずは当該本部に見合った「加盟店開発・店舗オープンまでの手順（フロー）」を定めることが肝要です。

　図表3-1、3-2、3-3は、加盟申込みから物件探索、加盟契約、店舗工事、開業前研修を経て開業に至るフローチャートです。業種・業態や契約形態の違いにより多少のアレンジが必要になりますが、これらの手順をベースに、皆さんの本部に合った最適フローを検討してください。

図表 3-1　加盟店開発・店舗オープンまでの手順（フロー）❶

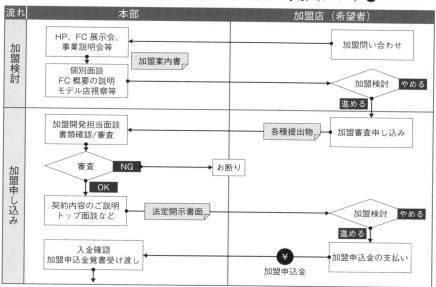

図表 3-2　加盟店開発・店舗オープンまでの手順（フロー）❷

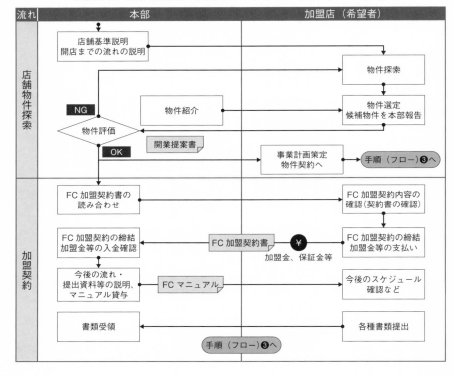

②　加盟契約までの手順別ポイント

①開発計画の立案

　加盟店開発計画立案のポイントは、ターゲットと展開エリアを明確にすることです。加盟者のターゲットについては「法人向け／個人向け」によって営業方法が異なってきますので、明確に決めておきましょう。また、展開エリアも最初は絞って募集するほうがよいでしょう。なぜなら、加盟店開発や店舗の立地開発等の活動やオープン後のサポート業務について、展開エリアがバラバラの場合、金銭的にも時間的にもコストがかかるからです。たとえば、本部が東京にあるなら「第一期募集」としては、関東圏限定でスタートし、順次エリアを拡大していくほうがよいでしょう。

図表3-3　加盟店開発・店舗オープンまでの手順（フロー）❸

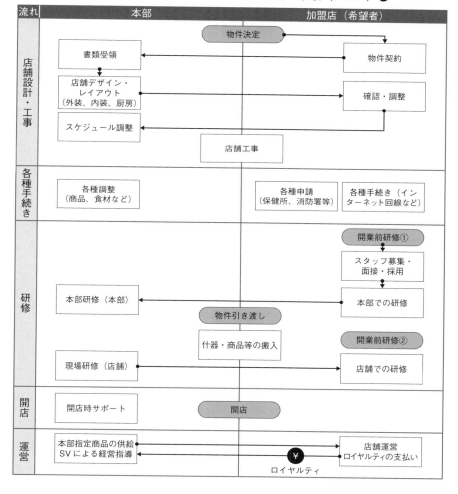

②加盟見込み客の発掘

　一般的には、広告やホームページ等のメディアによる告知、イベント等での情報発信、開発代行会社の活用などを通じて行います。それらから収集した加盟見込み客情報についてはリスト化し、進捗状況を管理します。一方、既存業態を転換するコンバージョン型のフランチャイズの場合は、ターゲットがリストで絞れますから、それらにダイレクトにアクセスしていきます。加盟見込み

客発掘の具体的な方法については、後ほど詳しく説明します。

③加盟問い合わせへの対応

　加盟見込み客からの問い合わせへの対応は、一般的には、①問い合わせ住所への「加盟案内書」（フランチャイズパッケージについての説明資料）の送付⇒②到着後の電話での連絡・確認⇒③事業説明会の実施⇒④加盟希望者面談という流れで行います。

　まず、事業内容の資料請求があった相手先に対して、資料を送付します。次に資料が相手に到着後、電話などでアプローチをします。この確認が加盟希望者に対する見極めの入口、ファーストステップとなります。確認ポイントは、「当該事業の経験の有無」、「開業希望時期」、「持ち物件の有無」、「資金調達の可能性」等です。特に事業開始時に必要な初期投資見込額が調達できるかどうかは重要ポイントです。この段階では、本部、加盟者候補者とも互いに条件を甘めに話しがちですが、いずれ避けて通れない話題になりますので、この段階で相手先の見極め、判別をしたほうがお互いのためです。「持ち物件」が無くても「資金調達」には大きな問題がない等、ある程度契約の可能性があると判断したら、より深い情報提供や情報交換のため、事業説明会へ参加や面談の実施を働きかけます。

④事業説明会の開催

　加盟問い合わせ後の対応として、無料の事業説明会への参加依頼が有効です。事前に送付した「加盟案内書」では記載できなかった最新情報や損益実績等の詳細情報も直接相手の顔を見て説明でき、相手の興味の度合いや反応も見ることができます。何よりも本部としての経営理念や事業ビジョンの説明を行うことで、その加盟見込み客がビジネスパートナーとして共感しあえる相手なのかを確認することができます。

　なお、この事業説明会の際に、「⑥モデル店視察」を組み入れるケースもあります。

⑤個別面談

　加盟見込み客への個別面談は、相手が加盟者として相応しいかを判断する非常に重要な活動です。通常、本部事務所等で行いますが、最近ではオンラインでの面談を組み入れたりするケースも増えています。なお、個人向けのフラン

チャイズパッケージの場合は、加盟希望者の配偶者にも同席してもらうほうがよいでしょう。事業を始めるにあたって家庭生活に変化や影響が出る可能性が非常に高いからです。

この面談では加盟者側も、本部が信頼できるかどうかや本部スタッフの対応を確認しています。きちんとしたQ&A集を事前に準備しておきましょう。

面談では、基本情報（氏名・住所・年齢等）等を申込書に記入してもらい、本部からは事業の概要等を説明します。なお、この申込書は、契約を拘束するものではなく、契約検討のスタートに立つという位置づけのもので、本部からのさらなる情報を開示するうえで必要であることを伝えます。

図表 3-4　加盟申込書の記載内容例

●基本情報（氏名、住所、連絡先、年齢等）
●経験の有無
●開業の時期・希望エリア
●物件の有無
●資金状況　など

図表 3-5　本部からの説明内容例（事業の概要）

●事業ビジョン
●店舗コンセプト
●モデル収支
●加盟条件（加盟金、保証金等の金銭的条件）
●オープン後のサポート方法　など

この面談での相手の質問内容や、反応によって加盟者として適しているかどうかを判断します。資金調達面以外にも、ロイヤルティ支払いや販売商品の種類等、加盟者の義務遂行に関して後ろ向きの発言が見られる場合は、注意が必要です。問題がなければ、モデル店視察の日時を設定します。

⑥モデル店視察

モデル店視察で最も良いのは、優良フランチャイズ店の視察です。ただし、本部設立直後でまだフランチャイズ店が無かったり、あっても視察には相応しくなかったりする場合は、直営店を視察します。2～3店舗を視察するのが理想です。ここでのポイントは「現場」を見せ、加盟後の業務のイメージを持っ

てもらうことです。また、良い店、悪い店の両方を視察すると、自身の運営時の留意すべき点を把握してもらうことも可能です。それ以外に「商品のクオリティ」「従業員のサービスレベル」「クリンリネスの状況」等、一般客の視点からもこのフランチャイズパッケージが優れていることを見せる必要があります。その意味でも、日頃からお店の状態を良くしておくことは不可欠です。

⑦加盟申込みの受理と審査

　加盟希望者によるひととおりの情報収集が終わりましたら、加盟の最初の意思確認（次のステップへ進める手順）として「加盟申込書」を提出してもらい、本部の審査（加盟者の与信を含む）を受けていただくようにすすめます。

　この段階では、加盟金などの金銭の収受は発生しないものの、印鑑証明や履歴事項全部証明書など、法人・個人の加盟別に必要書類を併せて提出してもらいます。これらの書類、それまでの面談およびトップ（社長）面談での様子などを総合的に勘案して審査を行い、加盟の可否を判断します。

【法人加盟の場合】の例	【個人加盟の場合】の例
●履歴事項全部証明書	●住民票
●法人決算書	●納税証明書
●法人印鑑証明書	●印鑑証明書
●代表者経歴書（書式は任意）など	●履歴書（書式は任意）など

　初期段階の本部の加盟審査で最も大切なポイントは、「加盟したい人（会社）」より「加盟させたい人（会社）」ということです。本部発展の成否は、最初の1桁台の加盟店が繁盛するかどうかにかかっていますので、「本部としてこの方（会社）にこそ加盟してもらいたい」という基準で判断することが重要です。

　このとき、散見されるのが債務超過（法人の場合）の加盟希望者の出現です。債務超過であったとしても、①その程度が軽微である、②以前に赤字を出した理由がはっきりしている、③債務超過を消す役員による資金投入（役員借入：中小企業だと自己資本と同等に扱われるケースが多い）が行われている、④金融機関からの資金調達も適切に行われ当面の資金繰りに問題がない、⑤現在は利益を出せる体質に改善していてそれが続く見通しが読み取れる、などの

判断ができれば、ただ債務超過であるという状況だけで落とす必要はないといえます。

図表3-6　加盟申込書の例

年　月　日

○○○○フランチャイズチェーン加盟申込書

○○○○○○　本部　御中

〒

住所＿＿＿＿＿＿＿＿＿＿＿＿＿＿＿

会社名＿＿＿＿＿＿＿＿＿＿＿＿＿＿

代表者＿＿＿＿＿＿＿＿＿＿　　㊞

　○○○○フランチャイズチェーンへの加盟を申し込みます。加盟申込みに際し、以下の資料を提出します。貴社が当社の法人情報を加盟審査のために使用することに同意します。

・法人決算書(3期分)
・履歴事項全部証明書
・法人印鑑証明書
・代表者経歴書(書式は任意)

※履歴事項全部証明書及び法人印鑑証明書は3ヵ月以内に発行されたものをご提出ください。
※上記以外の追加資料をご提出いただく場合もあります。
※本申込書は○○○○フランチャイズ契約が成立することを意味するものではありません。

以上

⑧法定開示書面の説明

　本部審査が OK になり、さらに加盟検討を進めていく過程で、法定開示書面により契約内容の重要事項を説明します。そして、法定開示書面を説明した際には、加盟希望者から「説明を受けました」というサインをもらいます。この段階での「言った/言わない」のトラブルが最も多いので、加盟希望者からの質問への回答も議事録によって明確にしておきましょう。

⑨加盟申込金の受領

　次の段階に進むステップは、「加盟申込金」の受領となります。

　フランチャイズ本部の中には、法定開示書面による説明が終わると、開業場所（物件）や店舗（事業所）名が未定のままフランチャイズ契約の締結に至る本部が散見されます。フランチャイズ契約は、当該出店場所においてさまざまな権利を許諾するものですから、店舗物件が決まったのちにフランチャイズ契約を締結し、加盟金等の金銭を収受するのが本来の姿です（第 4 章ケーススタディの「9. エリア・エントリー契約」を参照）。

　しかしながら、本部としては加盟金を収受する前に、物件探索（の支援）や物件評価、開業提案書（後述）の作成といった労力を要する業務が発生します。そこでそれらの対価として、「加盟申込金」（加盟金の 1 割〜3 割程度）を収受（加盟金に充当）したうえで業務を遂行し、物件が決まったのちにフランチャイズ契約の正式締結を行うという流れを、私どもはおすすめしています。

　なお、加盟申込金を収受する際には「加盟申込金覚書」を取り交わします。覚書には次のような事項を定めておきます。

図表 3-7　加盟申込金覚書に定める事項

①加盟申込金の金額とその対価
②理由の如何を問わず返還されないこと
③フランチャイズ契約を締結した際には加盟金に充当されること
④覚書を締結しても開店希望地域におけるテリトリー権は否定されること
⑤秘密保持義務
⑥覚書の有効期間とその延長の有無
⑦覚書の解除条項

⑩開業提案書の提示

　「開業提案書」とは、出店候補地が出現した際、本部から加盟希望者に対して提示される資料です。この資料は実際の立地（物件）が特定されたうえで本部が提示するため、加盟希望者にとっては契約を行うかどうかの最終判断ステージにもなります。

　大手チェーン本部の場合は、売上予測システム等（後述）により、立地評価基準を標準化していますが、アーリーステージ本部の場合は立地調査の経験も少ないため、この予測の甘さによって失敗するケースが多く見られます。立地調査についての知識を深めるとともに、加盟希望者とともに現地調査をしっかりと行ったうえで、収支モデルを提示しましょう。ただし、この事業計画書はあくまでも予測であり、加盟希望者に売上や損益の保証を行うものではないことを明示し、その旨をしっかり説明しておくことが重要です。

　また、示した予測数値に影響していなくても、知り得た事実のうち将来リスクとなる可能性のあるものについては不確実であることを前置きしたうえで伝える必要があります。説明すべきリスクの事例としては以下のものがあります。

- ●幹線道路の開通が見込まれ、交通量が減少する
- ●駅改札口の工事終了後、人の流れが変わる
- ●商圏内の工場が閉鎖し、昼間人口が減少する
- ●スーパーの営業時間延長が予定されている
- ●競合店が建設中である

⑪加盟契約の締結

　契約を締結する前に、必ず契約書の読み合わせを行います。アーリーステージ本部の場合は、社内に法務に詳しい人材がいないケースが多いため、慣れるまでは、顧問弁護士を同席させたほうがよいかもしれません。

　読み合わせの場所は加盟者の所在場所もしくは本部となりますが、本部で行う場合は、加盟者に誤解を与えるような掲示物（過大な売上モデルなど）は避けましょう。また、読み合わせから契約締結まで1週間程度以上の期間（熟考期間）を置きましょう。加盟者に自由な意思に基づいて適切に判断できる環境を用意することが大切です。加盟希望者がフランチャイズ経験者である、ある

いは自分で目を通すから説明しなくても大丈夫と言った、というような場合でも、説明を省略しないようにしてください。

　一般的にはフランチャイズ加盟契約書は膨大なページ数で、かつ内容も難解なため、1ページずつ丁寧な説明が必要です。ここでの質疑応答についても議事録を作成し、確認、記録するようにします。こうして、契約内容の確認後、契約締結日を決めて契約調印となります。最近、契約についてはクラウドサインなどのデジタル技術を活用する本部も増えてきています。

③ 加盟店開発に必要なツール

①加盟案内

　加盟店開発を行うためには、加盟希望者に対して自社のフランチャイズパッケージ内容を説明するためのツールが必要となります。まずは、①加盟案内、②会社案内（会社概要）、③店舗用告知ツール等を用意しておくとよいでしょう。

　まず、最低限必要となるのが加盟案内です。自社のフランチャイズパッケージについての問い合わせがあった場合に郵送したり、面談時に使用したりする資料となります。本来ならば、この加盟案内と会社案内があるとよいのですが、会社案内を別途、印刷・作成するのは費用がかかりますので、初めはこの加盟案内の中に、会社概要のページを差し込むことをおすすめします。

　加盟案内に記載する内容の主な項目は以下のとおりです。

図表 3-8　加盟案内の内容

●会社概要（代表者、資本金、株主、設立年月、所在地、売上・店舗数、等）
●事業理念、目的等
●当事業の特徴、強み
●加盟条件概要（加盟金、保証金、ロイヤルティ等）
●事業モデル（初期投資、損益モデル）
●契約から開店までの流れとスケジュール概要
●本部から加盟者へのサポートプログラム概要（研修、経営指導等）
●先輩加盟者からの声（オーナーズ・ボイス）
●店舗で使用しているツール（メニューチラシ、等）〈挟み込み〉
●パブリシティ・コピー（あれば）〈挟み込み〉

　先に述べたとおり、会社案内を別途準備しない場合は加盟案内に記載すれば
よいのですが、店舗数や事業規模は年々変化していきます。そこで、加盟案内
は冊子のタイプより、ページごとに差し込みできるタイプのほうが改訂時には
便利です。また、実際に店舗や事業で使用しているパンフレットやチラシ、パ
ブリシティで取り上げられた記事等は、事業のイメージや信頼性にもつながる
ので、挟み込むほうが有効です。

②店舗用告知ツール（募集パンフレット、チラシ他）

　有店舗型のフランチャイズの場合は、店舗に「フランチャイズ募集パンフ
レット（募集チラシ）」等を配置することをおすすめします。実際に利用され
るお客様と加盟者は対象が全く違うと思いがちですが、実際の加盟者は、店舗
をよく利用し、商品やサービスに惚れ込んで、という方が多いです。店舗を最
大の告知媒体として、利用しない手はありません。また、店舗に足を運ばず、
店舗運営をよく見ていない加盟希望者は、加盟後に「実際やってみたらこんな
に大変と思わなかった」というケースも少なくありません。

③ホームページ等　Webの活用

　最近はホームページ等、Webを活用してフランチャイズ事業を説明する本
部が大半です。基本的な掲載事項は、前述の加盟案内と同様でよいでしょう。
ただし、加盟条件や収支モデルの詳細部分等、本部からの注釈や説明が必要な
事項は、Web告知だけではなく直接面談して誤解が生じないようにするほう
がベターです。

　ホームページには、加盟金、保証金、ロイヤルティの計算方法は、必ず掲載
するようにしてください。また、ホームページ等で興味を持っていただいた方
に、その後のステップをわかりやすくお伝えするとともに、既存加盟店の生の
声を掲載し、加盟の意思決定へ向けてクロージングが進む体制づくりを行って
いくことが重要です。

④その他（動画、取材記事）

　最近では、動画が比較的容易に作成できるようになりましたので、ホーム
ページなどで紹介用動画を準備する本部も増えています。また、過去にマスコ
ミ取材を受けていれば、その掲載記事をまとめて資料とすることも有効です。
マスコミ掲載実績は、プラスの印象を与えますので、どんな小さい掲載記事で

も保管しまとめておきましょう。また、最近、事業説明会や加盟者面談をオンラインで行うことも多いですが、その際は、加盟案内などの資料は相手先に事前に送っておくことが重要です。

④ 見込み客発掘の方法

①自社ホームページや SNS での告知

　加盟店開発で最も難しいのが加盟見込み客の発掘です。フランチャイズ加盟の募集を始めたら、まず自社ホームページに加盟者募集告知ページを作成する必要があります。なお、加盟見込み客が興味を持った場合、真っ先に見るのがホームページですので、ホームページ全体の内容も併せてブラッシュアップしておかなくてはなりません。さまざまな見込み客発掘方法がありますが、自社ホームページや SNS での告知が最も重要で効果的であることは間違いありません。

②広告宣伝

　まずは、自社のターゲットが購読する業界誌（飲食・小売・サービス）への広告掲載を検討します。単純に広告として掲載する場合もありますが、「記事広告」という手法もあります。これは、編集者に取材をしてもらい通常の編集記事とよく似た体裁で編集されたペイドパブリシティです。広告費としては決して安くはありませんが、業界誌でフランチャイズ特集がある場合などには検討してもよいでしょう。

　また、オンラインを活用した広告宣伝も有効です。検索エンジンのキーワードに関連した広告を表示する「リスティング広告」はもとより、フランチャイズ専門の Web サイトも主要な告知手段の一つです。最近では、フランチャイズ本部の比較サイトや業界特化型サイトなど多様な Web サイトが見られます。多くの Web サイトで「資料請求1件当たり○○円」という成果報酬型の価格体系をとっており、アーリーステージの本部でも取り組みやすいのが特徴です。反面、Web ということで気軽に資料請求できるだけに、加盟成約率が低いケースもありますので、月次上限額を設定するなど、費用対効果を見ながら使用することがポイントとなります。また、複数の Web サイトを活用する場合、提供した情報にズレが生じないように常に最新情報にしておく注意が必

要です。

③パブリシティ

　「パブリシティ」は「広告宣伝」とは違って、マスメディアが自ら取材し自社の媒体で紹介するもので費用が発生しません。さらに、客観的な視点なので、信頼度が高まり、加盟希望者へ紹介する資料として大変有効です。ただし、「パブリシティ」に取り上げられるためには普段から広報担当者を決め、積極的に業界やマスメディアへプレスリリースを発信してアプローチすることが重要です。

④ダイレクトメール

　加盟ターゲットが明確な場合、ダイレクトメールも、よく使用される手段です。たとえば、「関東圏の売上○○億円以上の外食企業」といったリストを購入し、直接ダイレクトメールやFAXを送る方法です。リストは、信用調査会社等で購入できます。ただし、馴染みのない会社から届いたダイレクトメールを読む人は少ないので、広告宣伝やパブリシティにより、ある程度知名度が上がってから行うことが有効でしょう。

　ダイレクトメールは読まれずに捨てられる確率が高いため、いかに注目させるか、興味を引かせるかという点を工夫して、ツールを開発する必要があります。またFAXによるダイレクトメール（送信）は、費用が比較的安いのは利点ですがクレームが多いのも事実です。苦情があったら直ちにリストから削除する、苦情担当者を置いて丁寧に対応するなど、誠意ある対応体制を組んでから臨む必要があります。そうでないと評判を落としてブランド価値を下げることになり、かえって逆効果というケースも考えられます。

⑤展示会への出展

　フランチャイズに関する展示会が年に数回、開催されています。展示会では自社ブースを構えての営業となりますので、事前準備がポイントとなります。アーリーステージ本部は、大手チェーン本部のような大規模で立派なディスプレイは準備できないとしても、最低限のPRツールの作成は必要です。具体的には、①ビジネスモデル説明パネル、②事業説明書、③会社案内、④アンケート用紙などを準備しましょう。自社ビジネスモデルの説明用動画を用意してモニターで流しておくのも有効です。

⑥営業代行会社・テレアポ会社の活用

　加盟店開発を営業代行会社にアウトソーシングする本部も増えています。営業代行会社の中には、自社の顧客リストに資料を郵送するサービスを行っているところもあります。そのリストはすでにほかに加盟している企業や加盟を真剣に考えている企業のリストと考えられますので、確度の高い情報といえます。

　また、名簿会社などから入手したリストを使い、テレアポ（テレフォン・アポイントメント）会社を活用して面談日の設定を行う本部もあります。費用負担や代行時の説明内容等、事前によく話し合っておく必要があります。

⑦自店告知

　最後に、自店告知ですが、これはすぐに実施可能です。店内ポスターやパンフレット等に「フランチャイズ加盟者募集中」と記載しておくのですが、「広告宣伝」のように特別な費用がかからないので手軽な方法です。

図表 3-9　見込み客発掘の方法

	手法	備考
①自社ホームページ	自社ホームページでのFC本部募集ページの作成	加盟希望者が最初に見る最も重要な媒体
②広告宣伝	業界誌・Web等への広告掲載	一般的な広告と記事広告がある
③パブリシティ	マスメディアからの取材記事。費用は発生しない	マスコミ取材は信頼度が高まる
④ダイレクトメール	DMやFAXDMの郵送	名簿の精度がポイント
⑤展示会	FC本部が出展する展示会。年に数回開催	ブース設置や配布資料など事前準備がポイント
⑥営業代行会社・テレアポ会社	加盟営業代行企業への営業アウトソーシング	営業の「丸投げ」は危険。要所での同席を
⑦自店告知	自店におけるポスター等での告知	すぐに取り組める手法
⑧本部比較サイト（マッチングサイト）	外部のフランチャイズ本部比較サイトを活用	ターゲットに合ったサイトを選定

《参考：データドリブン型営業への進化》

　近年のインターネット普及やさまざまな Web サービスの登場を背景に、営業のスタイルが、「データドリブン型」へと進化しています。インター

ネットが普及する前までは、FC開発担当者が、見込み客リストをつくってアプローチ、商談によって顧客育成を図り、契約するという形が当たり前でした。したがって、営業方法は属人化し、企業全体としての営業情報の共有が十分行われていない状況でした。ところが、インターネットの普及により、企業の情報発信力や情報収集力が格段に上がったため、見込み客リストの作成や顧客育成を社内で行ったうえで、精度の高い見込み客リストがFC開発担当者に渡され、効率的な営業活動を行うことが可能になってきています。

　このような「データドリブン型」営業を実現するために、近年、マーケティングオートメーション（MA）ツールという、見込み客の行動や動向を蓄積・分析するためのツールを導入する企業が増えています。

図表3-10　データドリブン型営業

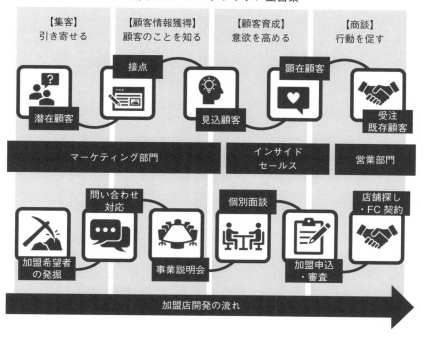

⑤ 事業説明会開催のポイント

①事業説明会の目的

　加盟者募集の「事業説明会」は、一人ひとりに個別説明するよりも効率的
で、また、多くの参加者の熱気が相乗効果をもたらすメリットもあります。特
に、飲食店等の場合は事業説明会の後に直営店舗で試食会を行い、実際に体験
してもらうと同時に、加盟希望者とコミュニケーションを図ることができるな
ど、有効な営業手段といえます。

　このように、事業説明会はその場で加盟契約まで決断してもらうというもの
ではなく、加盟希望者の意識を高めるということが主な目的となります。開催
の流れは、①会場等の準備、②説明内容の決定、③参加者の集客、④実施とな
ります。また、「事業説明会」としてではなく「店舗視察ツアー」として事業
説明を実施するという手法もあります。

②説明会の準備（会場、説明ツール等）

　会場の場所については、対象とするエリアで、交通アクセスを考慮して選定
します。また会場の大きさは、ダイレクトメールへの反応や資料請求件数等か
ら参加予定人数を想定し、決定します。事業説明会後、店舗視察を予定してい
る場合は、店舗所在地になるべく近い会場をセッティングする必要がありま
す。説明会では、前項で説明した「加盟案内」、「会社案内」、「店舗用告知ツー
ル」のほかに「参加者アンケート」を準備します。参加者アンケートの項目
は、個人の場合は氏名・住所等の①基本情報の他に、②経験の有無、③資金調
達可能額、④開業時期、⑤該当物件の有無等を、法人の場合は、現業の業種と
事業規模についての項目も入れるとよいでしょう。

　なお、最近では、オンラインでの説明会も増えてきています。この場合、前
述のような熱気や深いコミュニケーションを醸成することや視察ツアーの実施
は困難ですが、多頻度で実施でき、会場費用がかからないというメリットはあ
ります。

③説明会のプログラム

　説明会の内容は、参加者がフランチャイズパッケージを理解、共鳴してくれ
ることを第一義として構成を考えます。経営トップの挨拶と理念の説明に始ま

り、事業概要やフランチャイズ・システムの説明、事例紹介、質疑応答、個別相談等が一般的な内容です。ただし、ホームページの内容や「事業説明書」の内容そのままでは、参加のメリットがありませんので、最新情報や損益モデルに関するより深い情報提供等を意識し、可能な限り情報開示に努めることが重要です。加えて、注意点としては、当事業が簡単に成功できるかのような安易な説明はしないということです。

有店舗事業の場合であれば、事業説明会の後に「視察ツアー」を開催することをおすすめします。「視察ツアー」は、直営店やフランチャイズ店を数店舗視察し、その際に、業態の説明も行うという手法です。店舗内での説明となりますので、大人数での実施には向いていませんが、加盟希望者とコミュニケーションできる時間が長くとれるため、お互いをよく知ることができるという点で有効です。最近では、弁当宅配事業の説明会時に、「宅配弁当の試食会」の開催など、体験型の事業説明会も増えてきています。

④実施上の留意点

事業説明会を開催するにあたり重要となるのが参加者の集客です。基本的には前項の「自社ホームページでの告知」、「広告宣伝」、「ダイレクトメール」等によって集客していくことになります。また、昨今の経済環境から集客が難しくなってきているため、営業代行会社と提携して、同社の営業リストを活用したり、取引先に告知チラシを配布してもらったりなど、多方面でのネットワークを活用して集客することも大切です。既存店の加盟者を招くのも有効な手段です。加盟者としても、最新のチェーンの売上分析や業界動向などの情報を入手するチャンスともいえます。

なお、参加者については、電話や参加申込書などにより、事前に氏名や住所等の基本的な情報を入手しておき、本部側の担当者をあらかじめ決めておくと当日のスムーズな対応につながります。

参加者は、本部スタッフが、今後長く付き合っていくパートナーとして信頼できるかどうかも見ていますので、しっかりとした対応をすることが重要です。

図表 3-11　事業説明会の開催手順

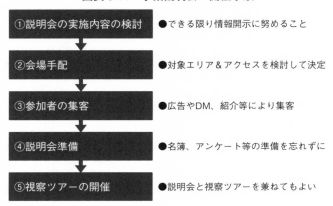

①説明会の実施内容の検討　　●できる限り情報開示に努めること

②会場手配　　●対象エリア＆アクセスを検討して決定

③参加者の集客　　●広告やDM、紹介等により集客

④説明会準備　　●名簿、アンケート等の準備を忘れずに

⑤視察ツアーの開催　　●説明会と視察ツアーを兼ねてもよい

6 加盟希望者の審査基準

①加盟希望者審査の重要性

　加盟希望者を審査し選定することは、フランチャイズ・ビジネスを展開するうえで最も重要なプロセスであるといってもよいでしょう。アーリーステージの本部は、「ちょっとこの人は向かないかな」と感じても、加盟者を増やしたいために加盟させてしまい、そのような初期の加盟者の存在が、後々事業運営上の問題になるケースが多いです。先述したように、フランチャイズ事業の成功は初期の10店舗の加盟者が成功するか否かで決まるといっても過言ではありませんので、特に初期の加盟店開発が極めて重要なポイントであることをよく認識してください。

　加盟者の審査には与信判断と与信判断以外のポイントがあります。法人型フランチャイズの場合は、与信判断として、調査会社による信用調査の結果や業界での評判等を事前に入手する方法があります。個人型フランチャイズについては、本人の適性検査を実施し、当該事業の適性があるかを事前確認することも有効です。

②審査・選定のポイント

　ここでは、与信以外の選定ポイントについて述べます。まず、第一段階としては、電話での聞き取りです。電話での連絡の際には、「経験の有無」、「開業

時期」、「開業費金の調達」等について確認します。その中でも特に資金面に関しては、開業後の運転資金や生活費なども考慮する必要がありますので、資金的に難しいと判断した場合は真摯にその旨を伝えるべきです。

次のステップは、個人面談です。「加盟案内」に基づき、詳細な説明を行います。個人向けパッケージの場合は、配偶者の理解が必要ですから、配偶者も同席してもらうようにします。この段階で、加盟希望者から、フランチャイズ加盟の目的（投資志向が強いか、事業への共感が強いか等）や、準備段階（いつまでに開業したいのか、候補立地はあるのか等）、自社パッケージについての理解度等について、ヒアリングします。この時点で、加盟希望者が自社のフランチャイズの事業理念に合わない、または理解が浅く時期尚早と判断した場合は、「現段階では難しいようですが、状況が変わりましたらぜひ、またご連絡ください」と告げてください。

最終段階としては、社長等の事業トップとの面談となります。特に、アーリーステージ本部の場合は、フランチャイズ・ビジネスとしてのパッケージが完全とはいえないケースも多く、本部と共にパッケージをつくり上げていき、成長していけるような加盟者の存在が重要となります。そのため、加盟候補者がトップの考え方やビジョン、会社の風土等へ共感できているのかが、より重要となります。そういう意味では、より早い段階でトップ面談を行い、まずその部分の見極めから入ることも有効と思われます。

なお、法人型フランチャイズの場合は、加盟者以外の実際の運営責任者や会社としてのバックアップ体制（人、物、金等の経営資源の投入に関する考え方）、現業とのシナジー等も加盟契約を締結するうえでの大きなポイントとなります。

フランチャイズ本部と加盟者は運命共同体です。ビジネスパートナーとしてWin-Winの関係で、共に成長し繁栄していくために、加盟者自らも努力しなければなりません。自ら努力する意識が低い加盟者は、将来的にはチェーン発展の妨げとなる場合が多いため、判断に迷った場合はそういう観点で審査を見直してみるとよいでしょう。

③ステップごとの審査基準

各ステップの審査基準のポイントをまとめると図表3-12のようになります。

図表 3-12　加盟希望者の審査基準のポイント

①電話応対時
経験の有無／開業の時期／資金面（開業費金の調達、開業後の運転資金・生活費）
②個人面談時
加盟の目的／自社 FC の事業理念・パッケージへの理解度／開業希望時期／候補立地の有無／配偶者の理解（個人向けパッケージの場合）
③トップ面談時
自社風土との相性・共感／自社 FC の事業理念・パッケージへの理解度／人間力／運営責任者の能力、バックアップ体制、現業とのシナジーの有無（法人型 FC の場合）

❷ 物件探索と立地診断・売上予測

1 物件探索

①物件探索の進め方

　標準的な店舗が出来上がり、出店計画が策定されると、多店舗展開を加速しフランチャイズ展開を進めるために、物件の探索が重要になってきます。フランチャイズ・ビジネスでは、加盟希望者が店舗物件を用意することが原則です。そのため、本部としては店舗物件が出店希望地域で見つかるようにサポートしていきます。

　店舗物件を加盟希望者に探索してもらうためには、出店立地の基準をまとめた「基準書」を用意することが必要です。探索すべきエリア、満たさなければならない立地条件（通行量、商圏人口、乗降客数など）、店舗設備条件（ガス・電気・給水容量、排水、換気風量など：業種による）などを明示します。

　そして、物件を探索するために、出店希望エリアの不動産業者に対して、店舗業態を説明するための資料を本部として準備します（加盟案内を一部修正して作成）。また、加盟希望者が不動産業者に要件を正確に伝え、交渉できるように、本部がトークスクリプトを用意する場合もあります。

　物件紹介を依頼する不動産業者は、地元でも商業物件に強い（多く取り扱う）会社を選択するよう加盟希望者に指導を行います。

　一方で、加盟希望者の力だけでは基準に沿った物件が見つからないケースも考えられます。そこで、立地基準に沿った採算性の高い店舗を開発していくためには、本部自らが物件探索を進めることも必要になってきます。

　本部が物件探索をしていくには、不動産業者などとのアライアンスが重要になります。展開エリアに応じて、商業物件に強い不動産会社（の流通店舗事業部）や建設会社とのアライアンス交渉を先に行います。良い物件が見つかるかどうかは、アライアンスの質によります。

　アーリーステージの段階では、他のフランチャイズ本部の店舗開発担当者と情報交換をする機会はなかなか得られませんが、店舗数が一定数に増え、知名

図表 3-13　店舗立地基準書の例

エリア	
首都圏	一都三県（東京都、千葉県、埼玉県、神奈川県）
	国道 16 号線の内側
立地	
駅前立地	1.　出店形態：駅ロータリーに面したビルの 1F or 2F、駅より徒歩 2 分位、2F の場合は、専用階段が必要
	2.　出店面積：35〜40 坪、席数が 60 席以上確保できること
	3.　駅乗降客数：5 万人/日以上
SC 内立地	1.　出店形態：基本的にはレストランゾーン、フードコート
	2.　出店面積：30〜40 坪、席数が 60 席以上確保できること、バックルーム、トイレが共用かどうかで変わる
	3.　相乗効果のある業態：シネマコンプレックス、フィットネス、スイミングスクール等
設備条件	
ガス容量	80 KW、口径 32 A、ガスレンジ使用の場合　+85．6 KW
電気容量	電灯：35 KW、ガスレンジ使用の場合−10 KW
	動力：25 KW
給水容量	口径：25 A
	1 か月当たりの使用水量：150 立方メートル
排水	口径：100 A
	雑排水口径：75 A
空調カロリー	250 kcal/平方メートル
客席換気風量	給気：1,440 平方メートル/h
	排気：1,440 平方メートル/h
厨房換気風量	給気：5,256 平方メートル/h
	排気：5,256 平方メートル/h

度が上がってきますと、他の本部の開発担当者との情報ネットワークも得られるようになってきます（過去に同じ物件を取り合ったりするケースも出てきます）。業態が異なり、直接競合しない（むしろ相乗効果のある）他の本部から物件情報を得るケースも出てきます。優秀な開発担当者は、他の本部とのネットワークづくりにも力を入れていることを付記しておきます。

②本部が物件を用意するケース

本部が物件を用意ケースは、わが国ではコンビニエンスストアに見られる現象です。全体からすれば稀なケースですが、参考までに要点を解説します。

契約の形態としては、次のようにおおむね4通りあり、それぞれにメリット、デメリットがあります。

a．本部が加盟者に物件紹介し、加盟者と家主が賃貸借契約を締結する

本部のメリットとして賃借のコスト負担が軽減されますが、デメリットとして加盟者に異なる目的で利用される、あるいは競合店に看板替えされるなどの可能性があります。また加盟者の信用力が低いと、賃借条件が悪化する、あるいは賃借できない、といったことが起こりますので、注意が必要です。

b．本部が家主と賃貸借契約し、本部と加盟者が使用貸借契約を締結する

本部のメリットとしてフランチャイズ契約終了後も店舗物件の確保が可能ですが、デメリットとして賃借のコスト負担が軽減されないことがあげられます。この場合、賃借コストを含めてロイヤルティを設定すれば、本部のコスト

図表3-14　物件契約の形態ごとのメリット・デメリット

メリット	デメリット
a. 本部が加盟者に物件紹介し、加盟者と家主が賃貸借契約を締結する	
●賃借のコスト負担が軽減できる	●加盟者に異なる目的に利用される／競合店に看板替えされる可能性がある ●加盟者の信用力が低いと賃借条件が悪化する／賃借できないなどが起こる可能性がある
b. 本部が家主と賃貸借契約し、本部と加盟者が使用貸借契約を締結する	
●フランチャイズ契約終了後も店舗物件の確保が可能となる	●賃借のコスト負担が軽減されない
c. 本部が家主と賃貸借契約し、本部と加盟者が転貸借契約を締結する	
●賃借のコスト負担が軽減できる ●フランチャイズ契約終了後も店舗物件の確保が可能となる	●加盟者の賃借料等の管理が生じる
d. 本部が物件を購入し、本部と加盟者が賃貸借契約を締結する	
●フランチャイズ契約終了後も店舗物件の確保が可能となる	●初期投資が大きくなる ●物件管理の手間が発生する ●賃料設定の基準を作成する必要がある

負担軽減が図れます。

ｃ．本部が家主と賃貸借契約し、本部と加盟者が転貸借契約を締結する

　本部のメリットとして、賃借のコスト負担が軽減され、フランチャイズ契約終了後も店舗物件の確保が可能になりますが、デメリットとしては借地借家法の対象となり、加盟者に借主の権利が発生します。転貸借契約ではなく経営委託契約とした場合でも、同様の懸念が生じます。

ｄ．本部が物件を購入し、本部と加盟者が賃貸借契約を締結する

　本部のメリットとして、フランチャイズ契約終了後も店舗物件の確保が可能になりますが、デメリットとして初期投資が大きくなり、物件管理の手間が発生します。また加盟者に賃借するために、賃料設定の基準を作成する必要があります。

② 立地評価基準・売上予測方法の整備

　第 2 章本部構築編の「3.（6）立地評価方法の整備」で述べたように、立地評価方法の標準化・仕組み化・マニュアル化は、本部として必須の業務になります。

　出店場所の選定は加盟者の業績に非常に大きな影響を及ぼします。そのため、本部は出店可否を判断できる立地評価の基準を持つことが必要ですし、加盟希望者もこの点についての本部のサポートを大いに期待します。

　「図表 2-34 立地評価シートの例」に記載されたデータや jSTAT MAP による統計データの集計結果が集まってくると、店舗数の増加により、次にあげる分析が本部として可能になってきます。

①立地基準の整備

　スタートアップ期の本部では、分析できる既存店舗数が少なく、新店の立地評価は創業者や立地調査担当者の経験則で行うケースがほとんどです。しかし、いつまでもそのような方法に頼っているのではなく、既存店の増加に合わせて、きちんとしたデータに裏付けされた立地基準を本部として持つことが必要です。

　ただし、最初から難しく考える必要はありません。それまで出店した既存店（直営・FC）について、前述の立地評価項目ごとに実データを収集・整理し、

図表 3-15　立地基準の設定例

立地評価項目	既存店データの統計値						設定された基準値	
	最小値	25パーセンタイル	平均値	中央値	75パーセンタイル	最大値		
最寄駅（メイン）乗降客数	3,142	52,968	98,427	72,309	115,275	282,772	70,000	以上
人口総数（500ｍ圏）	6461	10,320	12,478	12,595	14,391	19,075	12,000	以上
女性人口	3,023	5,222	6,238	6,518	7,338	9,009	6,500	以上
昼間人口総数	4,891	9,482	13,724	11,124	14,702	39,836	12,000	以上
昼間人口女	3,036	5,431	7,242	6,504	7,957	17,349	6,500	以上
65歳以上人口	874	1,337	1,895	1,711	2,404	3,012	⇒ 2,000	以下
ターゲット人口	1,230	2,523	3,044	3,027	3,497	5,131	3,000	以上
単身世帯数	1,505	2,074	3,195	3,031	3,642	6,318	3,000	以上
事業所数	279	586	909	786	1,110	2,592	800	以上
世帯数	3,153	4,981	6,327	6,364	7,356	10,685	6,000	以上
昼間生徒・学生数総数	175	652	1,500	1,295	1,629	7,416	1,500	以上
昼間生徒・学生数女	12	320	713	655	856	2,210	750	以上
ターゲット人口比率	19.0%	22.7%	24.3%	24.6%	26.2%	28.5%	25.0%	以上
駅からの距離（ｍ）	20	35	97	60	170	250	⇒ 100	以上
店前歩道幅（ｍ）	0.5	1.9	2.9	2.3	3.8	7.0	2.5	以上
飲食店事業所数	46	115	198	147	214	841	150～200	
1飲食店当たり昼間人口	41	64	81	75	99	143	80	
1飲食店当たり夜間人口	17	52	87	85	111	185	⇒ 85	
一戸建て世帯数	525	1,005	1,297	1,296	1,642	2,247	1,300	
借家世帯数	1,422	2,620	3,349	3,105	3,889	6,688	3,000	
0～29ｍ² の住宅居住世帯	725	1,006	1,693	1,496	2,146	3,383	1,500	
店前通行者平日昼（3時間）	33	124	290	232	380	1,027	300	以上
店前通行者平日夜（3時間）	18	164	342	300	418	1,201	300	以上
店前通行者休日昼（3時間）	55	156	327	267	402	1,342	⇒ 300	以上
店前通行者休日夜（3時間）	40	180	363	336	412	1,513	300	以上

平均・最大・最小などの基本統計量を算出することから始めましょう。そうすれば、最初は経験（アナログ）的にしかとらえられていなかった基準が、きちんと（デジタル）データとして裏付けされてきます。

図表3-15は、10店舗程度のサンプル数で立地評価したものです。平均値・中央値などを算出することで、チェーンとして満たしておかなければならないおおよその立地基準が、データとして浮かび上がってきます。

②売上予測方法の整備

店舗数が20店舗程度以上に増えてくれば、複数の立地評価データを一度に取り込んで、多変量解析などの統計分析手法を用いて売上予測モデルを整備することができます。

言うまでもなく立地評価の礎は実地調査です。また、売上予測には自社がすでに展開している店舗データが必須です。他社チェーンの仕組みを使っても意味はありません。

図表3-16　売上予測モデル構築の流れ

売上予測モデルの構築の手順は次のとおりです。

ａ．プロジェクトチームの編成

モデルの構築にあたっては、まずそのためのメンバー構成が重要です。ある一人の担当者が携わるのではなく、複数の担当者による社内プロジェクトチームを編成します。メンバーは、店舗開発担当者、店舗運営経験者、人材教育担当者などの中堅世代を中心とし、パソコンを扱うことに抵抗のない柔軟性を持った人材を起用できればベターです。

また、このプロジェクトでは、創業者等の経験則（立地を判断するときの目の付け方など）をしっかりと拾い上げておくことが肝要です。こういった方々の立地判断はアナログ的なところがありますが、一方ではズバリ本質を突いています。それらの情報をプロジェクトチームで細分化しデジタル化することによって、有効なモデルが出来上がります。

b．実地調査とデータの数値化

　プロジェクトメンバーでブレイン・ストーミングを行い、考えられる立地データ項目を洗い出します。そして、洗い出されたデータの定義づけを行います。たとえば『商圏人口』という項目に対して、半径を何 km に決めるのか、単純に総人口でよいのか、さらにターゲットを絞り込んだ 20 代の女性人口にするのか、といった具合です。

　次いで、データ収集方法を明確に定めた「実地調査手順書」をつくります。たとえば、『動線評価』という項目に対しては、「良好（3 点）：候補地が商圏内の主動線（生活動線）上にある、普通（2 点）：主動線上にないが、主動線からのアプローチは容易である、難あり（1 点）：動線からは外れている」という具合です。この実地調査手順書をどれだけきちんとつくれるかが、精度の高いデータ収集の要になります。

c．分析手法の習得

　そして、収集されたデータをもとに、重回帰分析などの多変量解析手法を用いて予測式をつくります。最低限の統計知識を習得する必要があります。

重回帰式：$Y = a_1 X_1 + a_2 X_2 + a_3 X_3 + \cdots + a_n X_n + e$　（e は定数項）

　　Y　　　：目的変数…売上高、来店客数など
　　$X_1 \sim X_n$：説明変数…たとえば店舗面積、駅までの距離、商圏人口など
　　$a_1 \sim a_n$：パラメーター（偏回帰係数）…各説明変数のウエイト
　　e　　　：定数項

　上記のパラメーター算出の計算は、パソコン上で行います。操作は決して難しいものではなく、エクセルなどの表計算ソフトに標準で備わっている「回帰分析」の機能を用いて行います。

d．分析の手順

　エクセルなどの表計算を使った分析の手順は次のとおりです。

（ア）各々のデータの平均値、最大値、最小値、標準偏差などの基本統計量を計算し、データの特性を頭に入れる。

（イ）全変数間の相関行列を出し、売上高とどの変数の相関が高いか、各々の説明変数間で相関が高い（内部相関が高い）ものはないか、などに

ついて分析する。

（ウ）重回帰分析に投入する変数を決定し、計算→結果解釈→変数変更→計
算→結果解釈→変数変更→・・・の試行錯誤を行い、精度の高いモデ
ルにブラッシュアップしていく。

図表 3-17　重回帰分析の手順

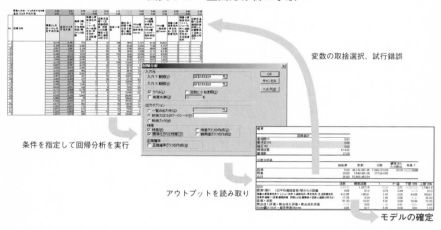

図表 3-18 に、分析結果をもとに予測値を導き出せるように整理したモデル
式の例（シート）を示しました。

以上のように、売上予測には、実地調査による立地に関わるデータと、すで
に営業している直営店や加盟者の実績によるデータが使われます。

一方で、販売促進による売上予測（変化）分析を行っておくことも必要で
す。どのタイミングで告知するのか、どの方法で告知宣伝するのかなど、具体
的な販促と売上の相関関係などのデータも蓄積する必要があります。フラン
チャイズ展開の前に直営店での運営実績が大切なのは、いくつかの販促を実施
しトライアル・アンド・エラーを繰り返して、その効果性を検証することが必
要だからです。売上予測では、立地と店舗という静的な売上シミュレーション
だけでなく、販売促進によって売上をつくるという動的な予測も必要になりま
す。

良い立地を選び出すためには、お客様の目線で立地を見ることが何よりも重

要です。すなわち実地調査ありきということです。

　売上予測には、標準の場合の予測売上と標準を上回った場合、逆に標準を下回った場合の3通りを算出するケースがあります。それは、予測のパターンを増やすことで各々のケースに応じた損益をシミュレーションし、出店可否判断を誤らないようリスクヘッジするためです。

　売上予測は加盟者が加盟を検討するにあたり大変有効な参考資料となりますが、予測よりも実績が下回った場合、加盟者とのトラブルの種にもなることも

図表3-18　売上予測シートの例

予測計算シート　（○○○チェーン2022年版）

XXXX 店

■周辺商圏評価

		ウエイト		
アッパー	3	4.0	=	12.0
地域の中心	3	4.0	=	12.0
抵抗のない場所	3	1.0	=	3.0
発展性	1	1.0	=	1.0
治安	3	2.0	=	6.0

【係数】
34 × 87.8 = 2,985

■マーケット評価　（半径1000m圏GIS統計データ）

女性40～59歳人口	3,244
持家主世帯数	4,641

7,885 × 0.046 = 363

■店前道路・歩道・通路評価

店前道路・歩道・通路幅	5
店前道路・歩道・通路の性格	3

15.0 × 19.9 = 299

■周辺イメージ評価

色のイメージ	2
夜間の明るさ	2

4 × 163.7 = 655

■視認性評価

ドライバー50m・歩行者20m視認性	4

4 × 564.8 = 2,259

■沿道業種プラス評価

			ウエイト		
CD・ビデオレンタル	0	×	1.0	=	0.0
ファストフード店	0	×	1.0	=	0.0
ドラッグストア	1	×	1.0	=	1.0
持ち帰り弁当(惣菜)店	1	×	1.0	=	1.0

2.0 × 802.4 = 1,605

【係数】(定数項) −565

予測月商 7,600 （千円）

★アラーム条件（予測が上ブレ）↑

		基準	修正係数	判定
駐車場台数	8 <	5	0.80	非該当
車の入りやすさ・出やすさ	2 =	1		非該当

★アラーム条件（予測が上ブレ）↑

		基準	修正係数	判定
反対車線からの右折不可	3 =	1	0.85	非該当

★アラーム条件（予測が上ブレ）↑

		基準	修正係数	判定
幹線道路によるバリア	0 =	1	0.85	非該当

本予測式は、○○○チェーンの既存店50店舗の実績と立地データとの関連を「重回帰分析」により導き出したものです。
アラーム条件を含めた本予測式の分析精度（決定係数）は0.95で、この式を既存店実績に当てはめた時の誤差は、最大−9.5%～＋9.8%です。

■ 予測値検討資料　　　　　　XXXX　店

○○○チェーン2022年モデル	予測値(月商)	7,600	千円

説明変数	物件偏差値	既存50店平均
周辺商圏評価	61.3	50
マーケット評価	44.8	50
店前道路・歩道・通路評価	49.7	50
周辺イメージ評価	46.6	50
視認性評価	53.5	50
沿道業種プラス評価	51.5	50

※どの項目も50以上が良

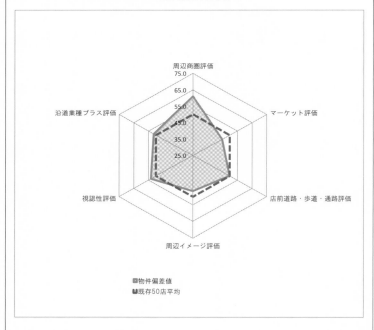

■物件偏差値
■既存50店平均

【マイナス評価要素】

バリア	平面を走る鉄道線路		OK
	通過大型車両が多く通る幹線産業道路		OK
	渋滞の発生しやすい橋のかかる河川		OK
マイナス業種	中古車展示場		OK
	カー用品店		OK
	整備・板金工場		OK
	ゲームセンター		OK
	消費者金融無人契約機		OK
	ガソリンスタンド		●
車両走行速度(道路の渋滞状況)			OK

あります。この状況を避けるため、本部として算出する売上予測の精度が確保できない場合には、直営店店舗概要と売上実績のみを明示し、加盟者に売上のイメージをつかんでもらうという方法もあります。ただし、もちろんこの場合でも、精度の高い立地評価が重要であることは言うまでもありません。

❸ 加盟店に対する支援体制

① 加盟者に対する教育の内容・方法

①開店前の教育（店舗研修）

ａ．経営理念の共有

　開店前教育において最初に行うべきことは経営理念の共有です。本部が当事業を始めるにあたり、どのような価値観、信条や信念、行動基準を持っているのか、それらを明文化して加盟者に対してわかりやすく示すことが必要です。なぜなら、基本的に資本関係がない本部と加盟者が契約に基づいて同一の事業を営むフランチャイズ・ビジネスにおいては、本部と加盟者が経営理念に対して共通の認識を持ち、同じ価値観のもと、それぞれの役割（経営）を実践することが求められるからです。

　座学研修については、2～3時間という本部もあれば2～3日という本部もあり、さまざまな運営スタイルがあります。たとえば、実地研修（オペレーション研修）に入っていない時期にすべてを教えるよりも、まず業務の流れなど基本事項を教えて、実地研修に入ってからマネジメント事項を教えたほうがよく理解できるとして、座学研修を2段階に分けて行う本部もあります。当該事業の特徴に合った座学研修を行うことがポイントです。

　また、法人加盟の場合は開業後のオペレーションスタッフだけでなく、担当部門長にも座学研修を受けてもらうようにします。なお、担当部門長の研修では、加盟者のオーナーとしての心構えやマネジメント事項などを解説した「オーナーズマニュアル」を用意するのが望まれます。なぜなら、加盟企業のトップ（事業責任者）に事業の基本的な考え方を認識してもらわないと開店後の両社のズレにつながる危険性があるからです。

ｂ．実地研修（オペレーション研修）

　座学研修の次は、実地研修です。実地研修スケジュールを作成し、そのスケジュールに沿って進めていきます。研修の進捗状況が受講生自身および、法人加盟の場合は加盟企業の担当者にもわかるように、研修チェックリストや研修

日報など進捗状況が共有できるツールを用意します。

　実地研修で最も大切なのは研修トレーナーの資質です。オペレーション実績はあってもトレーナー教育を受けた人材がいない場合が多い創業間もない（アーリーステージ）本部にとっては、トレーナーの養成が大きな課題となります。そこで、本部構築時には「人を育てることがうまい」人材をトレーナーに抜擢します。また、研修を実施する店舗が、あまり忙しい店舗だと教育する余裕がありませんが、逆に忙しくない店舗だと体験する機会が少なかったり、受講生がゆっくりしたペースに慣れてしまったりするので店舗の選択も大切です。

　研修の途中や終了時には筆記テストや実地テストを行って習得度の確認をします。習得度の低い受講生を、そのまま「卒業」させてしまうと、運営レベルの低い加盟者となってしまう恐れがあります。研修の初期から途中段階で受講生の習熟度や適性を判断できるチェック制度を準備しておき、明らかに不適合な場合には早い段階で研修の再受講や延長を加盟者に進言します。

　こうした事態に対応するため研修受講者のスキルが一定の水準に達しない場合、本部は研修の延長や受講生の交替を求めることができる旨（費用は加盟者負担）の規定を契約書に明記しておくことも必要です。

②オープン前研修

　店舗事業の場合は実地（直営店）研修が終わると、担当スーパーバイザー（SV）がオープンまでの準備をサポートすることになります。SVは研修トレーナーから受講生の習得レベル、性格などの情報を引き継ぐことが重要です。

　オープン前研修は比較的標準化しやすい業務です。オープンまでの業務の棚卸しをして日別時間帯別にスケジュールを作成します。店長は研修を受けていますが、その他のスタッフ（パートやアルバイト）は当チェーンが初めての人ばかりです。そこで、まず店長から当チェーンの経営理念をスタッフに説明してもらい、次にオペレーション業務の研修に落とし込んでいく、店長主体のオープン前研修を実施することが大切です。

③オープン時の支援

　複数店舗を持つ加盟者の新店オープンであったとしても、最初はスタッフも

慣れていないため何かと運営が円滑にはいかないものです。その場合、本部は応援スタッフを派遣するなどの支援を行うことがあります。実地店における本番での支援は応援スタッフの OJT として有効であり、また同じブランドを冠するチェーンとしての一体感を醸成することにも役立ちます。

④開店後の教育

開店後の主要な教育はスーパーバイジングによりますが、次項で詳細を述べますので、ここでは、それ以外の開店後教育の例をあげておきます。

図表 3-19　開店後教育の例

区分	内容
店長会議	フランチャイズ店長の Off-JT として定期的に開催する集合研修。チェーンの理念、オペレーションの再確認や運営技術ノウハウの共有、新商品の説明などを行います
パート・アルバイト研修	P/A 向けのオペレーション、サービス研修などを実施します
○○コンテスト	技術やサービス等、チェーン内でのコンテスト実施
オーナー会議	オーナーの Off-JT および、本部とのコミュニケーションを図るために開催する集合研修。本部の方向性や現状の課題など、現場店長だけでなく、その管理者であるオーナーに意識共有してもらう場

2 スーパーバイジングの実践ポイント

スーパーバイジングとは、本部の方針・指導・マニュアルどおりに加盟者が営業しているか否かをチェックし、必要に応じてアドバイス・指導する機能です。本部機能の中でも重要な機能ですが、ビジネスモデルが確立されていなければ、アドバイス・指導レベルがスーパーバイザー（SV）個人の能力に左右されてしまい、チェーン全体としてのスーパーバイジングはうまく機能しません。加盟者から「SV が来てもただの御用聞きにすぎない」と揶揄されるとしたら、それは本部が運営ノウハウを確立できていないからです。

SV には加盟者が本部方針に従って運営を行うよう継続的にアドバイス・指導する役割と本部から加盟者への伝達事項だけでなく、加盟者からの相談事項にも応じるなど重要なパイプ役としての役割もあります。そのため、SV には高いコミュニケーション能力が求められます。

①本部の運営ノウハウの確立

　前述のとおり、アーリーステージの本部は店舗数、運営年数も少ないため、オペレーションノウハウはあっても、売上アップのための販売促進ノウハウや不振店対策のノウハウは不足しているのが実情です。そのため、本部はたとえ直営店には必要なくても、いくつかの販促策を実施することによって、より費用対効果の高い実施手法をノウハウとして蓄積することが必要です。また店舗数が拡大するにつれてオペレーションや施設・設備等もより効率よく運営するための工夫が求められるため、優秀な直営店店長の実績やSVの指導方法を蓄積しマニュアル化することも大切です。

②スーパーバイジング基準・ツールの構築

　スーパーバイジングを実施する際にはSVの評価基準、評価ルールを明文化し、SV各自が共通認識を持てるようにすることが必要です。

　まず評価基準の作成ですが、オペレーション上の重要項目を抽出し、できる限り具体化します。たとえば、接客のチェック項目では「大きな声で挨拶をしている」ではなく、「店内奥の座席でも聞こえる声で挨拶をしている」など。

　オペレーション上の重要項目の評価基準をすり合わせるには、店舗事業であれば実際にSVが直営店に集まって現場の状況を見ながら「これはOKか否か」とチェックし、SV相互間の評価基準の統一化を図らなくてはいけません。

　また、オペレーション状態をチェックするSV報告書だけではなく経営数値やマネジメント事項をチェックすることも必要です。

③定期訪問

　定期訪問では前述のSV報告書（評価基準）に沿った現場オペレーションのチェックのほかに店長または加盟者ヒアリングを行います。報告書にはチェック項目の評価だけではなく、臨店時に店長と話し合った改善事項なども記入しておきます。そして臨店後、報告書として店舗だけでなく、必ず加盟者や本部にもフィードバックして情報を共有します。また、加盟者側が報告書を確認しました、という承認（店長や加盟者のサイン）を得ておくこともポイントです。

　SV報告書は本部として臨店したという大切な記録なので必ず保存しておき

図表3-20　SV報告書（オペレーションチェックリスト）の例

店舗名：		SV氏名	
実施日：　　年　月　日（　）：　～　：		店舗責任者・確認サイン：	
クリンリネス	評価	問題点と対応	完了確認
1　店舗外観、店頭看板、駐車場の清掃状況			
2　入口ドアおよびガラス（汚れ、ポスター、退色など）			
3　スタッフの身なりが基準どおりで清潔である			
4　厨房の床は毎日清掃しており壁も清潔である			
5　作業テーブルのステンレス表面・棚が清潔である			
6　原材料保管場所は整理整頓されていて清潔である			
7　ゴミ容器や配送用のカゴは異臭がなく清潔である			
8　ホールの床・壁・天井・窓・ドアは清掃されている			
9　ホールのテーブルやイスは清掃が行き届いている			
10　トイレの壁・床・機器類は清潔に手入れがされている			
11　トイレ内の備品は十分に補充されている			
サービス			
1　お客様の来店時に笑顔で元気な挨拶ができている			
2　注文の承り（オーダー受け）を正確・丁寧にできている			
3　商品のお届け、配膳はスピーディーに取り組んでいる			
4　テーブルの片付けはスピーディーに取り組んでいる			
5　会計は正確に、笑顔で礼儀正しく行えている			
6　お客様が快適に過ごせるような環境づくりができている（BGMの選曲・音量、室温の管理など）			
7　店長・時間帯責任者の行動として、お客様やスタッフへの目配りを常に行い、必要に応じてヘルプをしている			
クオリティ			
1　手洗いなど、食品衛生管理が正しく守られている			
2　注文・試食したメイン商品の調理手順および見た目・味			
3　注文・試飲したドリンク商品の手順および見た目・味			
4　食材類の保管が基準どおりの場所で正しく行えている			
5　機器類の温度・タイマー設定等が正しく行われている			
6　ドリンク機器の温度・抽出量設定が正しく行えている			
7　賞味期限切れの食材などが店舗内にない			
8　冷蔵庫・冷凍庫の温度設定・管理に異常がない			

※評価は〇×で記入

上記チェック項目以外の問題点：改善箇所	対応策・改善方法

ます。フランチャイズ契約をめぐるトラブルの中で「SV の指導がない」という不満が争点になることもありますが、この報告書をきちんと記入しておけばトラブル時のリスクヘッジにもなります。

　なお、開業したばかりの加盟者や問題が発生して緊急な対応が必要な場合など、定期訪問だけでは十分なアドバイス・指導ができないケースもあります。そのようなケースを想定して、現場に直接行かなくてもリモートで対応できる体制を開業前から準備しておくことも必要です。

図表 3-21　SV の活動：1 週間の事例（15 店舗担当、月 1 回店舗訪問）

月曜日	前週の担当店売上業績等の確認・分析、問題店へのヒアリング
火曜日	本部全体会議、SV 部門会議、担当店舗への提案策などの作成
水曜日	店舗定期巡回（2～3 店舗）、競合店チェック、SV 報告書の作成
木曜日	店舗定期巡回（2～3 店舗）、競合店チェック、SV 報告書の作成
金曜日	売上不振など問題店の対策案づくり、必要に応じて店舗で現場指導
土曜日	休日（担当店舗の立地により、平日を休み土日に巡回する場合もあり）
日曜日	休日（同上）

④日々の指導

　SV としては定期訪問以外にも、加盟者からの質問や本部からの伝達事項の確認、クレーム対応等、日々、さまざまな問い合わせが加盟者から寄せられます。近年では SV を効率よく稼働させるために、また SV によって質問や要望への対応に差が出るのを防ぐため、「SV 臨店時以外の加盟者からの問い合わせについては、本部に設置した対応窓口に対して行う」「加盟者から SV に対する問い合わせは、本部指定のフォーマットを使用する」等の対応策をとる本部もあります。しかし、デメリットとして SV と加盟者のコミュニケーションを妨げてしまう面もあるので、その利用方法については慎重に検討すべきです。

③ マーケティング支援

　マーケティングの定義は、広義では、「顧客が真に求める商品やサービスをつくり、その情報を届け、顧客がその商品を効果的に得られるようにする活動」のすべてを表す概念ですが、狭義では、商品・サービスそのものの企画・

開発・設計やブランディングから、市場調査・分析、価格設定、広告・宣伝・広報、販売促進等の活動ととらえられます。ここでは狭義のマーケティング支援について述べます。

①マーケティングデータ・事例の収集

まず、マーケティング活動を行ううえで必要なのがデータ収集です。商品開発をする場合は、商品のABC分析（販売数量および金額データ）による売れ筋商品や利益貢献商品の把握が必要です。また、販売促進活動を実施する際には、これまでの販促実績を分析したうえで、費用対効果の高い販促方法を加盟者に提案しなくてはいけません。そのため、本部には直営店・加盟者のデータの収集機能が必要になります。

最近では売上データ等を収集するシステムもASP（Application Service Provide：業務用のアプリケーションソフトの機能をネットワーク経由で顧客に提供するサービス）を利用すれば、安価で導入可能です。加盟者が増加してから新システムを入れるのは、オペレーションの変更や費用の負担などで加盟者の理解を得るのが大変になるため、本部構築時からシステム導入を検討しておくことがポイントです。

②マーケティングデータの提供

本部の方針によりますが、加盟者は他店の売上やその他データを知らないケースが一般的です。そのため、チェーン全体で自店がどの程度の運営レベルにあるのか、自店の傾向は全体と同様なのか、違うのかは非常に気になる点です。また、本部にとっても加盟者をアドバイス・指導する際に、加盟者がどのレベルにあるのか客観的なデータに基づいて説明したほうが納得性は高まります。

こうした点からチェーン全体として標準的な売上（店舗ならば坪売上等）や客単価、人時生産性、商品ABC分析などの基本的なマーケティングデータの提供が必要です。

基本的なデータ提供については、上述したように売上管理システムなどの情報システムを活用して行うと効率的です。ただし、新商品や新設備導入等、チェーン全体のオペレーション変更をともなうような事項については、オーナー会等で導入前後の比較データをもとに本部の責任者から説明する必要があ

るでしょう。

③実績ノウハウによる販促パターン・ツールの作成

「集客」ノウハウの確立は加盟者対策として最重要事項ですが、本部展開当初は店舗数も少なく販促実績も少ないのが実情です。しかし、加盟者が増加する中で加盟者から強く求められるのが「集客」＝販促ノウハウです。

フランチャイズ本部が具体的な販促手法を提供できず、加盟者が独断でディスカウント販売を行うなどしてチェーン全体のブランドイメージを損なうケースはよくあります。そこで、本部は既存店の成功モデルをパターン化して提供し、販促の反応率向上、広告・ツール類の制作期間の短縮、費用の削減などに取り組み、ノウハウの確立を推し進める必要があります。

さらに、販促活動については契約書に「本部の承認を得ること」「本部が実施する共同販促には参加しなければならない」などの規定を明記しておくこともポイントです。

④マーケティング施策の店舗への落とし込み

本部が効果的なマーケティング施策を開発しても、加盟者において正しく実施されなくては意味がありません。マーケティング施策の意味の理解と円滑な店舗オペレーションへの落とし込みが成功へのポイントになります。

⑤成功事例の共有化

実施したマーケティング支援策についてはSVの定期訪問時に結果を収集し、成功事例については本部会議などで他のSVにも共有化を図ります。

④ 新商品・新サービスの導入

新商品・新サービスが直営店舗でのテストマーケティングを経て開発されたのち、それらを加盟店に導入していく際は計画的に行うことが重要です。事前にオーナー会や店長会議、スーパーバイジング時など、できるだけ直接加盟者に説明するようにします。ただし、オペレーションが煩雑になるなど、必ずしもすべての加盟者が導入に賛成ではない場合もあります。そのような場合には、その商品導入の必要性を説明するなどして加盟者に納得していただかなくてはいけません。このようなとき、SVは加盟者とのコミュニケーション機会を増やし、新商品の説明をより詳細に行ったり、導入にともなう作業をサポー

トしたりするなど、加盟者個別への対応が必要になります。

①新商品・新サービスのスケジュール化

事業年度の最初に、年間販売計画とともに新商品・サービスの投入計画を作成するのが理想です。初期段階で具体的な案が決まっていない場合でも、おおよその投入時期、投入したい商品の概要を決めておくようにします。

この場合、新商品の導入頻度や期間、導入ペースも重要となります。顧客にとっては、新しい商品やサービスは来店動機となります。マンネリ化を防ぎ、新たな来店動機を商品・サービスといった基本機能で促進できれば、店舗やチェーンに対する親近感も高まります。

また、新商品や新サービスの導入は、顧客を飽きさせないことだけでなく、加盟者のモチベーションの維持に寄与します。加盟者にとっては、新たな商品に取り組むことは、店のモチベーションアップとなります。良い商品やサービスが提供できれば、店の本部に対する帰属意識も高まり、本部と加盟者の一体感につながります。また、商品やサービスによっては、新たな技術向上につながることもあり、店の成長を促すことにもなります。

たとえば、コンビニエンスストアでは、毎週30〜50の完全オリジナル商品が推奨されます。現在のように、激化する競争環境の中では、新商品・新サービスの導入が生き残る鍵になっている場合も多いのです。

②加盟者への事前の告知・導入研修

導入時期が近づいたら新商品紹介パンフレットや新商品オペレーションマニュアル等を作成し、新商品についての情報を加盟者に伝えます。飲食店やサービス業などは、スタッフの作業を経て商品が完成されるので、チェーンとして商品の品質が同等となるよう、調理・作業等の研修・指導を行う必要があります。店長研修会の開催や、スーパーバイジング時の指導、最近ではWeb上でビデオマニュアルを提供している本部もあります。Off-JT、OJTを上手に活用することがポイントです。

③新商品・新サービスの導入結果報告

新商品の販売実績や当初の導入目的がチェーン全体として達成できたのか等を本部として分析し、結果を加盟者にフィードバックする必要があります。新商品の成功・失敗要因を明確にすることで、次回の商品導入の課題が見えてき

ます。この商品導入のライフサイクルができれば、商品のブラッシュアップが継続されて商品開発力の強い本部になることができます。

図表 3-22　新商品導入の手続き

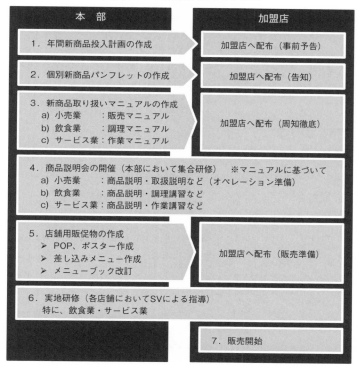

⑤ 本部機能のブラッシュアップ

　フランチャイズ展開の初期の頃は本部スタッフの人数も少なく、原材料の仕入から始まり、商品開発、販売促進、店舗開発、スーパーバイジング、計数管理等々の多くの仕事を限られた人数でこなさなければなりません。しかし、加盟者増加とともに、フランチャイズパッケージ自体を継続的に開発・革新していかなくてはチェーン全体の発展はありません。そこで、当初は兼任で行っていた業務も重要機能から順次、専任者を設置することが必要になります。

①加盟店開発・立地開発機能

　本部展開初期には社長もしくは幹部が加盟店開発を担当する場合がよくありますが、加盟者（候補）が多くなるにつれ直営店視察や立地視察、面談など時間を割く業務が増えるため専任者が必要になります。

　また、展開当初は店舗数が少なくデータが乏しいため、業態説明資料や立地診断における開示情報は直営店の実績を提示するほうが無難ですが、店舗数が多くなると客観的データに基づく資料が求められます。直営店平均や類似立地店の平均データ、さらには売上不振店データも提示するなどして開業リスクを説明することが大切です。

②商品開発・購買機能

　事業の核となる商品の開発は最重要機能ともいえます。特に、飲食店やサービス業などお客様に提供する商品を加盟者で製造・提供する業種においては、直接その都度指導できる直営店ではなく、研修・マニュアル・SV による指導が中心となる加盟者でも再現可能な商品を開発しなくてはいけません。

　商品の再現性において重要な要素となるのが原材料の購買です。良い材料を安価で仕入れることが良い商品の提供につながるからです。本部が成長するに従い、商品開発者や購買担当者の専門性がより問われることになります。

③スーパーバイジング機能

　スーパーバイジング機能は当初、店舗数や SV の人数が少ない段階では、どうしても SV の成功体験など属人的な指導になってしまいがちです。チェーン全体の店舗数が増えるにつれ、マーケティングデータによる販売促進ノウハウ等が収集されます。この段階になると、SV 会議等による定性・定量的なノウハウを集約し、それを SV マニュアルとして構築していくことが可能になります。この SV マニュアルを活用していかに SV を育成していくかが、その後のフランチャイズ本部伸展の大きな鍵となります。

④教育・研修機能

　フランチャイズ事業は教育事業だ、といわれることがあります。「名選手、名監督にあらず」という言葉のとおり、優秀な店長がトレーナーとして優れているとは限りません。そのため、トレーナー専門家がいない多くのベンチャー本部が悩むのが、この「教育」です。当初は研修店舗も研修トレーナーも直営

店、直営店店長が兼任という体制がほとんどですが、加盟者が増えるにつれ研修店舗の整備、研修トレーナーの専任が必要になります。

　特にP/A（パート・アルバイト）がサービスの提供を行う飲食業や小売業においては、今後ますます働き手不足が深刻な問題になります。従来の働き手だけを対象にしていては必要な人員を確保することができないため、シニアや外国人など新たな働き手の活用が求められます。しかし、新たな働き手の教育は加盟者にとって大きな負担になります。そこで、他のフランチャイズ本部との差別化を図るためにも店長研修だけではなく、P/Aの集合研修なども実施することが望まれます。

⑤店舗設計・施工

　店舗設計業務は当初は外部設計会社に外注し、本部の幹部がチェックをする、という体制がほとんどです。しかし、店舗事業における店舗設計は重要なノウハウなので設計担当者を専任するか、設計会社から本部専任設計者を派遣してもらうなど、ノウハウ構築できる体制を整えることが必要です。そして、店舗標準仕様を作成し、店舗数増加にともなう施工単価の引き下げを図ります。

⑥情報システム

　近年では情報システムも、ASPなどを利用すれば比較的安価に整備できるようになりました。本部展開当初から、本部と加盟者との情報伝達、経営データ収集のための売上管理システムなどの最低限の情報システムは導入しておくことが必要です。昨今ではマーケティングデータの収集だけではなく、eラーニングやマニュアルの映像配信などOff-JTにも活用されるようになっているので積極的に活用していくことが求められます。

本部事業計画の進捗管理

１ 予実・進捗管理とステージの認識

　フランチャイズ本部立ち上げ後間もない時期は、直営店・加盟者ともに店舗数が少ないことから全体に目が行き届きますが、店舗数が増加するにつれて段々と全体を管理することが難しくなります。特に創業期から成長期の段階では、足し算的な経営感覚から掛け算的な経営にシフトチェンジする場面に直面し、動かすお金の単位が大きく変化することに驚くことがあります。

　したがって、当初の計画である予算と実績を検証する予実管理を行いながら、現時点で自社がどのフェーズ（創業期・成長期・成熟期）にいるのかを常に認識しておく必要があります。

２ 投資時・直営店増加時のチェック項目

①投資回収可能性の検証

　直営店を出店する際のテナント契約、内装・設備費用の投資やシステム設計・開発投資については、その投資による回収期間や回収可能性を検証してください。投資回収期間の計算方法は、前述の投資回収期間法（ペイバックルール）で計算できます。前述の投資回収期間法の計算式は、損益モデルをもとに計算したため、年間税引後利益が一定であるという前提で計算しました。しかしながら、通常は年間税引後利益額が毎年一定額であることはないため、図表3-23のように、その投資額と各年のキャッシュフロー金額により、その回収期間を判定します。

図表 3-23　各年のキャッシュフロー金額が異なる場合の投資回収計算

	2022 年	2023 年	2024 年	2025 年	2026 年
投資金額＆未回収残額	1,000	950	750	600	300
キャッシュフロー	+50	+200	+150	+300	+300

②固定比率・固定長期適合率

固定資産投資がどのような資金で行われているかを検証する財務分析指標が固定比率と固定長期適合率です。定期的にこれら指標を確認し、財務体質の変化の兆しをとらえることが重要です。

a．固定比率（100％以下なら優良といえる）

固定比率（％）＝（固定資産÷株主資本）×100

固定資産は、それ自体を売却しない限り換金できないものであるため、その投資金額が長期間寝てしまうことになります。そのため固定資産の購入は、株主資本（留保利益）が原資であることが理想となります。

b．固定長期適合率（100％以下なら長期支払能力の問題は少ないといえる）

固定長期適合率（％）＝｛固定資産÷（株主資本＋固定負債）｝×100

固定資産を株主資本だけで購入できることが理想ですが、多くの企業は株主資本と金融機関からの融資により固定資産を購入することが一般的です。固定比率が100％を上回っている場合でも、固定長期適合率が100％以下であれば長期支払能力の問題は少ないといえます。

③ 加盟者増加時のチェック項目

①付加価値の検証

フランチャイズ本部は加盟者に対して経営ノウハウを提供し、その対価としてロイヤルティ等を収受します。この収受するロイヤルティ等がフランチャイズ本部にとっての付加価値であり、付加価値とはその企業が新たに創造した価値のことです。つまり、他社とは異なる特別な商品、サービス、ノウハウを提供すればするほど付加価値は高まることになります。

そして、フランチャイズ本部の付加価値は、創業時から成熟期まで一定であることはなく、成長とともにその付加価値が高まっていくビジネスもあれば、逆に、競合企業の参入等により、付加価値が低下することもあります。したがって、自社にとっての付加価値とは何かという「付加価値の棚卸し」を定期的に行い検証することが重要です。

また、フランチャイズ・ビジネスは、商品開発力や加盟者サポートのためのSV教育など人材に対する投資額（人件費）も少なくなく、この人件費が付加

価値を形成しているともいえます。付加価値に占める人件費の割合である「労働分配率」は付加価値を検証する一つの指標であるため、定期的に自社の付加価値の変化の兆しをとらえることも大切なことです。

労働分配率（％）＝｜人件費÷付加価値（売上総利益・限界利益)｝×100

　なお、労働分配率の指標としては50％以下が理想とする解説書などがありますが、業種や経営ビジョンなどによってもその目標とすべき数値は異なりますので、まずは自社数値の推移を見ながら、自社にとっての目標値や最適値について模索検討を行うことが望ましいでしょう。

②預り保証金の確保

　加盟者が増加するにともない、加盟者からの預り保証金の額も増加します。この預り保証金は、原則的には加盟者にいずれ返還しなければならないので、この保証金をフランチャイズ本部の運転資金や投資資金に充当してしまい、いざ加盟者に返還する際にその資金が不足するという事態が起こらないよう心がけなくてはいけません。

④ イグジットを意識した会計基準の変更等 ─────────

　経営が順調に推移し店舗数が一定数を超えてくる成長期から成熟期への移行期においては、ビジネスのイグジット（投資資金回収手段）として株式上場や事業売却などが視野に入ってきます。その際の資金調達および資本政策の注意点については前述のとおりです。この段階になると、これまでのワンマン的な経営姿勢や税務申告だけを意識したいわば内向的な会計方法から脱却し、株式市場やM&Aの相手企業を意識した経営体制への整備や上場企業並みの会計基準に変更することなどが必要となります。

❺ エリアフランチャイズ展開

１ エリアフランチャイズとは何か

　エリアフランチャイズとは、特定エリア（地域）で加盟店開発などの本部機能の一部を他社（エリア本部）に委ねることと定義されます。加盟店開発以外にも、スーパーバイザー（SV）による巡回指導や定例研修、商品開発などの本部機能も委譲することがあります。総本部にとって厄介な業務であるSVによる巡回指導だけを当該地域の加盟店などにアウトソーシングすることがありますが、これはエリアフランチャイズとは別物と考えるべきでしょう。ここでは特定エリアで加盟店開発を含めた本部機能を委ねることをエリアフランチャイズとすることにします。

　総本部はエリア本部とエリアフランチャイズ契約を交わし、エリア本部は総本部にエリアフランチャイズフィーを支払います。一方、エリア本部はエリア加盟店が支払う加盟金やロイヤルティの一部をエリアフランチャイズ契約で決めた割合で受け取ることができます。つまり、エリア本部は自身の直営店舗の営業で得られる収益のほか、エリア加盟店が支払う加盟金やロイヤルティの一部も収益に加算することができるわけです。

図表3-24　エリアフランチャイズの仕組み

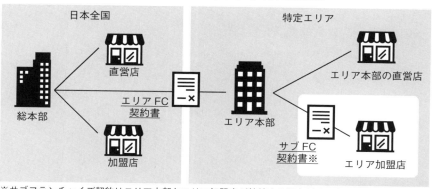

※サブフランチャイズ契約はエリア本部とエリア加盟店が締結する場合だけでなく、総本部とエリア加盟店が交わす場合、総本部とエリア本部とエリア加盟店の3者契約となることもあります。

② エリアフランチャイズの３つのパターン

　通常のフランチャイズ契約の場合、本部と加盟店の関係は、「本部が加盟店に対して優越的な地位にある」といった上下関係で語られることが多いですが、総本部とエリア本部との関係は必ずしもこのような単純な上下関係があるというわけではなく、エリア本部もそれなりの企業規模を持つケースが多く存在します。

　また、総本部はその地域におけるエリア本部の知名度や開発力を期待していることが多くあることから、総本部とエリア本部との関係は、通常のフランチャイズ契約としての側面のほかに、企業間の業務提携契約・共同事業契約といった側面を強く持っていることをまずは認識しておきましょう。なかには、エリア本部が総本部以上に運営能力を身につけ、総本部と対峙する例さえあります。

　さて、エリアフランチャイズを導入する場合に、どのようにエリア本部を選定すればよいのでしょうか。代表的なパターンとしては、以下の３つのパターンがあげられます。

- ●既存の加盟店に本部機能を担わせるパターン
- ●新規の加盟店に本部機能を担わせるパターン
- ●新規の加盟店に加盟店開発機能のみを担わせるパターン

　以下、３つのパターンそれぞれについて、具体的に見ていきましょう。

①既存の加盟店に本部機能を担わせるパターン

　すでに総本部のフランチャイズ事業に加盟している事業者にエリア本部機能を担わせるパターンです。既存の加盟店のため、今までの実績によってエリア本部を任せるに足る加盟店かということを評価することができるのがメリットです。

　このパターンをより細かく見ると、その事業者がすでに事業展開をしている地域でエリア本部機能を担わせる場合と、その事業者が事業展開をしている地域とは別の地域でエリア本部機能を担わせる場合の２通りがあります。

【その事業者がすでに事業展開をしている地域でエリア本部機能を担わせる場合】

その地域ですでに事業展開している事業者がエリア本部となるため、その地域についての情報や知名度を活用できることが期待できます。また、すでにエリア本部が有しているインフラを活用できるかという視点もエリア本部を選ぶ際のポイントとなるでしょう。

【その事業者が事業展開をしている地域とは別の地域でエリア本部機能を担わせる場合】

その地域に有力な加盟店や事業者がいない場合や、すでに別の地域で当該チェーンに加盟している事業者が、その隣接する地域へ進出したいと考えているような場合に、この方法が採用されます。

②新規の加盟店に本部機能を担わせるパターン

現在、当該チェーンに加盟をしてはいないが、その地域かまたは隣接する地域ですでに事業を展開している有力企業にエリア本部機能を担わせるパターンです。その地域で当該チェーンの加盟者がいない場合や、その地域でチェーン展開するために必要な物流機能などのインフラを持っている事業者がいる場合などに、このパターンがとられることがあります。あるいは、他チェーンで実績のある加盟店をエリア本部にするケースもあります。

③新規の加盟店に加盟店開発機能のみを担わせるパターン

エリア本部としては直営店舗を持たせず、加盟店開発機能のみに特化させることがあります。

③ 既存加盟店の取扱い

総本部が特定エリアでエリア本部を選任した場合、しばしば問題になるのが特定エリア内の既存加盟店の取扱いです。加盟店の立場からすると、ある日突然に本部が別の事業者に替わるわけですから、素直に受け入れられないということは当然にあります。こうしたトラブルを未然に防ぐためには、将来のエリアフランチャイズ展開を想定して、あらかじめフランチャイズ契約書の中に、総本部の契約上の地位がエリア本部に移転することがあることを明記しておくとよいでしょう。

④ エリアフランチャイズのメリット・デメリット

　エリアフランチャイズを導入する前に、エリアフランチャイズのメリット・デメリットを理解したうえで、自社がエリアフランチャイズを導入するべきかを検討するというプロセスが必要です。

　多くの本部が、エリアフランチャイズのメリットやデメリットを理解せず場当たり的にエリアフランチャイズを導入した結果、思うような効果が得られないケースが多々あります。エリアフランチャイズを始めるにあたって、エリアフランチャイズに何を求めるのかという点をしっかり確認しておきましょう。

図表3-25　エリアフランチャイズのメリット・デメリット

メリット	デメリット
① 事業の展開スピードが速まる	① エリア本部の指導力不足が業績不振をもたらす可能性がある
② 地域事情に精通した事業者に本部機能を委ねることで、きめ細かい対応が可能	② エリア本部の力量不足で加盟店開発が滞る可能性がある
③ まとまった資金の流入が見込める	③ エリア加盟店の処遇など契約終了時のリスク
④ 総本部の負担が軽減される	④ 一度エリアフランチャイズ権を付与してしまうと取り戻すのが困難
⑤ エリア本部が持っている機能を活用できる	⑤ エリア本部が他のチェーンに鞍替えするリスク

①エリアフランチャイズのメリット

【メリット①：事業の展開スピードが速まる】

　フランチャイズを導入するメリットの一つに、事業の展開スピードが速まるという点があげられますが、エリアフランチャイズを導入し、総本部とエリア本部が協業することによりさらに事業展開のスピードを速めることができます。

　たとえば、北は北海道から南は九州・沖縄まで、加盟店開発から開業前のサポート、研修や経営指導などのすべてを総本部のみで行うよりも、地域ごとにエリア本部を置き、それぞれが連携を取り合い、役割分担するほうが効率良く、スピーディに事業展開することができるでしょう。

【メリット②：地域事情に精通した事業者に本部機能を委ねることで、きめ細かい対応が可能】

　総本部の拠点から遠く離れ、総本部がその地域の顧客ニーズを把握できず、期待どおりの成果が得られないといったケースはしばしばあります。たとえば、東京を拠点に事業活動を行う総本部が、沖縄の顧客ニーズに合わせた商品開発や店づくりをすることは簡単なことではありません。また、総本部の現地での知名度が低く土地勘がないことから、加盟店開発や立地開発、物件開発が滞ることも考えられます。

　このような場合に、その地域情報に精通した地域の有力事業者をエリア本部として本部機能の一部を任せることで、総本部が統括する以上の成果を実現できる可能性があるでしょう。

【メリット③：まとまった資金の流入が見込める】

　エリアフランチャイズでは、総本部はエリア本部にエリアフランチャイズ権を付与する代わりに、その対価としてエリア本部は総本部にエリアフランチャイズフィーを支払います。

　このエリアフランチャイズフィーには、エリアフランチャイズ契約の締結時に支払われるイニシャルフィーと、継続的に支払われるランニングフィーの2種類がありますが、契約締結時に支払われるイニシャルフィーの金額については、1エリア当たり数千万円単位の契約となることもあり、総本部としてはエリアフランチャイズを導入することにより、まとまった資金の流入が見込めます。

【メリット④：総本部の負担が軽減される】

　エリアフランチャイズ契約は、前述したとおり業務提携契約・共同事業契約といった側面を強く持っている契約です。エリア本部は総本部に代わって、加盟店開発などのさまざまな業務を行いますので、その分総本部の業務負担は軽減されます。

　この業務の分担については、総本部とエリア本部で協議して詳細に決めることになります。総本部としてエリア本部に何を求めるのかということだけでなく、エリア本部の経営資源によっても任せることができる業務は異なってきますので注意が必要です。

【メリット⑤：エリア本部が持っている機能を活用できる】

　エリア本部の本業によって活用できる機能は異なりますが、エリア本部が持っている経営資源を活用することができるのもメリットの一つです。

　たとえば、エリア本部の本業が物流業であれば商品供給などにおける物流インフラが活用できますし、不動産業ならその地域における物件開発に、建設業ならエリア加盟店の店舗内外装の工事に活かすことができます。

②エリアフランチャイズのデメリット

【デメリット①：エリア本部の指導力不足が業績不振をもたらす可能性がある】

　エリア本部にエリアフランチャイズ権を与えた地域では、エリア加盟店への経営指導はエリア本部が行うことも多いでしょう。その場合、エリア本部の実力がともなわないと総本部の求めているレベルの経営指導を行うことができず、その地域のエリア加盟店の業績が他の地域と比較して低くなってしまう危険性があります。

【デメリット②：エリア本部の力量不足で加盟店開発が滞る可能性がある】

　エリア本部の資質がその地域全体の成果を左右してしまうことがあります。加盟店開発がうまくいかない場合には、総本部にとっては機会損失が生じてしまうことになります。エリアフランチャイズ契約では、このような機会損失が発生しないように「最低開店予定店舗数」をあらかじめ決めておいて、予定どおりに加盟店開発が進まなかった場合には、エリア本部に対してエリアフランチャイズ権を喪失させるなどのペナルティを用意しておくこともあります。

【デメリット③：契約終了時のリスク】

　エリアフランチャイズ契約は、通常のフランチャイズ契約よりも期間が長く設定されることが多いですが、エリアフランチャイズ契約が終了した際のエリア加盟店の取り扱いが問題となることが少なくありません。エリア本部の権利が喪失した時点で、エリア加盟店との契約関係は総本部に引き継がれるとする契約もありますが、その地域が総本部にとって遠隔地にある場合、商品供給や経営指導を継続して行うことが困難となる場合も考えられます。

【デメリット④：一度エリアフランチャイズ権を付与してしまうと取り戻すのが困難】

　エリア本部の資質によって、その地域の成果が大きく左右されることは前述

のとおりです。そのため、エリア本部の選定は慎重に行わなければいけません。選任したエリア本部が総本部の考える水準に達しない場合であっても、簡単にエリアフランチャイズ契約を解除したり、テリトリー権をはく奪したりすることはできません。

【デメリット⑤：エリア本部が他のチェーンに鞍替えするリスク】

複数の直営店舗を運営し、その地域における店舗開発やエリア加盟店への経営指導を行っていたエリア本部が、加盟しているフランチャイズチェーンから脱退し、他のフランチャイズチェーンに加盟してしまうリスクがあり、こういったケースも実際に起きています。

このようなケースが起きてしまった場合、話し合いで解決できなければ最終的には訴訟となるという点についても留意する必要があります。

このようにエリアフランチャイズはメリットとデメリットが混在します。当初は積極的にエリアフランチャイズを導入したものの、次第にデメリットが目立つようになり、エリアフランチャイズを廃止した例も散見されます。たとえば、学習塾フランチャイズチェーンの最大手明光義塾は、九州地区のエリア本部企業と交わしていたエリアフランチャイズ契約を解除しました。

エリアフランチャイズ・システムの導入については、目先の利益に惑わされず慎重な判断が求められることろです。

⑤ エリアフランチャイズの導入状況

フランチャイズは米国で誕生し発展しました。その後、フランチャイズというチェーン化の手法が日本に導入され、多くの企業がこの手法を使って多店化を成し遂げています。エリアフランチャイズについても同様で、米国で考案されたエリアフランチャイズという仕組みが日本の企業によって取り入れられたものと考えられます。では、日本にいつ頃エリアフランチャイズが導入されたかですが、残念ながらこれを示す資料も文献もないというのが実態です。

その中で、『フランチャイズ契約裁判例の理論分析』（金井高志弁護士著・2005年判例タイムズ社刊）によれば、「小僧寿し事件Ⅲ」最高裁判決（平成9年3月11日）に次のような判決文が引用されています。その内容は、「株式会社サニーフーズYは、昭和47年5月に設立され、持ち帰り方式によるすしの

製造販売という業態を確立しフランチャイズ・システムによって持ち帰り品としてのすしの製造販売を行い本部として加盟店に対し持ち帰り寿しの製造販売方法、経営指導のノウハウを与え、継続的指導を行うと共に持ち帰り寿しの材料の供給を行うなどしている訴外株式会社小僧寿し本部（Yの本部）との間でフランチャイズ契約を締結し、その加盟店となると共に、自らも四国地域におけるエリア本部として加盟店との間でフランチャイズ契約を締結していた。（以下略）」というものです。

　また、同判決の中では「遅くとも昭和53年には、本件商品の製造販売業者として著名となっており」とあるので、その時点で日本にエリアフランチャイズが存在したものと考えられます。昭和60年代に入ると、ファミリーマート、サークルK、サンクスなどのコンビニチェーンが次々とエリアフランチャイズを導入してエリア本部が誕生しています。

　さて、日本でエリアフランチャイズを導入しているチェーンがどのくらいあるのかですが、これについても資料も文献もないというのが現状です。私どもフランチャイズ研究会が2011年3月に公開した「エリアフランチャイズ制度に関する調査報告書」では、Web上の検索から71社のエリア本部の存在を確認しています。以来、約10年の歳月が流れましたが、新たにエリアフランチャイズ・システムを導入したチェーンがある一方、同システムを廃止したというチェーンも見られます。エリア本部の総数には大きな変化はないものと推察されます。

❻ グローバル展開

① 活発化する日本企業による海外展開

①日本フランチャイズチェーン協会の調査

　一般社団法人日本フランチャイズチェーン協会（JFA）がその会員向けに発刊する会報誌「Franchise Age」2019年11月号に、JFAの会員に対する海外展開状況に関するアンケート結果が掲載されています。それによると、JFA会員（正会員102社、準会員14社、合計116社）に対するアンケート調査では、海外展開を行っている会員の数は前年の調査に加えて6社増加し、ますますグローバル化が進んでいることがわかります。

図表3-26　海外展開状況について

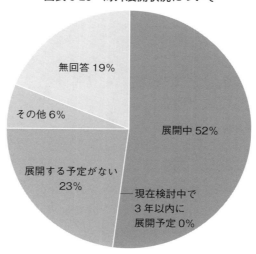

②業種別海外展開動向

　海外展開をしている65社を業種別に見ると、全体の62%（34社）を外食業と外食＆サービス業（外食業とサービス業の複合業態）が占めています。これは、2013年12月に和食がユネスコ無形文化遺産に登録されたこともあり、世

界各地で和食に対する評価の高まりが背景にあるのでしょう。あるいは、新型コロナの感染拡大以前には年間 3,000 万人を超える訪日外国人客がいたことから、彼らが自国でその素晴らしさを伝承したのかもしれません。事実、海外では、日本人のシェフがいる店とそうではない店では客の入りが違うともいわれています。こうした状況は外食業フランチャイズにとってチャンスであるともいえます。今後も外食業がけん引する形で、海外展開が進むものと推測されます。

図表 3-27　既展開企業の業種別内訳

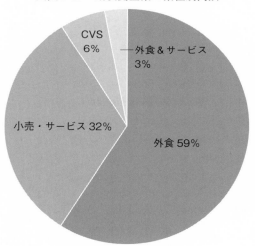

③外食業の海外進出割合

　前述の「Franchise Age」2019 年 11 月号の JFA 会員（正会員 102 社、準会員 14 社）に対するアンケート調査によると、外食業（外食＆サービス業を含む）に該当するのは 46 社ですが、この 46 社の中には海外の本部とマスターフランチャイズ契約を交わし、日本国内でのみ事業展開ができると考えられる企業が 4 社あります。具体的には、タリーズコーヒーを展開するタリーズ珈琲ジャパン株式会社、ケンタッキーフライドチキンを展開する日本 KFC ホールディングス株式会社、マクドナルドを展開する日本マクドナルド株式会社、サーティワンアイスクリームを展開する B-R サーティワンアイスクリーム株

式会社です。これらは、そもそも海外展開を行う権利を持っていないわけで除外して考える必要があるでしょう。このように考えると、海外展開を行うことができる外食業（外食＆サービス業を含む）のJFA会員42社のうち、34社が海外展開を行っていることになります。率に直すと80％を超える割合です。一口に外食業といっても日本国内以外での展開が難しい業態もあることから、外食業（外食＆サービス業を含む）のJFA会員は、ほぼ海外展開に着手済みと考えていいかもしれません。

　ただし、JFAの会員になるためには一定の要件があり、入会のハードルは低くありません。JFA会員の中には株式を上場している企業も多く、いわゆる大企業といわれる規模の企業が数多くあります。こうした企業は経営資源も豊富であることからいち早く海外進出に着手することができましたが、一般的な中小のフランチャイズチェーンはまだまだその段階にはありません。中小のフランチャイズチェーンの海外展開はこれから本格化すると考えてよいでしょう。

② 国内経済の停滞と成長する海外市場

①停滞感が漂う国内市場

　厚生労働省が公表する人口動態調査によれば、2020年の日本国内の人口は53万1,920人減少し、減少幅は前年より1万6,066人増加しました。これで、14年連続で日本の人口が減少したことになります。また、一人の女性が一生の間に生む子供の数を示す合計特殊出生率は1.34で、横ばい状態が続いています。合計特殊出生率が2を下回ると理論的には人口が減少することにつながりますが、さまざまな政策的支援にもかかわらず日本の合計特殊出生率は一向に上昇する気配がありません。大胆な移民政策でも採用しない限り、日本の人口は今後も減少を続けることは間違いありません。

　人口が減少しても一人ひとりの稼ぎ出す付加価値が増加すれば1人当たりの消費額が増える可能性があるですが、日本の1人当たりのGDPも低迷が続いています。ほんの少し前までは希望の灯とも思えたインバウンド需要は新型コロナウイルスの世界的な流行とともに瞬く間に消滅しました。2022年当初の状況からすれば、元通りに戻るにはまだまだ時間がかかりそうです。

海外旅行に行ったことがある方は、日本の外食店は安くて美味しいということを実感するはずです。しかも、店は衛生的でサービスも良いというおまけ付き。よほどの途上国でない限り、ランチをワンコイン（500円）で食べられることはほとんどありません。では、なぜ、日本の外食店は安くて品質の高い商品を提供するのでしょうか。日本の外食業の経営者がボランティア精神にあふれていて、薄利に満足しているからではありません。

日本の外食業の特徴の一つは過小過多、つまり生産性が低い規模の小さな店がひしめき合っていることなのです。東京の人口当たりのレストラン数（和食や中華等も含む）は、観光客であふれるパリやミラノを抑えて堂々の世界第1位なのです（福岡市調べ：福岡市は第4位）。言い方を換えると、日本の外食店は外食店同士の厳しい競争にさらされているのです。日本国内の事業者にとって日本はますます商売がやりにくい国になってしまいました。

②海外は魅力にあふれている

海外を見渡すと、美味しい食事や質の高いサービスに対しては一定の金額を支払うのは当たり前という文化が根付いています。決して、牛丼1杯350円というような不毛な価格競争を仕掛けようと考える人はいないのです。

こうしたことは外食業に限ったことではなく、サービス業や小売業でも同様の傾向にあります。東京の美容室でのカット料金は海外の主要都市に比べてかなり安く、それでいて美容師の技術レベルは海外の美容師のそれと比較して高いといわれています。百貨店やスーパー、コンビニでも粗利を取りやすいのは海外店舗なのです。

最近は、中間層という言葉をよく耳にするようになりました。中間層とは、経済産業省「通商白書」の定義によれば、家計当たりの年間可処分所得が5,000ドル超（約56万円超）35,000ドル以下（約400万円以下）の層を指します。独立行政法人日本貿易振興機構（JETRO）の資料によれば、アジア諸国（中国、香港、台湾、インド、インドネシア、タイ、ベトナム、シンガポール、マレーシア、フィリピン）における中間層は、2000年の2.2億人から2010年には9.4億人に拡大し、2020年には20億人に拡大したと推測されています。中間層の増加は、消費拡大をけん引し、外食やし好品、レジャーなどへの支出を拡大させます。つまり、海外に目を転じれば、日本の事業者にとって大きな

ビジネスチャンスが転がっているのです。

　日本の経営者は、多額の投資が必要なうえに失敗リスクも高いことから海外展開にしり込みをしている方も多いようです。しかし、フランチャイズの仕組みを活用することによる海外展開であれば、まとまった金額の投資が不要な海外展開が可能です。和食をはじめとする日本の外食店は海外から高い評価を受けています。おもてなしの精神に富んだサービス業やきめ細かい売場づくりが得意な小売業でも同様です。海外市場にチャレンジする価値は十分にあるのです。

③ 海外フランチャイズ展開の類型

　日本の事業者が海外に進出する際の方法はいくつか存在します。具体的には下表のとおりです。

図表 3-28　海外展開の進出形態

パターン	進出形態
①	海外に直営店
②	海外にフランチャイズ店
③-1	マスターフランチャイズ契約（資本関係のないパートナー企業と契約）
③-2	マスターフランチャイズ契約（現地本部と合弁会社設立）
③-3	マスターフランチャイズ契約（日本本部が100％子会社設立）

①海外に直営店

　海外に、日本本部の資金で直営店を出店するという方法です。外部の資本が入らないため、日本法人の出先機関あるいは海外支店のような位置づけとなります。日本本部の方針を反映しやすいという利点がある反面、現地市場に精通していないため物件確保、許認可、内外装工事、従業員の雇用等などで難しい面があるでしょう。

②海外にフランチャイズ店（ダイレクトフランチャイズ）

　ダイレクトフランチャイズとは、日本の事業者が進出国の加盟店と1ユニットのフランチャイズ契約を交わし現地に出店させる方法です。日本で繁盛店を経営するオーナーは、外国人からこうした申し出を受けたことがある方はたくさんいると思います。日本の事業者にとっては魅力的に映るかもしれません

図表3-29　海外進出形態の3つのパターン

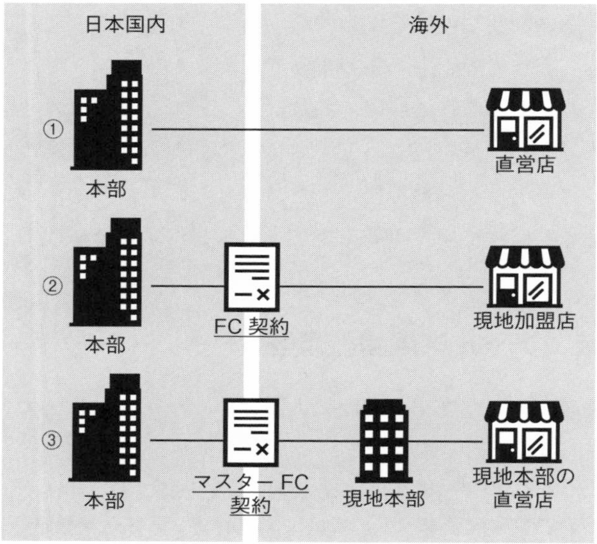

図表3-30　海外進出形態別の特徴

海外進出形態	契約形態	投資コスト・金銭負担リスク	現地の事情精通度	ブランド・クオリティ管理	現地の会社法の取り扱い	現地でのトラブル・裁判対応
① 海外に直営店	特になし	あり	低い	日本の本部が自ら行う	支店的な取扱いとなる	日本の本部が対応
② 海外にFC店	日本の本部と海外事業者がFC契約	なし	高い	日本の本部が行う	現地企業の状況による	現地企業が対応
③-1 パートナー企業を現地本部	マスターFC契約	なし	高い	パートナー企業に委ねる	現地企業の状況による	現地企業が対応
③-2 合弁会社による現地本部	マスターFC契約	あり	高い	日本の本部の意思を反映しやすい	現地法人となる	現地本部が対応
③-3 100%子会社による現地本部	マスターFC契約	あり	低い	日本の本部が自ら行うのに等しい	現地法人となる	現地本部が対応

が、実際はそう簡単なものではありません。商材の調達、内外装の設計・施工、厨房設計、店舗オペレーションの指導などに手間と金がかかります。1ユニット契約の場合ですが、高額な加盟金やライセンスフィーを手にすることは難しいので、最終的にはほとんど利益が残らず、ノウハウだけを持っていかれたということになりかねません。この展開形態は要注意と考えるべきでしょう。

③現地企業とマスターフランチャイズ契約

マスターフランチャイズとは、進出国での事業を統括する現地本部をつくり、日本の本部は、現地本部とマスターフランチャイズ契約を締結します。これにより、進出国での店舗展開、ブランドやオペレーションのコントロールなどは、現地本部が行います。この現地本部については、次の3パターンがあります。

- 現地パートナー企業にマスターフランチャイズ権を付与するパターン
- 現地パートナー企業と立ち上げた合弁会社にマスターフランチャイズ権を付与するパターン
- 日本の本部が立ち上げた100％現地子会社にマスターフランチャイズ権を付与するパターン

図表3-31　現地パートナー企業とマスターFC契約

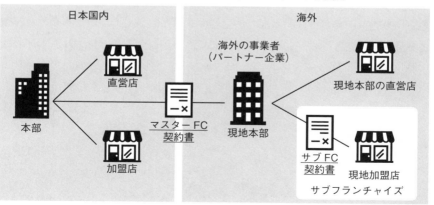

　ここでいうマスターフランチャイズ権とは、日本の本部が進出国でマスターフランチャイズ契約を交わした事業者に対して現地本部として加盟希望者を募りフランチャイズ展開する権利（サブフランチャイズ）を付与することを意味します。マスターフランチャイズ権には現地本部が自らの直営店出店の権利も併せて付与するのが一般的です。ただし、現地本部の判断で現地本部による直営店舗の出店だけを行い、サブフランチャイズを行わない場合もあります。また、現地企業に複数の直営店の展開する権利のみを付与する場合もありますが、これはマスターフランチャイズ契約とは分けて考えたほうがよいでしょう。

　なお、日本の本部が立ち上げた100%現地子会社の場合は、マスターフランチャイズ権の付与は必要ないのではないか、という考えもあるかもしれません。しかしながら、このケースであっても、マスターフランチャイズ契約は交わすべきです。その理由は、海外の主要国では「本部」として政府機関への届出が必要であり、現地法人が届出をする際、資本関係だけでなくフランチャイザーとフランチャイジーの関係を示す資料としてマスターフランチャイズ契約書は必要になるからです。

④ アジア諸国の法制度

　日本にはフランチャイズ・ビジネスを包括的に規制する法律はありません。ただ、中小小売商業振興法は、小売業と飲食業のフランチャイズチェーンを対象に本部企業の概要と契約の主要部分について事前開示を義務づけています。他方、公正取引委員会は、本部と加盟者の取引において、どのような行為が独占禁止法上問題となるかについて具体的に明らかにすることにより、本部の独占禁止法違反行為の未然防止とその適切な事業活動の展開に役立てるために、「フランチャイズ・システムに関する独占禁止法上の考え方について」を策定・公表しています。

　これに対して、海外諸国の対応はまちまちです。最近の傾向としては、本部に対して事前の情報開示を求めるだけでなく、フランチャイズ・ビジネスを行う主体に何らかの要件を課すことや、本部と加盟店間の契約内容に一定の制限を加えるなど、さまざまな法整備が行われています。各国ともにその国の事情

に応じた取組みがなされており、本部は、進出先の国ごとに法制度の綿密な調査が必要になってきています。

　以下に、国内の本部が数多く進出している中国、韓国、米国、台湾の4か国について簡単に説明します。

①中国

　「商業特許経営管理条例」を中心に、これに基づき「商業特許経営登録管理弁法」および「商業特許経営情報公開管理弁法」が定められています。

　本部の要件としては、法人企業であること、直営店舗2店舗以上を1年間以上経営することなどがあります。ただし、外国の本部については、直営店の経営は中国国内である必要はなく、海外で2店舗以上の直営店を1年以上にわたって経営していれば条件を充たすことになります。また、中国でフランチャイズ・ビジネスを行うためには、商務部に本部として登録をすることが必要になります。そのほか、契約締結後の一定期間におけるクーリングオフが制度化されていることも大きな特徴です。

②韓国

　「加盟事業取引適正化法」に基づき、本部の情報開示書面の登録、加盟金の預託義務、加盟金の返還規定、営業地域侵害の禁止規定など、他の国にはない独自の規制があります。

　加盟金の預託義務とは、加盟店が本部に支払った加盟金は当局が指定する金融機関に預託され、加盟金が本部に対して支払われるのは契約締結から2か月間を経過した場合または実際に加盟店の店舗がオープンした後となる制度です。加盟金の返還規定とは、本部が適正に情報公開書などの文書を提示しなかった場合および虚偽のまたは誇張された情報提供などがあった場合、加盟店は本部に対して加盟金の返還を求めることができることを規定しています。営業地域侵害の禁止規定とは、加盟店を保護するため、テリトリー権の保証に相当するような規定です。

　また、加盟店の保護を目的に国家資格である加盟取引士制度があり、加盟取引士が本部と加盟店のトラブルの解決を担います。

③米国

　米国のフランチャイズ・ビジネスに関する法律は、連邦法と州法の2種類が

あります。連邦法は連邦取引委員会が規定し、全米50州のすべてに適用されます。連邦取引委員会の規定をそのまま採用している州もありますが、いくつかの州では連邦取引委員会の規定より厳しい内容を盛り込んだ州法を制定しています。市場規模が大きく、多数の企業が集中しているニューヨーク州、カリフォルニア州、イリノイ州などの15の州ではより厳しいルールを設けています。

　全米に共通する連邦取引委員会の規定では、以下の2点がポイントなります。

a．Franchise Disclosure Document

　日本の法定開示書面に該当するもので、連邦レベルでフランチャイズ・ビジネスを管轄する連邦取引委員会が定めた23項目についてフランチャイズ契約締結の14日前までに交付することが義務づけられています。

b．契約書の事前交付

　本部は加盟店に対してフランチャイズ契約締結の7日前までに加盟店候補者に交付しなければならないとしています。

　米国では、法律の制定は州（State）に委ねられているため、フランチャイズ法がある州とない州があります。州法を制定しているのが全50州のうち15州（カリフォルニア、ニューヨーク、ハワイ他）となっています。州法でフランチャイズ本部の登録を義務づけられた州は全50州のうち14州（カリフォルニア、ニューヨーク、ハワイ他）となっています。

④台湾

　台湾は、日本と同様に、フランチャイズ・ビジネスを包括的に規制する法律はなく、台湾の公正取引委員会は、フランチャイズ分野に対する公正取引法の適用に関するガイドラインを制定しています。その内容は大きく分けて2つあり、1つ目は契約締結前の事前情報開示で、2つ目は競争制限的な行為を禁止していることです。具体的には、公正競争阻害行為の禁止、優越的地位の濫用の禁止、差別的取扱いの禁止、不当な制限の禁止、抱き合わせ販売の禁止、取引先制限の禁止、購入量強制の禁止などが定められています。

⑤ 海外展開の準備

　海外展開で成功を収めることは簡単なことではありません。多額の資金を投じて海外展開をする場合はもとより、海外の加盟店とフランチャイズ契約（マスターフランチャイズ契約）を交わす場合も同じです。後者の場合は、日本の本部に大きな費用負担（逆にもらうだけという場合が多い）はありません。ですが、安易な海外展開は「骨折り損のくたびれ儲け」になるだけでなく、「結局、ノウハウだけを盗まれた」という最悪の事態にもなりかねません。海外展開を成功させるためには、少なくとも以下の準備と確認は必要になるでしょう。

①十分な経営資源を有しているか

　自社の経営資源の分析は必ず行ってください。直営店舗を切り盛りするだけで手いっぱいということであれば、海外展開は断念すべきです。まずは「ヒト」です。海外展開に携わる人材は用意する必要があります。少なくとも、一定以上の英語能力を持っている人材を保有していることは必須です。また、外国人の研修を受け入れることができる研修センター、直営店舗などの「モノ」、事業を成功させるための「ノウハウ」がしっかり確立されていること、海外展開に必要となる「カネ」が確保できているかを確認してください。

②現地の市場・法規制に関する調査

　日本国内での情報収集から始めます。JETROなどの外部機関を活用することでさまざまな援助を受けることも可能です。次いで、必ず現地に出向き実地調査をします。現地では、日本国内で収集した情報が正しい情報であるかどうかを確認する必要があります。特に、日本で展開している業態が現地で受け入れられるのか、どの部分を現地仕様にカスタマイズする必要があるかを肌感覚に調査する必要があります。外食業であれば、進出現地で現地人を対象とした試食会を開催することは、事前の広告宣伝活動といった意味からも有効です。

③商標登録

　フランチャイズ・ビジネスにおいて商標は必要不可欠な存在です。フランチャイズ展開を進めるにあたって自社の商標について事前に商標権出願の手続きを行うことが必要になります。特に海外展開を行う場合、進出先の国におけ

る商標権の出願手続きは必須といっても過言ではありません。万が一、進出国において第三者がすでに商標登録をしている場合、当該国に進出することで商標権者から損害賠償請求を提起されるリスクがあります。仮に商標権者から商標使用の同意を得られない場合、当該進出国では商標を変更する必要があり、最悪の場合、進出を断念せざるを得なくなる場合もあります。

　進出予定国における商標権確保は、フランチャイズの海外展開における第一歩といってもよいでしょう。外国で商標権を保持するためには、その国の所管官庁に個別に商標登録の申請をする方法と、マドリッド協定（Madrid Protocol）加盟国を対象に自国の商標管理官庁を通じて一斉に国際商標登録を行う方法があります。進出国での商標登録は、必ずしも現地に出向く必要はなく、日本国内の有力弁理士事務所に依頼すれば、進出国での商標登録が可能です。

　なお、商標権の保護と並行して、進出先国でロゴ等の著作権登記・登録をすることも検討にすべきでしょう。商標権侵害を主張できない場合でも、著作権を根拠に侵害者に対して何らかの請求が可能となる場面が考えられます。

④事業計画の策定

　現地調査して得られた情報をもとに、事業計画案（詳細計画）を作成してください。事業計画の作成方法に決まりがあるわけではありませんが、楽観シナリオ、ニュートラル、悲観シナリオの３つのパターーンの事業計画案を作成すると経営判断がしやすくなるでしょう。

　計画の項目としては、店舗数、顧客数、売上高、売上原価、従業員数、人件費、経費、営業利益、キャッシュフローになるでしょう。

⑤フランチャイズ契約書の用意

　フランチャイズは契約ビジネスですので、フランチャイズ契約書を用意することは何より大切です。海外向けのフランチャイズ契約書の作成は専門的な知識が必要であることから、信頼できる専門家に依頼して作成してください。もちろん、進出国の法律に準拠していることが必要になります。

⑥ 海外展開を成功させるポイント

①パートナー選び

ａ．パートナー企業の経営資源

　海外展開が成功するか失敗するか、その大きな鍵となるのが、現地パートナー候補の選定です。選定する現地パートナーは、現地の事情に明るく、物件情報収集能力や流通チャネルなどを有しているかどうかを確認してください。事業の成否が出店する店舗の立地によって左右されることから、有力な現地パートナーと組めなければ必然的に失敗リスクが高まります。また、海外事業は利益が出るまでに長い期間を要することが多いため、当面の赤字に耐えられる安定した財務体質であることも重要でしょう。

ｂ．コミュニケーション能力

　次いで、パートナー企業と十分に意思疎通できるかどうかも重要なポイントとなります。フランチャイズ・ビジネスは、国内と同様に、理念共有ビジネスです。理念を共有するためには、パートナーとじっくり話し合い、本部の経営理念を理解させなければなりません。パートナー企業内に日本語が堪能な社員がいればよいですが、これはなかなか難しい条件です。少なくとも英語でコミュニケーションが取れることが必要です。

②役割分担の明確化

　現地パートナーとの役割分担を明確にしておくことも必要です。パートナーに任せっきりにすることは避けなければなりません。任せっぱなしにすると、パートナー企業の都合が優先されることになる可能性が高いでしょう。勝手に使用する食材を変更したり、無断で新メニューに変更したりするだけでなく、日本人スタッフが帰国すると全く別業態に仕立てられるという例まであります。こうしたケースでは、パートナー企業に問題があることは事実ですが、任せっぱなしにした日本企業にも責任の一端があるといえるでしょう。フランチャイズ契約書の中でお互いの役割を明確化しておき、パートナーがやっていくこと、本部の承諾があればできること、やってはいけないことを明示しておくとよいでしょう。

③関与の仕組み

　日本国内とは違い、スーパーバイザー（SV）が定期的に進出先国の店舗を訪問することは難しいでしょう。とはいえ、任せっきりにすることは絶対に避けるべきです。SV が定期的に訪問することの代替案として、現地にアライアンス先を用意して定期的に報告をあげてもらう仕組みを用意するとよいでしょう。たとえば、食材の供給先である日系の企業は有力な候補となります。そのほかにも、現地の日系企業なら協力してくれる可能性はあるでしょう。パートナーも日本本部が目を光らせていることを理解すれば、契約を順守してくれる可能性が高まります。

④ローカライズの考え方と重要性

ａ．ローカライズの重要性

　海外進出において成功のカギを握るのは現地化（ローカライズ）です。いかに現地に合わせてメニューやサービスを開発・提供できるかが勝負の分かれ目となります。外食業では、現地の食文化、顧客の嗜好、ニーズを綿密に調べ上げ、そこに合わせていく必要があります。日本で大成功しているチェーンであっても、日本国内の業態をそのまま海外で展開しても決してうまくいかないということを肝に銘じておくことが必要です。1971 年に日本に初めてマクドナルドが銀座三越横に日本国内１号店を出店しました。当時は、今と違ってハンバーガーは日本人にとってなじみの薄い商品であったことから、米国の本部はハンバーガーが日本人に受け入れられるかどうかに自信を持てなかったのでしょう。そのため、今では信じられないことなのですが、当時の商品メニューにカレーライス（ビーフ、チキン）やマックチャオと呼ばれるチャーハンが加えられていました。間もなく、こうした心配が杞憂であったことが判明し、これらのメニューは姿を消しました。

ｂ．味千拉麺はラーメンレストラン

　海外展開においてのローカライズに成功した例として代表的なチェーンが「味千拉麺」です。味千拉麺は日本国内において 77 店舗を出店しているものの、九州以外の地域ではあまり店を見かけることはありません。しかし、海外では、中国 677 店舗、その他の国で 62 店舗の合計 739 店舗（2021 年 10 月現在）を展開しています。海外では、味千拉麺を日本ブランドではなく、中国ブ

ランドだと思っている方が圧倒的に多いようです。味千拉麺は、「ラーメンの味を変えないこと」を海外展開の条件としていますが、業態としては全く別物に姿を変えています。味千拉麺は、日本国内では、熊本発の豚骨味のラーメン屋というイメージでとらえられています。ところが、海外では全く違う業態に生まれ変わっているのです。海外の味千拉麺は、さまざまなメニューを扱うラーメンレストラン的業態として現地人の人気を博しています。言うまでもなく、店舗の内外装はレストランに相応しいものとなっています。海外で味千拉麺を見かけた日本人は、「これが味千拉麺か」と驚くに違いありません。

ｃ．モスバーガーは柔軟なローカライズを実現

　日本発祥のハンバーガーチェーンのモスバーガーも海外で成功を収めています。現在、進出国は台湾、シンガポール、香港、タイ、インドネシア、中国、オーストラリア、韓国、フィリピンの９か国、合計421店舗（2021年10月現在）を展開しています。海外のモスバーガーの店舗構造やメニューには驚かされます。

　オーストラリアの店舗には畳敷きの小上がり席があり、現地の客は靴を脱いで小上がり席を利用します。店内は日本を想い起こさせる仕掛けが施されていて、客はモスバーガーの店舗で日本を体感することができます。メニューもユニークで、ハンバーガーの商品名に「The Wasabi」、「Tokyo Wagyu」など、サイドメニューには「Ichimi Chips」、「Nori Chips」など日本語が商品名となっています。韓国では、「さつまいもチーズボール」、「さつまいもフライ」などサイドメニューに特徴があり、焼肉店の牛カルビを思い起こさせる分厚いベーコン入りバーガーが人気です。香港では、朝食を外で食べる習慣が根付いているため、朝メニューが日本の店舗と比較にならないほど充実しています。台湾では、日本人には到底想像できない「お好み焼きライスバーガー」、「うなぎライスバーガー」が注目を集めているようです。イスラム教国のインドネシアでは、ハラルメニューが充実しているほかサイドメニューにエビフライがあることに驚かされます。

　このように、日本の業態をどのように現地仕様にするかが成功の分かれ目になります。そのためには、日本文化を効果的に演出するとともに現地人にとって魅力的なメニューづくりは欠かせないのです。ただし、ここで重要なのは、

現地仕様に変更してよいところと日本仕様を何がなんでも貫くコア部分を明確
化しておき、この原則を現地パートナーに対してしっかり理解させておくこと
でしょう。コア部分の修正を求められた場合は断固として拒否する頑固さが必
要でしょう。

第 **4** 章

ケーススタディ

❶ 店舗標準化のポイント

東京で店舗の内装工事を行っています。事業多角化の試みで、自社所有の店舗物件を活用してラーメン店を開業したところ、まずまずの繁盛店になりました。まだ1店舗だけですが、本業の内装工事にも相乗効果があるのでフランチャイズ展開を検討していますが、これからどのように進めるとよいでしょうか?

【解説】

　本ケースのように、1店舗しか展開していない状況ではフランチャイズ展開に不可欠な「成功のノウハウ」があるとはいえません。フランチャイズ・ビジネスは、「成功するノウハウ」を有している事業者がノウハウを含んだフランチャイズパッケージを開発し、加盟者から加盟金やロイヤルティと引き換えにノウハウを開示していくものです。したがって、「成功するノウハウ」を確固たるものにすることが求められます。「成功するノウハウ」として認められるには、以下にあげる条件が必要になります。

①事業の将来性が明るく、一定の市場規模があること
②事業を差別化でき、競合店が出てきても揺るがない独自性があること
③一過性の流行ではなく、永続できるビジネスであること
④店舗オペレーションを標準化できて他事業者に指導できること

　外部事業者にフランチャイジーとして店舗運営を任せて指導していくのですから、高確率で成功できる「成功のノウハウ」を確立させる必要があります。そのためには、直営店として「3店舗、2年間」程度の実績を積みながら、普遍的に通用する成功へのプロセスを確定させる必要があります。店舗運営のオペレーションを店舗ごとにバラバラではなく標準化し、安定した収益を出せるようにしたうえでフランチャイズ展開を考えたほうがよいでしょう。

　違うタイプの立地で店舗を運営し、加盟者にとってベストの選択ができるように本部自身が経験を積むことが望まれる姿ですが、当面は成功している直営

店の立地パターンだけに出店し、次いで違う立地パターンに直営店を出店して検証していく方向性が現実的な対応です。

　その際、黒字化できるかどうかを検証するのと並行して、「プロトタイプ店舗」化に取り組んでいきます。特定の場所や特定の店長に依存しない標準的な店舗を構築することが、多店舗展開する際に標準となるプロトタイプ店舗になります。標準化していくのは、店舗デザインなどの店づくり、扱う商品、店舗オープン手順、接客する従業員の教育などになります。

●**店づくり（基本レイアウト（面積）、店内装飾・演出、店舗外装や看板）**
　　レイアウトや面積を決めることで、店舗内の設計が決まり、初期投資する際に何が必要か明確になります。そのうえで装飾や看板などを統一し、店舗デザインを固めましょう。

●**商品（商品構成・見せ方、サービス方法、品質（衛生）管理）**
　　商品には販売する商品だけでなく、飲食メニューやサービス内容などが含まれます。どのような構成にして、どのように提供するのかを決めておきます。特に飲食の場合は料理の味を一定にするためのレシピ、調理方法などを指導できるようストックしていきましょう。

●**店舗オープン手順（物件を見つけてから実際に店舗をオープンするまでのタスク標準化）**
　　物件の契約から実際に店舗をオープンするまでにやらなくてはならない業務の洗い出しを行い、いつ、誰が、何を行っていくのかをガントチャートでまとめると、いつまでに何をしないと店舗をオープンできないのか指導の漏れがなくなります。

●**従業員（接客、スタッフ数、商品説明などの教育）**
　　店舗での接客方法、時間ごとに必要な人員数の算出、商品説明を統一できるようノウハウを蓄積しましょう。

　フランチャイズに加盟する側にとっては、新しい事業を始めて店舗のオープンに至るまでは初めての経験になりますので、全体像を示しながら指導することが本部への信頼獲得につながります。そのためにも、本部が数多くの経験を積んで業務の標準化を図ることが重要であり、1店舗だけではなく、「3店舗、2年間」は運営して経験を積んでください。

❷ IT ツールの運用と管理

当社はリラクゼーションサロンを複数店経営しており、フランチャイズ化による店舗拡大を計画しています。現在は店舗ホームページのほか、各店舗によるソーシャルメディアでの集客を積極的に行っています。今後 FC店を増やすにあたり、このまま店舗からの発信を容認してよいかどうか迷っています。また、スマートフォンアプリでの予約・決済の構築で利便性向上を図ろうとしています。このような、SNS やアプリなどの IT ツールを本部で管理・運用するにあたり、注意する点を教えてください。

【解説】

a．ホームページ・SNS の運用

　チェーン全体のブランドイメージを形成するためには、対外的なコミュニケーションの窓口を一本化し、メッセージに一貫性をもたせることが原則です。その意味で、店舗のホームページや SNS の活用についても、本部側でコントロールする必要があります。

　ホームページや SNS は手軽な情報発信の手段として欠かせないものとなっており、うまく活用することができれば強力な集客ツールになりますが、誤った情報を発信してトラブルになったり、不用意な発言が「炎上」したりするリスクもあることから、運用には細心の注意を払うことが必要です。また、FC店が増えチェーンが拡大するにつれ、全体の統制を取ることが難しくなりますので、FC 展開を開始する前に適切なルールを定めておく必要があります。

　情報発信を本部で一元管理するメリットは、内容を本部がコントロールし、常に一貫したメッセージを発信できることです。その結果、チェーン全体のブランドイメージの向上を図ることができます。一方、デメリットとしては、運用コストを本部が負担しなければならないことや、個々の店舗の状況に応じた対応ができなくなることがあげられます。また、本部側の運用レベルが低いために十分な集客ができないといった事態になると、チェーン全体の売上低下や加盟者の不満につながります。

　本部に十分なリソースがなく一元管理が困難な場合は一定の条件のもとで各店舗の裁量に任せることになりますが、チェーン全体のブランドに関わる部分は厳密なルールを設けることが必要です。そのうえで、店舗独自の情報については個別に判断していくことになります。

　本ケースでは、現在店舗ホームページのほか、各店舗によるソーシャルメディアでの集客を積極的に行っているとのことですので、これまでの集客ノウハウを集約し、本部側で担当する部分と、FC 店向けに標準化する部分に分けてマニュアル化するようにしてください。また、FC 店・本部スタッフともに、SNS に潜むリスクの理解やコンプライアンス遵守について日頃より研修等で注意を呼びかけることも大切です。

ｂ．キャッシュレス決済の導入・管理

　現在のキャッシュレス決済サービスは非常に多様化しており、レジ会計との連動など金銭の全体的な流れを見た設計が必要です。そのため、キャッシュレス決済機器は FC チェーンの「情報システム」設備の一つととらえて、加盟者への説明や取扱い方法のマニュアル化を整備することが重要です。

　キャッシュレス決済は顧客利便性の向上に寄与しますが、導入に際し設備投資が発生する場合が多く、本部は、投資と運用の費用負担を決定する必要があります。具体的には、システム投資は本部が行うのか加盟者が負担するのか、端末等は貸与か販売か、メンテナンス料・手数料など機器運用で発生する費用の負担割合をどのように決定するかなどがあり、本部・加盟者双方の収支構造の変化をふまえて検討します。

　さらに、FC 店でのキャッシュレス決済やポイント利用によって、加盟者から本部への売上金の送金方法は変化します。加盟者が受け取るべき代金を本部が一括してクレジット会社などから受け取る場合、加盟者への債務が発生します。また、売上計上と現金収入の時期にずれが生じるため、加盟者の資金計画、他の債権債務との相殺処理、会計帳票など検討が必要です。

　以上のように、IT 周りのサービスは、変化が激しく運用変更が頻繁に起こることが想定されます。契約書や法定開示書面に詳細を記載すると管理が煩雑になるため、別途リストで提示し改廃があることを説明するとよいでしょう。

❸ jSTAT MAP による商圏分析

当社は関東地方でリラクゼーションサロンを経営しており、今後、FCシステムを活用したチェーンの拡大を計画しています。現在十数店の店舗があるため、これらのデータをもとに立地基準を整備したいと考えていますが、既存店の商圏分析に「jSTAT MAP」を使った場合、どんな分析ができるのでしょうか。

【解説】

jSTAT MAP は総務省統計局が無料で提供している地理情報システム（GIS：Geographic Information System）です。国勢調査や経済センサスなどの政府統計データを地図上に表示することができ、情報を視覚的に把握するのに役立ちます。店舗系チェーン・ビジネスの分野では、商圏分析や立地診断などに応用することができます。Web ブラウザ上で動作しますので、インターネットに接続されたパソコンがあれば誰でも無料で使用することができます。

jSTAT MAP を起動するには、政府統計ポータルサイト「e-Stat」（https://www.e-stat.go.jp/）のトップページで［地図（統計 GIS）］をクリックし、次の画面で［＞地図で見る統計（jSTAT MAP）］をクリックします。

第3章の図表 3-15 のような立地基準表を作成する場合、立地評価項目のうち、人口総数、ターゲット人口、女性人口、65歳以上人口、世帯数、単身世帯数、事業所数、従業者数などについては、国勢調査や経済センサスのデータをもとに集計することが可能です。

基本的な手順は以下のとおりです。

①jSTAT MAP を起動して［リッチレポート］を選択。
②エリアを指定。エリアは距離または到達時間で指定することが可能。
③店舗の位置を指定。地図上でクリックするか、住所データを読み込む。
④レポート作成ボタンをクリック。
⑤集計が終了したら、エクセルのデータをダウンロード。

　すべての店舗についてリッチレポートを作成し、立地基準表に必要なデータを整理して基本統計値を計算することで、今後の出店候補地を評価する際の基準値の設定に役立てることができます。

　詳しくは、『jSTAT MAP 徹底活用　立地診断ガイドブック』（フランチャイズ研究会編）をご参照ください。

調査地点　東京都狛江市東和泉1丁目　エリア範囲　1次：徒歩10分

データ名	人口				
	1次エリア	2次エリア	3次エリア	狛江市	東京都
人口総数	9,643			80,249	13,515,271
男人口	4,590			39,206	6,666,690
女人口	5,053			41,043	6,848,581
75歳以上	861			9,556	1,437,599
70～74	450			4,409	713,342
65～69	562			5,019	654,575
60～64	503			4,311	722,755
55～59	516			4,095	725,312
50～54	609			5,217	891,332
45～49	723			6,358	1,048,170
40～44	790			6,351	1,154,214
35～39	787			5,954	1,038,390
30～34	858			5,507	969,877
25～29	773			4,796	863,678
20～24	673			4,701	753,698
15～19	404			3,589	566,729
10～14	237			2,888	493,559
5～9	261			2,781	499,632
0～4	392			3,217	524,939
年少人口（0歳～14歳）	890			8,886	1,518,130
生産年齢人口（15歳～64歳）	6,637			50,879	8,734,155
老年人口（65歳以上）	1,873			18,984	3,005,516
15歳以上就業者数	4,603			36,320	5,858,959
後期高齢者数（75歳以上）	861			9,556	1,437,599

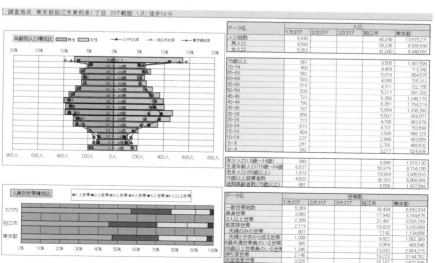

データ名	世帯数				
	1次エリア	2次エリア	3次エリア	狛江市	東京都
一般世帯総数	5,369			39,434	6,690,934
単身世帯	3,060			17,943	3,164,675
2人世帯	2,309			21,491	3,526,259
核家族世帯	2,119			19,828	3,200,889
夫婦のみの世帯	807			7,142	1,134,650
夫婦と子供から成る世帯	1,008			9,822	1,562,369
6歳未満世帯員のいる世帯	365			3,054	499,546
65歳以上世帯員のいる世帯	1,345			13,033	2,064,215
持ち家世帯	2,146			19,223	3,144,762
民営借家世帯	3,026			16,187	2,672,689

❹ アーリーステージの本部による立地診断・売上予測

> フランチャイズ本部を立ち上げたばかりですが、直営店・FC店の両方を
> 合わせても店舗数が少ない状況で、立地の選定基準がなく売上予測もでき
> ません。加盟者にはどのような対応をしたらよいでしょうか。

【解説】

a．中小小売商業振興法施行規則の改正

　令和3（2021）年4月1日に「中小小売商業振興法施行規則」が改正されま
した。この改正では、新たに**「加盟者の店舗のうち、立地条件が類似するもの
の直近の三事業年度の収支に関する事項」**の開示が追加されています（施行は
2022年4月1日から）。新たに開示が義務づけられたものは以下のとおりで
す。

事項	内容
七　加盟者の店舗のうち、周辺の地域の人口、交通量その他の立地条件が類似するものの直近の三事業年度の収支に関する事項	イ　当該特定連鎖化事業を行う者が把握している加盟者の店舗に係る次に掲げる項目に区分して表示した各事業年度における金額（（6）にあっては、項目及び当該項目ごとの金額） （1）売上高 （2）売上原価 （3）商号使用料、経営指導料その他の特定連鎖化事業を行う者が加盟者から定期的に徴収する金銭 （4）人件費 （5）販売費及び一般管理費（（3）及び（4）に掲げるものを除く。） （6）（1）から（5）までに掲げるもののほか、収益又は費用の算定の根拠となる事項 ロ　立地条件が類似すると判断した根拠

　つまり、これまで、フランチャイズ本部が加盟希望者に店舗の売上等を説明
する資料としては、

　　①　**既存店舗の収益の平均値等から作成したモデル収益等**

　　②　**加盟希望者が出店を予定する店舗における予想売上や予想収益**

でしたが、今回の改正により、

　③　**立地条件が類似する加盟店の収支に関する事項**

も開示することとなりました。

現行法	改正法
①（一般的な）モデル収支 ②（個別的な）売上予測	①（一般的な）モデル収支 ②（個別的な）売上予測 ③類似条件既存加盟店の収支

b．フランチャイズ・ガイドラインの改正

　公正取引委員会は令和3年4月28日に、「フランチャイズ・システムに関する独占禁止法上の考え方」（フランチャイズ・ガイドライン）の大幅な改正を行いました。この改正のうち、加盟希望者に対する収益関係の情報の説明を行う場合には、以下の点に注意する必要があります。

> 「モデル収益」が厳密な意味での予想売上等ではないことを加盟希望者に十分理解されるよう対応するとともに、立地条件が類似する加盟店の直近3事業年度の収支に関する事項が予想売上でないことを加盟希望者に十分理解されるよう対応する必要がある。

c．情報を開示する際のポイント

　フランチャイズ本部が加盟希望者に対して類似条件店舗の収支事項を開示する場合のポイントは以下のとおりです。

- 本項目は法定開示書面の本文に記載してもよいし、本文とは別に、別紙として作成することも可能。実運用上は、別紙としたほうが扱いやすい。
- フランチャイズ本部が開示義務を負うのは、あくまでフランチャイズ本部が把握している加盟者の収支に関する情報。把握していない情報については開示する義務を負わない。
- 類似条件既存加盟店の収支に関する事項は、あくまで実在する個別の店舗の収支に関する数値であって平均値や予測値ではない。そのため、立地条件が類似すると判断される店舗が複数存在する場合、本部が定めた任意の基準を用いて複数の店舗を選定して開示することができる。

● 店舗の収支に関する事項は加盟者にとって重要な営業秘密である。フラン
チャイズ本部としては店舗が特定されないように工夫する必要がある。

d．アーリーステージの本部による売上予測について

アーリーステージの本部で、出店数が少ない場合には、これまでのデータの
蓄積が少ないため十分な立地診断や、売上予測ができないことが一般的です。
そのため、新店の立地評価などはフランチャイズ本部の経験則で行うケースが
ほとんどとなります。

また、出店予定地が加盟希望者の近隣であれば、フランチャイズ本部よりも
加盟店のほうが地元の情報に精通しており、より詳しい状況を把握している
ケースもあります。

加盟希望者に対して、立地診断結果などを提示する場合、フランチャイズ本
部としては、

● データの蓄積が少ないこと

● 類似する条件の店舗が無いこと

● フランチャイズ本部所有のデータでは正確な売上予測が困難であること

などの実情を加盟希望者に伝えてください。

また、十分なデータがない場合には、出店候補地と類似の条件の店舗を例示
することは困難なため、なるべく近い条件の直営店の実績や、全店舗の平均値
などの数値を提示します。このような情報は、フランチャイズ本部にとっての
重要な秘密情報に当たりますし、数字は独り歩きしやすいので、決して紙媒体
や電子データなどで渡すことはせず、その場で回収するなり、パソコンなどの
画面で見せる程度とするようにしましょう。

❺ 本部運営代行型フランチャイズ

> 当社は、関東を中心に直営で10店舗を展開する美容院のチェーンです。これからフランチャイズ展開をしていく考えですが、美容院経営は美容師資格者の採用難易度が高いことが加盟店獲得のハードルになることを懸念しています。そこで、本部が加盟店の運営を代行するシステムを導入することを検討中です。どのような点に注意すればよいでしょうか。

【解説】

　フランチャイズ・システムでは、本部から加盟者に対して再現性のある成功の仕組みを提供し、加盟者はその仕組みを用いて自らの責任で事業運営することが原則となります。

　一方、美容院や接骨院などのように、現場で業務に従事するスタッフが何らかの資格等を有している必要があり、かつ有資格者の採用難易度が高い事業の場合、当該事業についての経験やノウハウが不足している加盟者が自ら事業を運営するには負担や事業リスクが大きく、そのことが加盟者獲得の障害となることがあります。

　そこで、このような場合に、加盟者の店舗運営の負担や事業リスクを軽減することを目的に、本部が加盟者に代わって店舗の運営を代行する運営代行型のフランチャイズ・システムが用いられることがあります。

a．本部運営代行型フランチャイズ・システムの仕組み

　本部運営代行型フランチャイズ・システムでは、加盟者が店舗不動産の契約や店舗内外装・設備・什器備品への投資等を実施して店舗の経営主体となる一方、本部は店舗の運営主体となり、店舗で働くスタッフを採用・教育して店舗に派遣するとともに、店舗のマネジメントを行います。本部によっては、売上管理や経理業務等の事務作業を代行することもあります。店舗の経営主体は一般的なフランチャイズ・システムと同様に加盟者となる一方、運営主体は本部となる点が、通常のフランチャイズ・システムとは大きく異なる点といえます。

本部運営代行型フランチャイズ・システムのメリット・デメリットとしては以下があげられます。

【メリット】

長年、フランチャイズ事業を運営してきた経験豊富な本部が店舗運営を担当するため、チェーンの店舗運営品質を維持しやすいメリットがあります。加盟店は、店舗の経営責任を負うことになりますが、人材採用・育成やマネジメントを本部に委ねることとなるため、店舗運営の負担や事業リスクを軽減することが可能です。ただし、加盟者は本部に店舗運営を代行してもらう分、本部に対して代行手数料を支払う必要があり、一般的なフランチャイズ・システムと比べると加盟者の収益性は低下します。

【デメリット】

本部運営代行型フランチャイズ・システムでは、仮に開店後に思ったような収益が上がらなかったとしても、運営主体が本部となることから、加盟者の営業努力による収益改善の余地が、一般的なフランチャイズ・システムと比べて限られることになります。そのため、フランチャイズ事業が成功するかどうかは、本部のノウハウや運営力次第という側面が強くなることになります。この点は、加盟者にとって最大のリスクということができます。

ｂ．本部運営代行型フランチャイズ・システム導入時の留意点

本部運営代行型フランチャイズ・システムの性質上、店舗の収益が赤字となってしまった場合、本部は加盟者から事業運営についての責任を追及されることは避けられません。

そのため、本部は加盟前に、本部運営代行型フランチャイズ・システム特有の事業リスクを加盟者に対して丁寧に説明し、十分に納得してもらったうえで、加盟契約を締結する必要があります。

また、店舗の営業利益が赤字となってしまったときの費用負担やロイヤルティの取り扱いについて疑義が生じぬよう、考え方を明確化してフランチャイズ契約書に明記しておく必要があります。

❻ 業務委託型フランチャイズ

営業を代行してほしいという要望が強いので、本部が営業して仕事を確保し、加盟者に業務委託する形態のフランチャイズチェーンを展開できないか検討しています。加盟希望者への説明や契約の際に注意することを教えてください。

【解説】

　本部が受注した業務を加盟者に委託する業務委託型のフランチャイズは、個人の住宅やオフィスの掃除、水回りの部品の交換や修理、メンテナンスといったジャンルで多く見受けられます。加盟者は、大きな設備や店舗を持つことが不要であり、従業員を雇用する必要もないことから、わずかな資金で開業できます。本部はこのことをセールスポイントにして加盟希望者を募るため、加盟者は個人事業者が中心となります。この場合、加盟者の業務はフリーランスの働き方と変わらないため、加盟者が事業者ではなく、フリーランサーとして判断される可能性があります。このことからフランチャイズ契約の大前提である「事業者同士の契約」に疑義が生じ、事業者と個人の契約行為と見なされる場合があります。こうしたケースでは、加盟者が弱い立場に置かれた個人として扱われることがあるため、本部は注意が必要です。

　過去にハウスクリーニングのフランチャイズで、以下の判例があります。

（前提となる事実）

　「営業活動は一切なし」「事業スタート時から案件は豊富に揃っております」「提携先からの仕事を加盟店へお渡しする」などのインターネット広告、「加盟店自らが営業活動を行う必要がありません」とパンフレットにあるのを見て、加盟店はフランチャイズに加盟した。その後、本部の本社ビルで研修を受けて自宅で開業した。

　その後、本部は「案件ございません。お休みでお願いします」との連絡を続け、案件を紹介しなかったことから、加盟店はフランチャイズ契約

（以下、本契約とする）の解除を求めた。

（裁判所の判断）

本契約は、開業初期費用や固定チャージ等を支払うなど特定負担をともなう、業務のあっせんに係る取引であり、「業務提供誘引販売取引※」に該当する。

加盟店は本部からあっせんされた業務を自宅で行うこととし、本契約は「事務所などによらないで行う個人との契約」に該当し、特定商取引法のクーリングオフによる保護対象に該当する。本部は「本契約後 20 日以内はクーリングオフ解除できる」旨の書面での説明を行わなかった。

本部はあっせんする業務により得られる利益（業務提供利益）を収受し得ることで加盟店を誘引していて、加盟店も契約当初から業務のあっせんを求めていたことから、本契約後に加盟店が自ら営業していたこと、本部があっせんする業務がなかったという事情があっても、本契約は業務提供誘引販売取引に該当する。

※特定商取引法 51 条 1 項

「業務提供誘引販売取引」とは、物品の販売又は有償で行う役務の提供の事業であって、その販売の目的物たる物品又はその提供される役務を利用する業務に従事することにより得られる利益を収受し得ることをもって相手方を誘引し、その者と特定負担を伴うその商品の販売若しくはそのあっせん又はその役務の提供若しくはそのあっせんに係る取引をするものをいう。

（結論）

加盟店は特定商取引法 58 条 1 項に基づき、本件契約を書面により解除したことから、不当利益返還請求権に基づき、同契約によって本部に払った 219 万 8 千円および遅延損害金の支払いを求めることができる。

フランチャイズでは、本部が提供するフォーマットに沿って、加盟店は「ヒトやカネ」を投下し、ビジネスの基盤になる「モノ」を揃えて商売していきます。商売には顧客の獲得が絶対であり、営業活動が必須です。営業活動を行っていくうえで、本部が営業ツールを統一したり、インターネットを使って案件

を獲得して加盟店に振り分けたりしていく面はありますが、営業の責任は加盟店にあるのが原則です。

　本部が業務委託を行う場合であっても、加盟する側に「独立して事業者になる」という覚悟を固めてもらい、「フランチャイズなら何とかなる」という甘えの気持ちは捨ててもらう必要があります。

　前述の判例を鑑みると、

①事業者としての実態を整えてもらう（事務所を構える、法人を設立する）

②営業の主体は加盟店にあることを自覚してもらい、本部からの案件紹介は補助的なものに留まることを強調したうえで加盟店として迎え入れる

ことが本部のリスク回避につながります。

❼ フランチャイズ契約書の「ひな形」利用

> 埼玉県でもつ焼き屋を複数店経営しています。結構繁盛しているので、友人や知人から同じ業態、同じ屋号で店をやらせてくれないか、と相談を持ちかけられています。知り合いを中心にフランチャイズ展開していくので、フランチャイズ契約書はいわゆる「ひな形」を利用した内容で十分と考えているのですが大丈夫でしょうか。

【解説】

　フランチャイズ契約書は本部の地位を保全するためのものであり、十分にリスク回避できる内容でなくてはなりません。

　フランチャイズ契約を締結することによって、本部、加盟者の両方が契約書に定められた内容に拘束されることになります。フランチャイズ契約では、本部は商標、ノウハウ、商品・サービス、経営指導等で構成されたフランチャイズパッケージを加盟者に提供し、加盟者はそれに対して加盟金やロイヤルティといった対価を支払うことを義務づけるのが一般的です。しかも、それは一時の関係ではなく、契約期間中は続く継続的な契約になります。そのため、本部はチェーン全体の利益を守るために、利益に反するリスクについてはあらかじめ排除しておかなくてはなりません。

　契約書の「ひな形」といえる内容のものがあるかは人によって判断が分かれるところですが、他のチェーンに当てはまる内容が自分たちのチェーンに当てはまるかは個々に検討する必要があるでしょう。「ひな形」の内容を単に真似るのではなく、一つひとつの文言を自チェーンに当てはめて考える必要があります。

　そのためには、漠然と考えるのではなく、契約してから店舗をオープンするまで、店舗をオープンしてからの月々の店舗運営と本部からの指導・監督、契約更新または終了の取り決め、契約違反時の対応等を段階ごとに検討するとよいでしょう。本部・加盟店それぞれ行うことをあげていき、確実に実施しなくてはならないことを義務として定めていき、違反したときの対応を契約条項と

して文言にしていきます。

　たとえば、開業準備であれば、契約締結後は速やかに店舗をオープンすることが加盟店の義務になることが一般的です。その場合、店舗オープン準備を加盟店が怠っているとき、本部はどういう対応を取るのかを定めます。そのほかにも、店舗を営業していくためには業務の研修を受けてもらい、一定のサービス水準に達することが求められますが、研修を受講しても一定のサービス提供が困難な場合に店舗のオープンを認めるのかなど、実際に起こり得るリスクを洗い出して、契約書にそのときの対応を文書で定めておきます。

　このように、契約書には自チェーンの運営に適合する内容を定めてください。契約書に記載した事項については拘束力があります。いわゆる「ひな形」では、自チェーンの運営上で不都合なことが書いてあっても、それに気づかずに契約書として採用してしまうリスクがあります。本部が対応できない内容は記載せず、将来的に変更がありうる内容については余裕を持った設計にしておきましょう。たとえば、変更が発生しそうな内容については、「本部の定める基準」「本部の定める方法」などと表記し、別途、改訂可能なマニュアル等で示すこともできます。

　また、自チェーンにとって不利益を招く行為については、契約書に契約違反となる行為を列挙しておくことによって、各店舗に適切なオペレーションを行うよう強く指導し、従わない場合には契約を解約する等の強い措置をとることが可能になります。どういった行為が契約違反になるのか、実際の店舗オペレーションに熟知した人が第三者的な視点を持つ専門家とすり合わせを行い、契約の文言を作成することが有効です。

　契約書を「ひな形」で済ませてしまっては、後々でトラブルが起こる可能性が高いです。本部およびチェーン全体の利益、そしてブランドイメージを守っていくため、契約書は専門家に相談して、自分たちに合う内容のものを作成しましょう。

❽ 法定開示書面作成の留意点

令和 3 年 4 月に中小小売商業振興法施行規則と公正取引委員会の「フラン
チャイズ・システムに関する独占禁止法上の考え方」が改正されました。
法定開示書面の作成についてどのような点を注意すればよいでしょうか。

【解説】

a．法定開示書面

　加盟希望者としては契約締結前にフランチャイズ契約を十分理解する必要が
あります。しかし、フランチャイズ契約書は長文なうえに難解で、契約書だけ
を一読してもなかなか意味を理解できません。そこで、中小小売商業振興法
（以下、「小振法」といいます）は、中小小売商業者を相手に営まれるチェーン
事業（フランチャイズチェーン、ボランタリーチェーンなど）を「特定連鎖化
事業」とよび、特定連鎖化事業を行う者は、加盟希望者に対して契約内容の重
要事項について記載した書面を契約締結前に交付して説明することを義務づけ
ました（小振法 11 条）。ここで加盟希望者に交付される書面が「法定開示書
面」や「情報開示書面」とよばれるものです。

　法定開示書面には、FC 契約の要点だけでなく、本部の役員構成、株主構
成、一定期間の貸借対照表・損益計算書の掲載、加盟店数の増減、訴訟数も掲
載することになっています。

　公正取引委員会の「フランチャイズ・システムに関する独占禁止法上の考え
方」（以下、「フランチャイズ・ガイドライン」といいます）でも、小振法に
沿った法定開示書面の交付が望ましいとされています。このため、フランチャ
イズ・システムにおいて作成すべき法定開示書面は小振法とフランチャイズ・
ガイドラインの両方の要件を満たしたものとなります。具体的な記載例として
は、一般社団法人日本フランチャイズチェーン協会から「法定開示書面『フラ
ンチャイズ契約の要点と概説』作成ガイドライン」が公開されています。

https://www.jfa-fc.or.jp/particle/41.html

ｂ．中小小売商業振興法施行規則の改正

　令和3（2021）年4月1日に中小小売商業振興法施行規則が改正されました。本改正では、新たに「七　加盟者の店舗のうち、立地条件が類似するものの直近の三事業年度の収支に関する事項」の開示が追加されました。具体的には以下の事項を開示することが本部に義務づけられました。

事項	内容
七　加盟者の店舗のうち、周辺の地域の人口、交通量その他の立地条件が類似するものの直近の三事業年度の収支に関する事項	イ　当該特定連鎖化事業を行う者が把握している加盟者の店舗に係る次に掲げる項目に区分して表示した各事業年度における金額（（6）にあっては、項目及び当該項目ごとの金額） 　（1）売上高 　（2）売上原価 　（3）商号使用料、経営指導料その他の特定連鎖化事業を行う者が加盟者から定期的に徴収する金銭 　（4）人件費 　（5）販売費及び一般管理費（（3）及び（4）に掲げるものを除く。） 　（6）（1）から（5）までに掲げるもののほか、収益又は費用の算定の根拠となる事項 ロ　立地条件が類似すると判断した根拠

　従来、本部が加盟希望者に店舗の売上等を説明する資料としては、①既存店舗の収益の平均値等から作成したモデル収益等、②加盟希望者が出店を予定する店舗における予想売上や予想収益だけでしたが、今回の改正により、本部は、③立地条件が類似する加盟店の直近3事業年度の収支に関する事項も開示することとなりました。これにより加盟希望者は既存加盟店の実際の業績を知ることができるようになりました。

　立地条件が類似する加盟店の収支に関する事項を法定開示書面で開示する場合の具体例が、前掲の「法定開示書面『フランチャイズ契約の要点と概説』作成ガイドライン」の第Ⅰ部7に掲載されています。

（1）既存の加盟者の店舗のうち、立地条件が類似する店舗について本部が
　　把握している、各法定項目の直近3事業年度における金額

法定項目・科目 ＼ 年度		2018年度	2019年度	2020年度
①売上高				
②売上原価				
③商号使用料、経営指導料その他の特定連鎖化事業を行う者が加盟者から定期的に徴収する金額	○○○○○ △△△△△ □□□□□			
④人件費				
⑤販売費及び一般管理費（③・④を除く）	○○○○○ △△△△△			
⑥①から⑤に掲げるもののほか、収益又は費用の算定の根拠となる事項	○○○○○ △△△△△			

（2）前項にて収支を開示した店舗について立地条件が類似すると判断した
　　根拠
　　当社は、以下の判断要素を根拠として、立地条件が類似する店舗とし
　　て選定しました。
　　…

　立地条件が類似する加盟店の収支に関する事項を開示する場合、本部は、以下の諸点に留意してください。

　①本部が開示義務を負うのは、あくまで本部が「把握している」フランチャイジーの収支に関する情報です。

　②開示するのは、あくまで実在する個別の店舗の収支に関する数値です。ですから、立地条件が類似すると判断される店舗が複数存在する場合、本部が定めた任意の基準を用いて複数の店舗を選定して開示することができます。

　③店舗の収支に関する事項は既存加盟者にとって重要な営業秘密なので、本部としては店舗が特定されないように工夫してください。

ｃ．公正取引委員会「フランチャイズ・システムに関する独占禁止法上の考え
　　方」（フランチャイズ・ガイドライン）の改正
　公正取引委員会は令和3年4月28日にフランチャイズ・ガイドラインを改

正しました。今回の改正では、①募集時の説明（予想収益等）、②仕入数量の強制、③年中無休・24時間営業、④ドミナント出店、⑤見切り販売の制限について新たな指針が示されました（令和3年4月28日付公正取引委員会「『フランチャイズ・システムに関する独占禁止法上の考え方について』の改正について」、同「フランチャイズ・ガイドラインの改正の概要（令和3年4月）」）。

　改正フランチャイズ・ガイドラインは法定開示書面の書き方にも言及しています。本部としては以下の諸点に留意してください。

【1】「モデル収益」が厳密な意味での予想売上等ではないことを加盟希望者に十分理解されるよう対応するとともに、立地条件が類似する加盟店の直近3事業年度の収支に関する事項が予想売上でないことを加盟希望者に十分理解されるよう対応する必要がある。

【2】加盟希望者の開業後のドミナント出店に関して、配慮を行う旨を提示する場合には、配慮の内容を具体的に明らかにしたうえで取り決めるよう留意する必要がある。

【3】中途解約の条件をフランチャイズ契約上明確化するとともに、加盟者募集時に十分説明することが望ましい。

【4】加盟者募集に際して、本部が営業時間や臨時休業に関する説明をするにあたり、特定の時間帯の人手不足や人件費高騰等が生じているような場合は、加盟希望者に対して当該情報を提示することが望ましい。

【5】（ロイヤルティ算定について）売上総利益方式を取る場合、売上総利益方式の概念を明確に説明すること。

　今回の改正はコンビニエンスストア・フランチャイズの問題点が色濃く反映されたものですが、【1】【2】【3】についてはコンビニ以外のフランチャイズでも対応が必要です。

❾ エリア・エントリー契約

> フランチャイズ契約の一つの種類としてエリア・エントリー契約があると
> 聞きます。エリア・エントリー契約とはどのようなフランチャイズ契約で
> すか。

【解説】

多くのフランチャイズ契約書には「店舗名」とその「所在地」が記載され、店舗候補物件が決まってからフランチャイズ契約が締結されるのが一般的です。ところが、店舗候補物件が決まる前に契約が締結され、加盟金と同額の金員が徴収される契約例もあります。そのようなタイプの契約を「エリア・エントリー契約」といいます。

エリア・エントリー契約では、まず特定の地域（エリア）が設定され、エリア・エントリー権者にはその地域での出店権が与えられます。多くのエリア・エントリー契約では、出店権の行使期間（6か月～12か月）が定められ、その間、本部は当該エリアにおいて自ら出店することも他の加盟者の出店を許諾することもできないとされます。この優先出店権の対価として加盟者は本部に対して「エリア・エントリー・フィー」を支払います。

加盟者は、この出店権行使期間に店舗用物件を探し出します。店舗用物件が確定した場合、その後に改めてフランチャイズ契約の締結するパターンと改めてフランチャイズ契約を締結しないパターンに分かれます（後者ではエリア・エントリー契約にフランチャイズ契約の条項も含まれています）。いずれにせよ、エリア・エントリー・フィーはフランチャイズ契約の加盟金に充当されます。

エリア・エントリー契約では、本部としては早期に加盟金（エリア・エントリー・フィー）を確保できるというメリットがありますし、加盟希望者としては、優良商圏での出店権を早期に確保できるというメリットがあります。

他方で、多くのエリア・エントリー契約ではいったん支払われたエリア・エントリー・フィーは加盟者に返還されないという定めがあるので（不返還条

項）、いったんエリア・エントリー契約を締結したものの、なかなか店舗用物件が見つからず、いつまでたっても出店できないというトラブルも生じます。そのような場合に、エリア・エントリー・フィーの返還を希望する加盟者と本部との間で訴訟になることも少なくありません。

　このようにエリア・エントリー契約は特殊なフランチャイズ契約ですが、最近は通常のフランチャイズ契約でありながら、契約書中の店舗所在地を空欄にしたまま契約を締結し、契約締結後に物件を探すという運用がなされる例もあります。これは通常のフランチャイズ契約書を用いながら、事実上、エリア・エントリー契約と同様の効果をもたらすものです。

❿ 情報提供義務違反の要件と効果

> フランチャイズ本部は加盟希望者に対して情報提供義務を負うといわれて
> いますが、本部が負う情報提供義務とはどのようなものですか。本部が情
> 報提供義務違反をした場合、加盟店としては本部に対してどのような請求
> ができますか。

【解説】

　一般に、本部がフランチャイズ事業についての専門的知識とノウハウを有す
るのに対し、加盟者となろうとする者(加盟希望者)はそのような知識やノウ
ハウを有しません。そのため、中小小売商業振興法と公正取引委員会の「フラ
ンチャイズ・システムに関する独占禁止法上の考え方」(以下、「フランチャイ
ズ・ガイドラン」といいます)は、フランチャイズ本部に対し、加盟契約に先
立ち加盟希望者にフランチャイズ契約の重要事項を書面(いわゆる「法定開示
書面」)で開示することを義務づけています。

　しかし、フランチャイズ契約締結において加盟希望者の意思決定を左右する
事項は多岐にわたることから、一般に、本部は、加盟希望者に対して、フラン
チャイズ契約を締結するか否かを判断するために必要な情報を適時かつ正確に
提供すべき信義則上の義務を負うとされています。これが本部の情報提供義務
といわれるものです。

　本部の専門的な知識経験に照らせば、本部が加盟希望者に対して何らかの情
報を提供する場合は、その情報は虚偽であってはならず、客観的かつ合理的根
拠に基づくことが要求されます。

　店舗候補物件が見つかった場合に、本部は、その立地について調査して予想
売上高を提示する義務を負うものではありませんが、もし加盟希望者に対して
予想売上高を提示するならば、それが客観的・合理的根拠に基づく必要があり
ます。本部が提供した情報に虚偽が含まれ加盟希望者が誤解しているならば、
本部は加盟希望者の誤解を解く義務を負います。

　ただし、こうした売上予測に関する情報はあくまで将来の予測に関する情報

なので、事後的・結果的に見れば正確さを欠いた部分が出てきたとしても、それだけで違法と評価すべきではありません。したがって、本部の情報提供義務違反が成立する場面は、当該情報が虚偽である等、加盟希望者のフランチャイズ契約締結に関する判断を誤らせる恐れが大きい場合に限られることになります。

　このような場面では、加盟希望者に対して正確な情報が提供されていたならば当該フランチャイズ契約を締結しなかったであろうといえるので、加盟者はフランチャイズ契約を解除することができます。

　さらに、加盟者は本部に対して損害賠償を請求できます。本部の情報提供義務違反がなければ加盟者はフランチャイズ契約を締結し店舗を開店することはなかったと考えられるので、契約を締結して店舗を開業したこと自体が損害となります。具体的には加盟金、工事代金、設備費用等が損害賠償の対象となります。過去の裁判例の中には加盟者の営業損害や逸失利益を損害と認めたものもあります。

⓫ フランチャイズ契約と労働法

近年、加盟者が労働組合を結成し、本部に対して団体交渉を申し込むケー スがあると聞きます。フランチャイズ契約を締結する加盟者も労働者に当 たるのでしょうか？

【解説】

　フランチャイズ経営は、本部（フランチャイザー）と加盟者（フランチャイ ジー）によって構成され、両者は別個の独立した事業主である点に特徴があり ます。個人での加盟の場合、加盟者は、個人事業主として経営リスクを負担す る一方で、働いて得た収益は自分に帰属します。この点が、企業で働く労働者 と大きく異なります。

　しかし、近年、加盟者が労働組合を結成し、本部に対して団体交渉を申し入 れる事例が散見されます。ここでは、フランチャイズ契約の契約当事者である 加盟者が、使用者に対して団体交渉を求めることのできる「労働者」（労働組 合法3条）と評価できるのか、という点が問題となります。

　また、フランチャイズ契約の内容によっては、労働組合法上の「労働者」と いうだけではなく、フランチャイズ契約が実質的には労働契約と見なされるリ スクも否定できません。

a．労働組合法上の労働者

　労働組合法3条は、「労働者」とは「職業の種類を問わず、賃金、給料その 他これに準ずる収入によって生活する者をいう」と定義しています。ここでい う「労働者」には、労働契約によって労務を供給する者のみならず、労働契約 に類似する契約によって労務を供給して収入を得ている者で、労働契約下にあ る者と同様に使用者との交渉上の対等性を確保するために労働組合法の保護を 及ぼすことが必要かつ適切と認められる者も含まれると考えられています。

　加盟者が労働組合法上の「労働者」に該当する場合、加盟者が組織する労働 組合は、労働組合法上の保護を受け、本部に対して契約条件等に関する団体交 渉を申し入れる等の行為が法的に認められることになります。そして、団体交

渉を申し込まれた本部は、団体交渉に応じる法的義務を負うことになります。

　加盟者の労働組合法上の労働者性が争われた事案として、セブン-イレブン・ジャパン事件（中労委平31.2.6命令）およびファミリーマート事件（中労委平31.2.6命令）があります。いずれの事案でも、加盟者の店舗運営業務がフランチャイザーに対する労務提供といえるか、という点が争点となりました。これに対して、中央労働委員会は、加盟者は、フランチャイズ契約に基づく利益を享受しており、自らの裁量で経営判断を行い、損益を帰属させていると評価できることから、加盟者は独立した事業者としての性格を失っておらず、フランチャイザーに対して労務を提供しているわけではないと述べ、加盟者は労働組合法上の労働者ではないと判断しました。

　なお、この事例では、加盟者の労働組合法上の労働者性が否定されたものの、フランチャイズ契約における本部と加盟者との間には、事実上の交渉力格差があることは否定できず、その解決方法として、加盟者が集団的に本部と交渉できる仕組みを検討する意義はあるように思われます。

ｂ．労働契約法・労働基準法上の労働者

　フランチャイズ契約における加盟者が「労働者」（労働契約法2条、労働基準法9条）に該当するか否かは、契約書の文言によって形式的に判断されるものではありません。加盟者が、実態として本部の事業に「使用され」て賃金を支払われている労働関係と認められる場合、労働関係を規律する労働契約法や労働基準法が強行的に適用されます。

　加盟者の労働契約法・労働基準法の労働者性が争われた事案において、裁判所は、加盟者は本部との間でフランチャイズ契約を締結する個人事業主であることを前提としつつ、考慮要素（①事業遂行上の指揮監督、②時間的・場所的拘束性、③代替性、④報酬算定・支払方法および⑤その他の事情等）に照らして、加盟者が労働者に該当するとまではいえないと判断しました（セブン-イレブン・ジャパン事件　東京地判平30.11.21労判1204.83）。ただし、この事案は、あくまでコンビニ業態における事例的な判断であって、すべてのフランチャイズ契約における加盟者の労働者性を否定したものではありません。むしろ、フランチャイズ形態の多様化が進むにつれて、労働契約関係との境界があいまいになってきているケースも散見されており、注意が必要です。

⓬ フリーランサーとのフランチャイズ契約

当社は関東を中心に整体院を展開しているチェーンです。オリジナル器具を使った手技が特徴で、初期投資の低いビジネスモデルとなっています。今後、現業の柔道整復師や理学療法士を加盟ターゲットとしてフランチャイズ展開を計画していますが、このような個人事業主（フリーランサー）とフランチャイズ契約を行う場合、留意すべきことは何でしょうか。

【解説】

　加盟対象が個人事業主かつ無店舗型のフランチャイズの場合、フランチャイズ契約が「フリーランスとして安心して働ける環境を整備するためのガイドライン」（略称：フリーランス・ガイドライン）に該当する場合があります。フリーランス・ガイドラインは令和3（2021）年3月26日に、内閣官房、公正取引委員会、中小企業庁、厚生労働省の連名で策定されました。本ガイドラインでは、フリーランスを「実店舗がなく、雇人もいない自営業主やひとり社長であって、自身の経験や知識、スキルを活用して収入を得る者」と定義しています。

a．独占禁止法・下請法から見た留意点

　わが国のフランチャイズは中小小売商業振興法とフランチャイズ・ガイドラインの適用を受けますが、業務委託型のフランチャイズの場合はフリーランス・ガイドラインの適用を受ける場合もあります。いずれにせよ独占禁止法上の「優越的地位の濫用」が運用のポイントですが、ひとつ理解しておかないといけないのは優越的地位自体が否定されているわけではない、ということです。つまり、業務委託型のフランチャイズでは、本部が加盟者であるフリーランサーより優越した地位にあることが多いけれども、その地位を濫用しないようにしなければならないということです。強制的な物品購入や一方的な委託費の切り下げと見なされると「優越的地位の濫用」に抵触すると解釈されるので注意が必要です。

フリーランスとして安心して働ける環境を整備するためのガイドライン（概要）

○　事業者とフリーランスとの取引について、独占禁止法、下請代金支払遅延等防止法、労働関係法令の適用関係を明らかにするとともに、これらの法令に基づく問題行為を明確化するため、実効性があり、一覧性のあるガイドラインについて、内閣官房、公正取引委員会、中小企業庁、厚生労働省連名で策定し、フリーランスとして安心して働ける環境を整備。

第1 フリーランスの定義	○　本ガイドラインにおける「フリーランス」とは、実店舗がなく、雇人もいない自営業主や一人社長であって、自身の経験や知識、スキルを活用して収入を得る者。

| 第2 独禁法、下請法、労働関係法令との適用関係 | ○　独占禁止法は、取引の発注者が事業者であれば、相手方が個人の場合でも適用されることから、事業者とフリーランス全般との取引に適用。
○　下請法は、取引の発注者が資本金1000万円超の法人の事業者であれば、相手方が個人の場合でも適用されることから、一定の事業者とフリーランス全般との取引に適用。
○　これらの法律の適用に加えて、フリーランスとして業務を行っていても、実質的に発注事業者の指揮命令を受けていると判断される場合など、現行法上「雇用」に該当する場合には、労働関係法令が適用。 |

独禁法・下請法	第3 フリーランスと取引を行う事業者が遵守すべき事項	**1 フリーランスとの取引に係る優越的地位の濫用規制についての基本的な考え方** ○　自己の取引上の地位がフリーランスに優越している発注事業者が、フリーランスに対し、その地位を利用して、正常な商慣習に照らして不当に不利益を与えることは、優越的地位の濫用として、独占禁止法により規制される。 **2 発注時の取引条件を明確にする書面の交付に係る基本的な考え方** ○　優越的地位の濫用となる行為を誘発する原因とも考えられ、発注事業者が発注時の取引条件を明確にする書面をフリーランスに交付しない場合は、独占禁止法上不適切。 ○　下請法の規制の対象となる場合で、発注事業者が書面をフリーランスに交付しない場合は、下請法第3条で定める書面の交付義務違反となる。 **3 独占禁止法（優越的地位の濫用）・下請法上問題となる行為類型** ○　優越的地位の濫用につながり得る行為について、行為類型ごとに下請法の規制の対象となり得るものも含め、考え方を明確化。

（1）報酬の支払遅延	（2）報酬の減額	（3）著しく低い報酬の一方的な決定
（4）やり直しの要請	（5）一方的な発注取消し	（6）役務の成果物に係る権利の一方的な取扱い
（7）役務の成果物の受領拒否	（8）役務の成果物の返品	（9）不要な商品又は役務の購入・利用強制
（10）不当な経済上の利益の提供要請	（11）合理的に必要な範囲を超えた秘密保持義務等の一方的な設定	（12）その他取引条件の一方的な設定・変更・実施

	第4 仲介事業者が遵守すべき事項	**1 仲介事業者とフリーランスとの取引について** ○　仲介事業者は、フリーランスが役務等を提供する機会を獲得・拡大することや、発注事業者や消費者が、フリーランスから良質廉価な役務等を受けることに貢献。 ○　一方で、今後フリーランスと仲介事業者との取引の増加により、仲介事業者が取引上優越した地位に立ち、フリーランスに対し、その地位を利用して、正常な商慣習に照らして不当に不利益を与える場合も考えられる。 **2 規約の変更による取引条件の一方的な変更** ○　規約の変更を一方的に行うことにより、自己の取引上の地位がフリーランスに優越している仲介事業者が、フリーランスに対して、正常な商慣習に照らして不当に不利益を与えることとなるときは、優越的地位の濫用として問題となる。

労働関係法	第5 現行法上「雇用」に該当する場合の判断基準	**1 フリーランスに労働関係法令が適用される場合** ○　フリーランスとして請負契約や準委任契約などの契約で仕事をする場合であっても、労働関係法令の適用に当たっては、契約の形式や名称にかかわらず、個々の働き方の実態に基づいて、「労働者」かどうか判断。 ○　労基法上の「労働者」と認められる場合は、労働基準法の労働時間や賃金等に関するルールが適用される。 ○　労組法上の「労働者」と認められる場合は、団体交渉を正当な理由なく拒んだりすること等が禁止される。 **2・3 労働基準法における「労働者性」の判断基準とその具体的な考え方** （1）「使用従属性」に関する判断基準 ①「指揮監督下の労働」であること（労働が他人の指揮監督下において行われているか） ②「報酬の労務対償性」があること（報酬が「指揮監督下における労働」の対価として支払われているか） （2）「労働者性」の判断を補強する要素 ①事業者性の有無（仕事に必要な機械等を発注者等と受注者のどちらが負担しているか等） ②専属性の程度（特定の発注者等への専属性が高いと認められるか） **4・5 労働組合法における「労働者性」の判断要素とその具体的な考え方** （1）基本的判断要素 ①事業組織への組み入れ（業務の遂行に不可欠ないし枢要な労働力として組織内に確保されているか） ②契約内容の一方的・定型的決定（労働条件や労務の内容を相手方が一方的・定型的に決定しているか） ③報酬の労務対価性（報酬供給者の報酬が労務供給に対する対価などとしての性格を有するか） （2）補充的判断要素 ④業務の依頼に応ずべき関係（相手方からの個々の業務の依頼に対し、基本的に応ずべき関係にあるか） ⑤広い意味で指揮監督下の労務提供（労務供給者が、相手方の指揮監督の下に労務の提供を行っていると広い意味で解することができるか等） （3）消極的判断要素（この要素が肯定される場合には、労働組合法上の労働者性が弱まる場合がある） ⑥顕著な事業者性（恒常的に自己の才覚で利得する機会を有し自らリスクを引き受けて事業を行う者か）

出所：経済産業省 HP
https://www.meti.go.jp/press/2020/03/20210326005/20210326005-2.pdf

b．労働関係法から見た留意点

　従業員にのれん分けをしてフランチャイズ契約を結んだ場合、それまでの雇用関係ではなく、あくまでも個人事業主との業務委託関係であることを強く意識する必要があります。すなわち、本部の指揮命令下にある、あるいは報酬の労務対償性があるなど「労働者性が高い」と判断されると、労働基準法の適用を受けることになります。労働基準法上の労働者であると認められる場合は、同法上の労働時間や賃金に関するルールが適用されるので注意が必要です。

❸ 個人加盟者に対する競業避止義務

当社は複数の接骨院を経営しています。この度、社内フランチャイズ制度を活用して当社で長年店長を務めた柔道整復師の従業員に1店舗を営業譲渡することにしました。ただ、契約期間終了後に看板を掛け替えて営業を続けられてしまうと、当社の顧客が流出することになるため、競業避止義務を課したいと考えています。どのような点に注意すればよいでしょうか。

【解説】

多くのフランチャイズ・システムでは、契約期間中、および契約期間終了後一定期間の間、本部から加盟者に対して競業避止義務が課されることになります。競業避止義務とは、フランチャイズ契約中、もしくは終了後も一定期間は、加盟店はフランチャイズ事業と同一または類似の事業を行ってはならないとする禁止条項です。守られなかった場合には、高額な違約金が科せられることもあります。

a．本部から加盟者に対して競業避止義務が課される理由

フランチャイズ・システムで本部から加盟者に対して競業避止義務が課される理由は2点あります。

①本部のノウハウ流出を防止する

ほとんどのフランチャイズ契約書には、本部のノウハウ流出を防止するため、秘密保持義務が課されています。しかし、加盟者がフランチャイズ事業と同一または類似の事業を始めたときに、本部のノウハウを使用しているかどうかは、外からは判断することができません。そのため、秘密保持義務だけで本部のノウハウ流出を防止するには限界があることも事実です。

そこで、一般的なフランチャイズ・システムでは、加盟者がフランチャイズ事業と同一または類似の事業を営むこと自体を禁止することで、本部のノウハウ流出を防止しています。

②本部の顧客基盤を保護する

　仮に、フランチャイズ契約終了後に、加盟者が看板を掛け替えてフランチャイズ事業と同一または類似の事業を始めることとなった場合、本部は、それまでチェーンのブランドを信頼して加盟店舗に来店していた顧客の大半を失うことになり、大きな損害を受けることになります。

　そこで、本部の顧客基盤を保護することを目的に、加盟者に対して競業避止義務が課されることになります。

b．柔道整復師等の個人に対する競業避止義務の考え方

　加盟者に課される競業避止義務は、前述した「本部のノウハウ流出防止」や「本部の顧客基盤保護」のために必要な範囲内であれば有効です。ただし、本ケースにあるような、柔道整復師の資格を有する個人に対する競業避止義務については注意が必要です。

　本ケースでは、柔道整復師の資格を有する個人が社内フランチャイズ制度を活用してフランチャイズ加盟することを検討していますが、仮に、加盟者が契約期間終了後に柔道整復師の仕事ができなくなってしまったとすると、加盟者は、その後どのように生活していけばよいのか、という問題が生じます。そのため、本部としては競業避止義務の対象範囲が過度にならないよう、十分に配慮をする必要があります。

　競業避止義務を課すにあたっては、「①禁止される業務の範囲」、「②禁止される場所・地域」、「③禁止される期間」の3点について限定することが望ましいとされています。本ケースの接骨院のように、サービスを提供する個人に技術やノウハウが帰属するビジネスの場合には、本部の顧客基盤を保護することを最優先し、「②禁止される場所・地域」を「当該店舗の所在から半径○km」などのように、限定的に設定するとよいでしょう。

　なお、自社の社員に対しても競業避止義務を課すには、「入社時」と「退職時」に誓約を結ぶ方法がありますが、退職時の場合、円満退職でなければ従業員から誓約書の締結を拒否される可能性があります。そのため、入社の時点で誓約書を提出してもらうとよいでしょう。

❹ 外国人雇用の留意点

> 近年では、加盟者における外国人雇用は当たり前になっています。本部として注意すべき点は何ですか？

【解説】

ａ．外国人労働者の現状

近年、多くの職場で外国人労働者を目にする機会が増えています。厚生労働省（「外国人雇用状況」の届出状況まとめ）によれば、令和2（2020）年10月末時点における日本の外国人労働者数は約172万人と公表されています。外国人労働者の増加にともない外国人雇用に関するトラブルも急増しており、不法就労外国人を雇用していた経営者が刑事責任を問われるケースも散見されています。

ｂ．外国人雇用状況の届出

外国人を雇用する場合には、日本人を雇用する場合と比べて、特別な手続きが定められています。具体的には、使用者は、外国人の雇入れ・離職時に、氏名、在留資格、在留期間などを確認し、厚生労働大臣（ハローワーク）に届け出る義務があります（労働施策総合推進法28条1項）。外国人雇用状況の届出は、外国人労働者を雇用する場合の特別な手続きであり、これに違反する場合、30万円以下の罰金の対象となります。

在留資格等の確認方法としては、在留カードの提示を求めることが一般的です。具体的な確認方法は、厚生労働省作成のリーフレット（「外国人雇用はルールを守って適正に」）で説明されています。

なお、出入国在留管理庁では、年々精巧化する在留カードの偽造や有効な在留カードの使いまわし等に対応するため、在留カード等のICチップの内容を読み取ってその内容を確認することができる在留カード等読取アプリケーションを無料で配布しています。外国人労働者が在留カードを偽造して不法就労していた場合でも、使用者が不法就労助長罪（詳細は「d．処罰事例の紹介」参照）に問われる可能性があり得ることから、在留カード等の偽造等には注意が

— 237 —

必要です。

ｃ．外国人労働者の労務管理上の注意点

　労働施策総合推進法 8 条では、厚生労働大臣は事業主が外国人労働者の雇用管理の改善等に関して適切に対処するために必要な指針を定め、これを公表することを定めています。そして、同条に基づいて「外国人労働者の雇用管理の改善等に関して事業主が適切に対処するための指針」が定められています。同指針では、外国人労働者の雇用管理の改善等に関して、使用者が講ずべき必要な措置が規定されています。同指針は 2019 年 4 月 1 日に改正されており、外国人の労働者の労務管理にあたって、しっかりとその内容を確認し、これを実践することが求められます。

　また、国籍を理由とする労働者の差別的な取り扱いは禁止されています（労働基準法 3 条）。したがって、外国人であることを理由に不合理な労働条件を設定することは許されません。これに違反する場合、6 か月以下の懲役または 30 万円以下の罰金の対象となります（同法 119 条 1 号）。

ｄ．処罰事例の紹介

　日本に在留する外国人は、原則として何らかの在留資格を有している必要があり、在留資格に応じて、日本国内での活動や在留期間が異なります（入国管理法 2 条の 2 第 1 項）。そして、外国人が日本国内で就労するためには一定の在留資格または資格外活動許可を取得し、その範囲を超えないことが義務づけられています（入管法 19 条 1 項）。これに違反する就労を「不法就労」といい、罰則（同法 70 条 1 項 4 号）が適用されるだけでなく、退去強制事由（同法 24 条 4 号イ）となり得ます。また、不法就労あっせん業者や不法就労者を雇用する者に対しても不法就労助長罪（同法 73 条の 2、76 条の 2）が成立し、行為者は 3 年以下の懲役もしくは 300 万円以下の罰金（懲役と罰金の両方が科されることもあります）に処され、法人も罰金処罰の対象となります。

　出入国管理庁（「令和 2 年における入管法違反事件について（速報値）」）によれば、令和 2 年中に退去強制手続き等を執った外国人（15,875 人）のうち、不法就労事実が認められた者は 10,993 人で、入管法違反者全体の 69.2% を占めています。

　直近では、2021 年 8 月に、ベトナムやネパール国籍の外国人 110 人に不法

就労させていたとして、人材派遣会社の社長らが逮捕されています。また、2018年には全国展開しているラーメンチェーン店で、2020年にはステーキチェーン店において、外国人労働者（留学生）を、法定時間を超えて働かせていた不法就労が問題となっています。

　加盟者が外国人労働者を不法に就労させていた場合、本部がこれを放置していたときには、本部側にも不法就労助長罪が成立し得るため、注意すべきです。

⓯ 初期段階での加盟募集の進め方

神奈川でリサイクルショップを経営しています。これから新たにフランチャイズ展開をしたいと思っていますが、実績がない初期段階ではどのように加盟店を集めていけばよいですか？　また、なるべくオンラインでのやり取りも取り入れて効率的に進めていきたいので、その際に気をつけることも教えてください。

【解説】

　フランチャイズの募集を行う際には、本部たる事業者がフランチャイズ展開の準備が整った段階にあることが前提になり、パッケージとして標準化する必要があります。加盟店の募集を行う際には、自社のフランチャイズパッケージの内容を説明する資料をまとめることが必要になります。資料に必要な要素は以下のとおりです。

- ●**フランチャイズチェーン発展のビジョン、トップの挨拶など**
  どのような目的を持って、どのように発展しようと考えているのか、トップの考え方を示します。
- ●**フランチャイズ事業の内容、将来展望**
  実際の事業内容、加盟者が店舗等で提供する商品・サービスを具体的に示します。さらに、その事業を取り巻く市場環境を示します。本ケースの場合であれば、リサイクルビジネスが5年後、10年後にどうなっているのか、信用ある統計データなどを用いてグラフなどにすると視覚的にわかりやすいでしょう。
- ●**本部企業の概要**
  本部企業の基本情報、事業沿革、店舗数、直営とフランチャイズの比率、業界におけるポジションなど
- ●**フランチャイズ・システムの概要、特徴PR**
  加盟者が負担する加盟金、保証金、その他店舗オープン前までに負担す

る金額、月々支払うロイヤルティや広告分担金、その他食材仕入など、加盟者の義務について示します。その他、ノウハウの取得サポート、競合店との違い等、加盟メリットを示します。

● **本部サポートの内容**

店舗オープンまでとオープン後に本部が具体的にどのようなサポートをするのか示してください。オープン前に行う研修、本部で行っている商品開発や販売促進・宣伝、本部メンバーの継続的な指導等が該当します。

● **投資収益モデル**

店舗オープンまでにかかる初期費用モデル、店舗オープン後の収支について直営店や加盟店の実績に基づいて示します。

● **加盟から店舗オープンまでの流れ**

加盟後にどのようなスケジュールで店舗オープンに至るのかを示します。

● **加盟者の声、お客様の声**

実際にフランチャイズ店舗を運営しているオーナー、そのサービスを利用する方の率直な意見を紹介します。

● **事業説明会など、今後のスケジュール**

宣伝媒体を見た人が、さらに詳しく説明を聞きたい場合にどうすればよいのかを示します。

　フランチャイズ加盟店を募集しているチェーンは多数ありますが、実績もない本部に対して「フランチャイズをやってみたい」と言ってくる事業者がいきなり現れることはありません。通常、初めての加盟店になるのは「従業員ののれん分け」や「既存の取引先や顧客」が手を挙げて挑戦するケースが多く、本部が一方的に指導するというよりは、本部と加盟店が一緒になって仕組みをつくり上げていく関係になります。

　ただ、旧知の間柄ではあっても本部企業とは異なる事業者であり、利害が対立したり、意図していたとおりに行動してくれなかったりということが発生する局面があります。そのため、チェーンとして統一した行動を取っていくためにどのような指導が必要になるのか、どういう情報を共有したほうがよいのかという点について十分に検証して、この先の外部への加盟募集に役立てていく

とよいでしょう。

　フランチャイズチェーンを運営していく際の根本には本部と加盟店の相互信頼が必須になりますが、初期段階では加盟店に対する指導内容も手探りであり、現地で指導することも沢山あるでしょう。マニュアルや研修が整備されていれば Web 会議システムなども活用できますが、最初は必要に応じて現地でコミュニケーションを取るのがよいでしょう。なお、加盟店と十分に人間関係が構築されているという前提のもとでは、フランチャイズ契約の締結時、店舗オープンの承認時以外については必要に応じてオンラインでのやり取りも入れて進めていくこともよいでしょう。

⓰ 加盟開発の具体的な手法と留意点

当社は中京地区に直営で20店舗を展開する、味噌カツ丼をメインとした和風ファストフードのチェーンです。基本的なフランチャイズパッケージの整備を終え、加盟開発マーケティング計画も策定しました。これから、展示会出展や加盟説明会を定期的に行う予定ですが、それぞれの具体的な進め方のコツや留意点があればご教示いただきたいです。

【解説】

加盟開発は、加盟開発代行業者にアウトソーシングするという方法と、自社でマーケティング計画を策定し、場合によっては外部専門家の支援を受けながら内製化して行うという方法の、2つに大別されます。加盟開発代行業者との付き合い方については、「ケーススタディ18.」で解説していますので、ここではあくまでも自社内製により加盟開発を進める方法について解説します。

a．早く成功事例をつくる

加盟開発のポイントの一つは、どのようにして加盟者に「このフランチャイズであれば自分にもできそうだし儲かりそうだ」と思わせるかということであり、それは加盟対象が法人であっても同様です。相手を納得させるにはピラミッド・ストラクチャでいうところの「結論・理由・根拠」が必要であり、そういう意味で本部の提示する「理由」に加えて、実際の加盟者の声や体験談といった「根拠」が必要になります。

加盟店実績を早くつくるには、従業員への「のれん分け」（ケーススタディ24．参照）を活用する方法や、友人や知人などとの「トライアル契約」（ケーススタディ19．参照）を活用する方法があります。また、直営ユニットの事業譲渡あるいは経営委託によりフランチャイズ化するという方法も有効です。ただし、事業譲渡したものの運営を本部で受託するといったスキームは意味がないので避けたいところです（譲受側からすれば単なる投資案件という認識に近くなる）。また、従業員への経営委託についても人事制度やのれん分け制度との整合性を図る必要もあります。

b. 成功事例を PR する

　加盟店 1 号店ができたら、加盟者の声を HP に掲載するなどして PR するようにします。また、加盟希望者には加盟店へのインタビューをすすめるなどして、本部側からではない現場の声を参考にしてもらって、加盟の意思決定へと誘導するようにします。最近は動画マーケティングも一般的になっていますから、加盟者へのインタビューを動画にして HP に掲載するというのも有効です。

　加盟対象が個人向けパッケージの場合は、フランチャイズ比較サイトへ出稿することも検討します。ただし、比較サイトは利用者からの資料請求の数に応じて料金が決まる方式となっており、有効ではない資料請求に対しても費用がかかることから、費用対効果に一定の基準を設けておいたほうがよいでしょう。いずれにしても、加盟金の半分は加盟開発マーケティング・コストに充当するというくらいの目安で、中期的な加盟開発計画を策定することをおすすめします。

c. 接触頻度を増やす

　そして、日本経済新聞社主催の日本最大級のフランチャイズ展示会である「フランチャイズ・ショー」などへのブース出展も検討します。ブース出展費用やブース運営の人件費などの費用はかかりますが、フランチャイズ加盟希望者が集まるイベントへの出展は、仮に成約に至らなかったとしても知名度向上には一定の効果があります。しかしながら、せっかく費用をかけて出展するのですから、加盟案内パンフレット、動画を流すのであればそのコンテンツの作

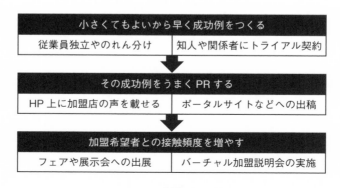

成、ブーススタッフのトークスクリプトなど、十分に準備をすべきです。ブースへの訪問者をリスト化して、会期後にフォロー営業をすることも大切です。

　また最近は、加盟説明会をオンライン環境で行うことも増えています。個別相談会に近い形で、頻度を上げて加盟希望者との接触を図るのも有効といえるでしょう。

⑰ 加盟開発時のトップ面談の進め方

> ホームクリーニングのフランチャイズ本部を立ち上げました。加盟店開発を始めて3か月、やっと加盟を検討しているオーナーと面談することになりました。加盟希望者との面談で気をつける事項を教えてください。

【解説】

　フランチャイズ展開をしていくと、多くの加盟店を集めていくことがゴールになりがちですが、フランチャイズは「自社の築いてきた商売の仕組みや名声を外部に開放する」ことでもあります。これまで築いてきたものが一気に崩れてしまう可能性もありますので、フランチャイズ契約は誰とでも契約してよいものではありません。加盟希望者を選定するという視点で臨んでください。

　フランチャイズ本部を設立し、加盟者を募集するようになると、加盟者をどんどん増やしたいと考え、「この人（会社）は大丈夫かな？」と感じても加盟させ、後々で問題になるケースがあります。本部の方針に従わなかったり、ひどい場合は、「このチェーンが有名になる前に加盟してやった」と公言したりするなど、本部に対する他の加盟者の信頼性を揺るがす事態も起こりかねません。

　このようなことを防ぐためにも、従業員を採用するのと同じように、チェーンの発展に共に努力することを惜しまない人（会社）を選んで加盟してもらいましょう。

　トップ面談の前にも加盟者を選別しましょう。トップ面談に行きつくまでに、加盟開発の担当者や責任者が加盟希望者への説明を行い、意思決定をしてもらうなど幾度も面談の機会があります。その段階で、募集する事業に向いているかどうかを見極めましょう。確認すべきポイントは以下のとおりで、オンライン面談も活用して、面談の頻度を増やすことも有効です。

● フランチャイズ加盟の目的

ビジネスそのものに共感しているのか、投資目的で考えているのか。ビジネスは生き物であり、モデル収支どおりに進むことはないと考え、当事者として本気で取り組んでもらうことが必要

● 周囲の協力を得られるのか

いくら相手がフランチャイズ加盟したいと望んでいても、周囲の協力を得られないとうまくいかないし、経営者やエース級の人材が入って本気で取り組んでくれないと成功はおぼつかない。特に個人に加盟してもらう場合は、配偶者を含めた家族の理解が必須

● 資金調達を含めた準備状況

初期費用だけでなく、事業が軌道に乗るまでの必要な資金が集められるのか？　具体的な候補立地があるのか、実際にいつから開業できるのか等

　この段階で、このチェーンに合わない、または時期尚早と判断した場合はいったんお断りするべきでしょう。「現段階では難しいようですが、状況が変わりましたら改めてご連絡ください」とお伝えし、相手から再度連絡をもらえる状況にしておけば、後日にご縁があるかもしれません。

　トップ面談では、共にやっていけるパートナーかどうかを見極めましょう。オンラインだと相手の考えを聞くことはできますが、人となりまでは十分に判断することが難しいので、実際に会って判断することが重要です。フランチャイズへの加盟を認め、フランチャイズ契約を締結すると、相手は直営店と同じ看板を掲げ、フランチャイズ発展の一翼を担うことになります。つまり、フランチャイズチェーンの将来は、どのような人を加盟させたかによるところが大きいのです。トップ面談は相手を見極める最大で最後の機会ですので、次ページのポイントは確認しましょう。

- **フランチャイズ事業に対する意欲、目標**
  どうしてフランチャイズに加盟することを希望するのか、どのような将来の目標を持っているのか
- **オーナーの人物像**
  同じ理念を抱いて、本部と切磋琢磨しながらチェーンの発展に共に尽くしていけるのか
- **フランチャイズ契約の厳守と本部方針に従うことができるか**
  フランチャイズ契約に定めたとおり、将来にわたって加盟者としての義務を履行できるか、事業環境の変化にともなって本部方針が変更になることもあり得るが、その場合も本部方針に従えるのか
- **トップ同士の相性**
  仲間として一緒にやっていけるのか、本部代表者と加盟者との相性が合うのか

⓲ 加盟開発代行・物件開発代行業者

> 当社はスポーツクラブのフランチャイズチェーンを始めたいと考えています。加盟開発や店舗開発を代行業者に任せようと考えているのですが、その場合の注意点を教えてください。

【解説】

　アーリーステージのフランチャイズ本部は、加盟店開発や物件開発について、社外の加盟開発代行業者や物件開発代行業者を利用し、チェーン展開を行う場合があります。

a．加盟開発代行業者について

　加盟開発代行業者とは、フランチャイズ本部の加盟店開発を代行する業者です。その形態もさまざまで、(a) 加盟希望者との独自のネットワークを持ち、クライアント本部をそのネットワークで紹介して、契約交渉から契約締結までをサポートするタイプ、(b) 加盟希望者リストを有償でクライアント本部に紹介（販売）するタイプ（その後の契約交渉はフランチャイズ本部自身が行う）、(c) 加盟説明会を主催して加盟希望者を募集し、クライアント本部を加盟希望者に紹介するタイプ、(d) 各種イベントでクライアント本部の名刺を使って加盟勧誘を行うタイプ等があります。

　加盟開発代行業者はフランチャイズ本部と加盟者の契約を成立させることで対価を得ますので、営業トークが過剰になりがちです。ですから、開発代行業者を利用する場合は、任せっきりにするのではなく、加盟希望者との交渉状況についてできるだけ細かく報告を受けるようにしてください。また、本部の取締役は加盟希望者と必ず面談し、加盟希望者が誤解していないかを確認するようにしてください。

　また、加盟開発代行業務委託契約を締結する場合は、「本部が加盟開発代行会社の説明内容に起因して加盟者その他の第三者に対して損害賠償義務を負った場合、本部は、加盟開発代行会社に対して、その賠償額全額を求償することができる」という条項を入れるようにしてください。

　開発代行業者の求めに応じて、安易に自社の名刺を使わせる本部があります
が、これには十分注意してください。加盟店開発以外の場面で使われたとして
も、本部が責任を負わされるからです。

　加盟開発代行業者への報酬支払時期は、契約締結時ではなく、店舗開設時以
降にするのが理想です。また、加盟者が開店前に中途解約した場合には報酬を
返金する旨を定めておいてください。

b．物件開発代行業者について

　物件開発代行業者とは、フランチャイズ本部の店舗物件の開発を代行する業
者です。加盟開発代行業者は通常物件開発は行わないので、フランチャイズ本
部は、物件開発代行業者を利用して物件開発を行う場合があります。

　物件開発代行業者は、物件契約を成立させることで対価を得ますので、物件
の周辺事情等についてのマイナス情報を十分に説明しない場合があります。フ
ランチャイズ本部としては、物件開発代行業者から紹介された物件の契約をす
る場合には、独自に物件調査を行うようにしてください。

　また、物件開発の方法として、地主の資金力を利用した建て貸し方式が利用
される場合があります。建て貸し方式とは、建物建築費用のみならず内装造作
や什器備品のための費用もすべて地主が調達して店舗を完成させ、それを店舗
経営者に賃貸する方式です。金利、内装造作費用はすべて賃料から回収される
ので、その賃料は近隣相場と比較して当然高額になります。また、建て貸し方
式では投資回収が目的とされるため賃貸借期間が15年以上の長期に設定され
ることが通常ですので、そのような契約条件でやっていけるのか十分に検討す
る必要があります。

　また、建て貸し方式の場合、地主は経済的信用力の低い加盟者との契約を嫌
う傾向があるので、フランチャイズ本部が地主と賃貸借契約を締結し、加盟者
に転貸する方式が取られます。この場合、加盟者が経営を放棄すれば、その後
の店舗は本部が引き継ぐことになります。フランチャイズ本部としては「この
契約内容で直営店としてやっていけるのか」を十分検討し、契約を締結するこ
とが大切です。

⓳ トライアル契約による加盟開発推進

当社は IH を使用したカウンターでおひとり様用鍋料理を提供する和食店を開発し、現在直営 3 店舗を運営しています。これから本格的なフランチャイズ展開を開始するにあたって、懇意にしている経営者からの希望もあり、「お試し的」にフランチャイズ契約をすることにしました。このようなフランチャイズ契約において気をつけることは何でしょうか。

【解説】

　自社 HP での告知や展示会への出展などによって広くフランチャイズ加盟者を募集する前に、知人や関係者に対して試験的に非公開でフランチャイズ権を付与する契約を「トライアル契約」といいます。トライアル契約は、販促マーケティングや売上分析などのノウハウの蓄積や検証が不十分な場合に有効であり、トライアル契約期間にそれらを整備することが目的となります。

a．トライアル契約の期間

　本書で解説しているとおり、フランチャイズ事業を開始する目安としては「3 ショップ・2 イヤーズ・ルール」、すなわち直営 3 ユニットで 2 年間以上の運営実績があることを推奨しています。しかし、それでも KFS（Key Factors of Success：成功の鍵）や KPI（Key Performance Indicators：重要業績評価指標）の確実性が不十分な場合もあります。そういった場合にこれらを仮説検証するための期限付きのプロジェクトとして、トライアル契約をとらえることができます。その意味においては、トライアル契約期間はフランチャイズの本契約期間より短いのが当然であり、基本的には 1 年程度が妥当と考えられます。そしてトライアル期間終了後は、契約を終了するかフランチャイズ契約に移行するかを選択できる、といった条項にするのがよいでしょう。

b．トライアル契約の諸条件

　フランチャイズ契約における加盟金とロイヤルティの対価としては、前者はノウハウの提供や商標使用許諾、後者は継続的な経営指導というように紐づけることができます。トライアル契約とは、ノウハウの実効性が不十分である場

合に行うものであることから、ノウハウ提供の対価たる加盟金やノウハウをもととした経営指導の対価たるロイヤルティは、ある程度減額されるべきであるという考え方には一理あります。たとえば、加盟金は本契約の半額にするといった条件にしておいて、本契約に移行するときに不足分を追加で徴収する、というような方法もあります。またロイヤルティに関しても、トライアル期間中は半額にしておいて本契約移行後は所定の金額あるいは割合で徴収するという方法も考えられます。

ｃ．トライアル契約の運用時のポイント

　トライアル契約の目的はノウハウの蓄積や検証であり、それを本部とトライアル加盟者が共同で行うことに意味があります。ですから、加盟者にはトライアル契約の意義や目的を理解してもらい、オペレーションあるいはマネジメントに関するさまざまな仮説検証に協力してもらう必要があります。具体的に仮説検証を行う事項は以下のようなものになります。

- ●開業時集客マーケティングにおける有効な販促方法
- ●購買率の向上に資する接客スタッフのトークスクリプト
- ●売上と利益のバランスを最適化するカテゴリー別の品揃え
- ●顧客のリピート購買に有効なアフターサービス
- ●顧客関係性を密にするSNSの運用方法、等

ｄ．トライアル契約の留意点

　トライアル契約の対象となる加盟者は、クローズドな募集であることから本部と何らかの関係のある個人や法人であることが多くなります。そのためビジネスライクに契約を行えず、それが後顧の憂いとなることも少なくありません。一般的に初期のフランチャイズ加盟者はさまざまな条項で優遇されていることがあり、そのため本部のコントロールが有効に機能しない状況を招き本部の頭痛の種になる、といった話もコンサルティングの現場ではよく耳にします。

　加盟店の実績が欲しいからといって、あまり経営に熱心でない加盟者、つまりお金だけ出せば後は本部がやってくれるだろうというように、うまい「儲け話」くらいにしか考えていない加盟者は避けたいところです。経営理念やビジネスのコンセプトに共感できる加盟者でなければならないのは、フランチャイズ契約もトライアル契約も同じなのです。

❷⓿ 既存加盟店への新ビジネスの導入

当社は居酒屋のフランチャイズチェーンを営んでいます。生活様式の変化により店舗で飲食するより自宅で飲食する比率が高くなってきました。そこで、全店舗で新たに宅配事業を導入することになりました。宅配事業は従来の店舗営業と異なることから、フランチャイズ契約とは別に合意書を締結するとともに、宅配事業用に配送バイク等を購入してもらう予定です。このような新事業の導入を全加盟者に対して強制することはできるでしょうか。

【解説】

すべての事業には業態寿命があることから、未来永劫に同一業態を維持できるものではありません。そのため、本部は既存業態のブラッシュアップと新規業態の開発に膨大な時間と労力をかけています。では、本部としては、新規事業や新装置の導入を加盟者に強制することはできるでしょうか。たしかに、新規事業を導入するならば、全店同時期に変更したほうが、チェーンのスケールメリットを最大化することができます。

しかし、加盟者が未だ初期投資を回収していないにもかかわらず、新規事業導入を強引に進めることは加盟者に大きな負担を課すことになります。公正取引委員会も、当初のフランチャイズ契約に規定されていない新規事業の導入によって、加盟者が得られる利益の範囲を超える費用を負担することとなるにもかかわらず、本部が、新規事業を導入しなければ不利益な取扱いをすること等を示唆し、加盟者に対して新規事業の導入を余儀なくさせることは優越的地位の濫用に当たると示唆しています（「フランチャイズ・ガイドライン」3（1）ア）。

本ケースのように新たな設備（宅配用のバイク）を要する事業を導入することは、加盟者に追加投資と最初の事業計画の変更を強いることになります。これによって加盟者が利益を得られるならまだしも、それが明らかでない状況で強制することは「フランチャイズ・ガイドライン」に抵触する可能性がありま

す。

　ですから、新規事業や新装置の導入を進める場合は、本部としては、新規事業や新装置について時間をかけて加盟者に説明をし、十分な理解と納得を得たうえで進めるようにしてください。

㉑ フランチャイズを活用した M&A 戦略

当社は北関東を地盤とする年商 200 億円の建設会社で、事業基盤の安定化を図るため無関連多角化を推進する計画です。その中で M&A 仲介業者から、10 店舗の直営店を展開している飲食系ベンチャー企業の買収や、10 店舗のリサイクル系フランチャイズ加盟店の事業譲受、などの案件が紹介されています。このような案件では、どのような点に気をつければよいでしょうか。

【解説】

　近年では、中小中堅企業の後継者不足などの問題から事業承継が焦点化されるようになり、その一つの解決手段としてスモール M&A が注目されています。その中には、フランチャイズ本部の事業譲渡や加盟者側からのフランチャイズ事業の譲渡なども含まれています。フランチャイズ契約によっては M&A が容易に行えないような条項が定められているようなこともあり、一般的な M&A に較べてどのような点に留意しなければならないかを見ていきます。

a．フランチャイズ本部の M&A

　フランチャイズ本部の運営母体を企業ごと買収する（株主から株式を買い取る）場合、フランチャイズ本部側企業の法人はそのまま存続するので、本部と加盟者で締結されたフランチャイズ契約は当然そのまま有効に継続します。

　さらにフランチャイズ契約では、「フランチャイズ本部企業はフランチャイズ事業を第三者に譲渡することができ、その場合事業を譲受した企業を契約主体としてフランチャイズ契約は継続する」というような規定となっていることが一般的です。したがって、事業のみの譲渡の場合もフランチャイズ契約は継続すると考えてよいでしょう。

　フランチャイズ本部を M&A する際に留意すべき点は、契約自体の有効性（リーガル・デューデリジェンスによるチェック）よりも、むしろビジネスの有効性（ビジネス・デューデリジェンスによるチェック）です。フランチャイズ本部が事業を売却しようとする理由はさまざまだとは思いますが、フラン

チャイズ事業自体の収益性が悪化していないか、競争優位性が失われていないか、システム投資等で後れを取っていないかなど、ビジネスとしての価値を的確に算定する必要があります。フランチャイズ本部機能を維持向上させていくにはそれなりの投資が必要ですので、現状の収益構造でそれらの投資が可能かどうかを判断することも大切です。

ｂ．加盟者のフランチャイズ事業のM&A

　加盟者を法人ごと買収する場合でも、フランチャイズ契約書では「株主の変更等により実質的な経営の支配関係が変更される場合、フランチャイズ本部が認めなければフランチャイズ契約は終了する」というような条項が設けられていることがほとんどです。したがって、会社ごとM&Aするにせよ、フランチャイズ事業のみを譲受するにせよ、本部の了承を得ることが前提となります。

　従来この運用ルールは厳しく、フランチャイズ加盟者が第三者に事業譲渡をするのが難しいとされていましたが、近年では個人型のフランチャイズ加盟者の後継者問題などで本部も柔軟に事業譲渡を認めるようになってきています。また本部が新規加盟者を選定して現加盟者との事業譲渡を仲立ちするというようなケースも見られるようになりました。

ｃ．M&Aとしての基本的な留意事項

　フランチャイズに関わるか関わらないかではなく、一般的なM&Aとして留意すべき事項はPMI（Post Merger Integration）です。事業統合後の組織統合の巧拙が、その後の成長性や収益性を左右するということを肝に銘じておかなければなりません。ですから、企業文化の親和性、マネジメントレベルのギャップ度合い、ITシステムの統合の難易度などを、M&Aの前に正確に見積もりコストとして認識しておく必要があります。

　また買収にかかる費用のうち、有形固定資産の帳簿価額を超える金額については超過収益力を示す「のれん」として財務諸表に計上されることになります。貸借対照表における「のれん」の占める割合が大きい場合、日本型会計基準にのっとって定額償却するのか、あるいは国際会計基準IFASに従って償却しない（毎年超過収益力を算定し実態に応じて加減する）のか、という選択で収益性から見た経営成績を大きく左右します。M&Aにあたっては、そのような中長期的視座を持つことが肝要です。

㉒ FC 本部の DX 推進とコストの加盟者負担

フランチャイズ本部を立ち上げました。今後、ビジネスの競争力アップ、業務の効率化、加盟者募集などのために、IT の積極的導入を考えています。どのように手を付けていけばよいでしょうか。また、フランチャイズ展開にあたって、注意すべき点は何かあるでしょうか。

【解説】

デジタルトランスフォーメーション（DX）とは「新たなデジタル技術を活用し、これまでにないビジネスモデルを創出・柔軟に改変すること」であり、その目的は以下のように2つあります。

> ①コーポレート IT（CIT）：業務効率化や合理化によるビジネスへの貢献
> ②ビジネス IT（BIT）：デジタルによるビジネス創出、価値向上

①は、従来からの取組みですが、必ずしも十分なものではありませんでした。古いシステムのまま運用を続けている企業も多数あり、新たなデジタル技術を用いて、自動化、業務効率化、安定運用を目指していく必要があります。

②は、デジタル技術を活用した新たなビジネスの創出、価値の向上を目指していくものです。この事例として、Uber Eats（ウーバーイーツ）があげられます。これは、従来のデリバリービジネスを単にデジタル化したのではなく、新しいデジタル技術（この場合、クラウド、ソーシャル、ビッグデータ、モバイル等）をフル活用し、新たに料理のデリバリー事業を始めたい飲食店と、お金を稼ぎたい一般人（配達パートナー）をつなげるという、新しいビジネスモデルをつくり上げました。さらに、Uber Eats の仕組みを活用した「ゴーストレストラン」という業態も生まれ、このフランチャイズモデルも生まれています。

フランチャイズ本部の DX 戦略としては、この①、②を意識して、戦略を立てていく必要があります。①は既存事業の延長として、ビジネスの効率化・合理化を図り、収益性を向上させていくことを目的とします。一方、②は、新た

【ゴーストレストランFCの例】

なビジネスの創出を目的とします。

　独立行政法人中小企業基盤整備機構では、「ITを活用して、ビジネス競争力向上を目指す」ことを目的とした「IT戦略ナビ」サービスを運営しています（https://it-map.smrj.go.jp/）。これを利用すると、「どのようにITを活用したらビジネスが成功するか？」というストーリーを1枚の絵にまとめたIT戦略マップが作成できます。いくつかの質問に答えていくことで、自社の戦略の実現や課題の解決につながるITソリューションと、その具体的なITサービス（アプリ）を案内してくれます。まずは、このようなサービスを使ってみるところから始めてみてもよいでしょう。

　本部によるIT化の促進は、加盟者の経営にとって良い取組みではありますが、情報システムの開発・導入には、当然コストがかかります。新たなIT導入は、加盟者の経営にプラスに働くものですし、チェーンとしての統一性、サービス品質の担保という観点からも、原則、すべての加盟店に導入すべきものです。しかし、その費用がかかるとなれば、それは契約にはないことだと反発する加盟者も現れるでしょう。

　本部の対応としては、スーパーバイザー（SV）やIT責任者などを通じて、導入目的やその効果などについて、加盟者ごとの収益状況や初期投資の回収状況などを考慮しつつ、丁寧に説明をしながら進める必要があります。これには時間がかかりますから、計画的な対応が必要となります。

　加盟店との契約時点においては、将来、新たに発生するかもしれない費用負担についても想定し、契約書の準備と契約行為をする必要もあります。フランチャイズ契約書上には、次のようなことを定めておきます。

●加盟者は、情報システムの変更、バージョンアップ、ハードウェアの変更等により使用料が変更されることを認容すること

●チェーン全体の方針として、情報システムの内容、仕様、使用機器が変更される場合、加盟者の費用負担で、新たな情報システムを導入すること

また、契約前には「将来、新たなコスト発生することがある」ことを示した「リスク確認書」を提示し、承諾を得ておくのも契約上のテクニックです。

❷❸ 物件の転貸とフランチャイズ契約

当社はショッピングセンターなど商業施設を中心に、テナントとして中華レストランを展開しています。今後フランチャイズ・システムを導入するにあたり、加盟者・当社・商業施設とのテナント賃貸借契約はどのような形態にすればよいでしょうか。またその際の留意点を教えてください。

【解説】

　本来、テナントの賃貸借契約は、テナントを利用する加盟者と、賃貸人である商業施設が直接賃貸借契約を締結することが、実態と合致し望ましいといえます。しかし、商業施設は、一般に経済的信用力が低い加盟者と直接テナントの賃貸借契約を締結することを嫌い、フランチャイズ本部との契約を求める傾向があります。

　そのような場合に、加盟者の商業施設での出店を可能にするため、フランチャイズ本部が商業施設とテナント賃貸借契約を締結し、商業施設の承諾を得て加盟者に転貸する方法をとることがあります。

　また、商業施設がフランチャイズ本部の加盟者に対する転貸を認めない場合には、フランチャイズ本部が賃借したテナントの運営業務を加盟者に委託する方法で、加盟者の商業施設への出店を可能にする場合があります。

　フランチャイズ本部が加盟者に対して自身が賃借したテナントを転貸または業務委託（以下、「転貸等」といいます）する場合、フランチャイズ本部は加盟者の保証人的立場になります。すなわち、商業施設と直接契約を締結しているのはフランチャイズ本部ですので、加盟者が賃料の支払いを怠った場合であっても、フランチャイズ本部は商業施設に対して賃料を支払う必要があります。

　また、加盟者の経営が立ち行かなくなり、加盟者が店舗の経営を放棄した場合、商業施設と直接契約をしているフランチャイズ本部は中途解約違約金の支払い等の不利益を回避するために当該店舗の経営を引き継がざるを得なくなります。多くのフランチャイズ本部は、加盟者に転貸等する場合、実質的な賃借

人は加盟者であると考え、安易に転貸等を行う場合がありますが、そのような考えは危険です。フランチャイズ本部としては、加盟者に転貸等をする場合であっても、最終的に加盟者からテナントを引き継ぎ、直営店としてでもやっていけるのかを十分検討し、商業施設と契約をする必要があります。

　商業施設のテナントの賃貸借については、売上管理方式をとることが一般的です。売上管理方式とは、テナントが毎日の売上を商業施設に預託し、商業施設は毎月の売上から賃料その他の経費を控除して、テナントに返還します。フランチャイズ本部が加盟者に商業施設を転貸等する場合、加盟者は毎日の売上を商業施設に預託し、商業施設は毎月の締め日に預託された売上から賃料その他の経費を控除した金額をフランチャイズ本部に返却します。フランチャイズ本部は商業施設から返却された売上から、加盟者に対するロイヤルティ、商品代金その他の経費を控除した金額を加盟者に返却します。

　したがって、フランチャイズ本部と加盟者の間の転貸等の契約においては、フランチャイズ本部と商業施設の賃貸借契約に合わせて売上管理について定めるとともに、フランチャイズ本部と加盟者間の精算、売上金の返却等についても詳細に定める必要があります。

　フランチャイズ本部が加盟者に対してテナントを転貸等する場合、商業施設との交渉の窓口は商業施設と直接の契約関係にあるフランチャイズ本部になります。フランチャイズ本部としては、加盟者の意向をくみ取り、商業施設と交渉に当たる必要があります。

❷❹ 従業員の独立とのれん分け制度

当社は関東で複数の店舗を経営しているレストランチェーンです。この度、当社で長年支配人を務めた従業員が退職することになり、いわゆる「のれん分け」で独立を支援することになりました。

①どのような点に注意すればよいでしょうか

②どのような出店形態があるのでしょうか

③直営店を営業譲渡する場合、売却価格や在籍するスタッフはどのように取り扱えばよいでしょうか

④独立者に十分な資金が無い場合はどのようにすればよいでしょうか

【解説】

　近年、社員独立型フランチャイズ制度、のれん分け制度などとよばれる契約形態が注目されています。

　飲食・小売・サービス業は労働集約型産業の代表格であり、従業員1人当たりが生み出す付加価値が、他の業種と比べて少ない特性があります。そのため、飲食・小売・サービス業を営む企業は、従業員の賃上げやキャリアアップに回せる原資が限られてしまうこととなり、結果的に、従業員の採用や定着化、モチベーションアップなど、人材面での悩みを抱えがちです。

　そこで、本ケースのように、従業員に対して「のれん分け制度による独立」というキャリアプランを提供することで、従業員のモチベーションの向上・離職率の低減、人材採用競争における競合他社に対する優位性の確立などを目的として、のれん分け制度を導入する企業が増えてきています。

a．のれん分け制度を導入・運用する際の留意点

　のれん分け制度を成功させるためのポイントは多岐にわたりますが、特に大切なのは以下の3点です。

①本部と独立者双方の権利と義務の明確化

　のれん分け制度では、本部とは関係のない第三者が加盟者となるフランチャ

イズ・システムとは異なり、長年会社に勤務し、会社に貢献してきた社員が加盟者となります。本部の理念や経営方針を十分に理解していることに加え、一定程度の信頼関係も構築済みであることから、本部によっては、契約書を交わさずに口約束で運用しているようなケースもあります。しかし、このような運用は避けるべきでしょう。

たとえ、会社勤め時代に本部の理念や経営方針を深く理解し、信頼関係が築かれていたとしても、その状態が未来永劫続く保証はありません。むしろ、時が流れ、取り巻く環境が変化すれば、独立者の考え方や本部との関わりも変わり、本部と独立者との間に見解の相違が生じるものと考えるほうが自然でしょう。

このようなときに、大きなトラブルに発展することを防止するためにも、本部と独立者双方の権利と義務を明記した契約書を締結しておく必要があります。

②本部と独立者の対等な関係性を実現

のれん分け制度には、長年会社に貢献してくれた社員に対する会社からの恩返しの側面があることから、①加盟金やロイヤルティの減免、②直営店の営業権の譲渡、③貸付による資金援助、④独立者の借入に対する保証、などのインセンティブが与えられることがあります。

インセンティブを与えること自体に問題はありませんが、過度なインセンティブを与えた結果、のれん分けをすることで本部に損失が発生するようでは、制度として継続しないことは明白です。

このような事態を防止するためにも、少なくとも、本部が独立者に提供するサービスに見合う対価を独立者から徴収するなど、本部と独立者の関係性が対等になるような仕組みを設計する必要があります。

③独立対象者の見極め

のれん分け制度を利用して独立した従業員は、本部から独立した事業体の経営者となります。経営者となる以上、のれん分けによる独立後に何が起きたとしても、独立者自らの力で克服していかなければなりません。そのため、のれん分け制度の利用者には、経営者としての資質が求められることになります。

また、のれん分け制度もフランチャイズの一種である以上、独立後は、本部

の定める基準に従い店舗を運営してもらうことになります。そのため、「自分のやり方でチャレンジしたい」といった考えを持っている従業員は、のれん分けに向きません。

そのため、本部としては独立を希望している従業員がのれん分け制度の利用者にふさわしい人物かどうか、しっかりと見極めたうえでのれん分け制度の利用を認める必要があります。

b. のれん分けの出店形態

のれん分け制度を導入・運用するにあたり、独立者にどのような出店形態で店舗を経営してもらうのかを決める必要があります。本部のビジネスモデルや従業員の特性によって、最適な出店形態は変わります。自社に適した出店形態を選定することが、のれん分け成功のカギとなります。

のれん分け制度における代表的な出店形態としては、以下の 3 つがあげられます。

①独立者の自己資金による新規店舗立ち上げ

独立者が自らの自己資金を元手に、本部が展開するフランチャイズ事業の新規店舗を立ち上げる方式です。一般的なフランチャイズ・システムと同様の出店形態といえます。

独立者の自己資金による新規店舗立ち上げの出店形態は、のれん分けをすることでチェーンの店舗数が純増することになるため、多店舗展開を志向する本部にとって魅力的な選択肢といえます。

一方、経営者に向けた一歩を踏み出す従業員にとって、すべてを一から立ち上げる本出店形態は、他の出店形態と比較しても事業リスクが高く、一歩が踏み出しにくい選択肢ともいえます。

実務的には、初めてのれん分け制度を活用して独立するときには、後述する「直営店舗の営業譲渡」または「直営店舗の経営や運営委託」方式として、独立者の事業が軌道に乗り、2 店舗、3 店舗と複数店舗経営に乗り出していく際に本方式が活用されることが多いようです。

②直営店舗の営業譲渡

本部が経営する直営店舗を独立者に売却する方式です。具体的には、本部が

保有する店舗資産や、これまで培ってきた人的資源、顧客基盤等の事業基盤を独立者に譲渡する一方、本部はその見返りとして、独立者から譲渡対価の支払いを受ける仕組みです。

　直営店舗の営業譲渡方式では、すでに一定の実績がある本部直営店舗を引き継ぐことができるため、独立後の収益をある程度見通すことができます。そのため、新規店舗立ち上げ方式と比較して、独立者の独立後の収入に対する不安を抑制することが可能です。また、本部は、営業譲渡の対価として、独立者からある程度まとまった資金の支払いを受けられる点がメリットといえます。

　ただし、本出店形態では、収益性の高い店舗ほど、営業譲渡の対価が高額となることから、その資金をどのように調達するか、という点が問題になりがちです。営業譲渡の対価の考え方や独立者に対する資金調達のサポート方法については後ほど詳しく紹介します。

③直営店舗の経営や運営委託

　本部の既存店舗、または本部が新たに設立した店舗の経営や運営を独立者に委託する方式です。具体的には、本部が保有する店舗資産、および本部が培ってきた人的資源、顧客基盤等の事業基盤を独立者に貸し出し、独立者に店舗の経営や運営をしてもらう仕組みです。

　本部が保有する店舗を借りて独立することになるため、独立者の自己資金による新規店舗立ち上げ方式や、直営店舗の営業譲渡方式と異なり、独立者は、独立時に一定金額の初期投資をする必要が無くなります。

　独立者から見ると、初期投資が不要なうえ、委託を受ける店舗がすでに実績がある場合には、当該店舗の事業基盤を引き継ぐことができるメリットがあります。そのため、3つの出店形態の中では、最も独立に踏み出しやすい選択肢といえます。

　ただし、本部から店舗資産や事業基盤を借りる以上、独立者はその対価を本部に対して支払う必要がありますので、条件が同じ場合には、他の出店形態と比較すると独立者の収入は少なくなることになります。そのため、独立者にとって、本出店形態はローリスク・ローリターンモデルということができます。

　一方、本部から見ると、独立者との経営が完全には切り離されない点等、リ

スクも少なくありません。そのため、経営や運営の委託からのれん分けをスタートし、段階的に営業譲渡に発展させている本部もあります。

c．直営店を営業譲渡する際の売却価格や在籍するスタッフの取り扱い

本部が経営する直営店舗を独立者に売却する場合に問題となるのが、売却価格と在籍するスタッフの取り扱いです。

①売却価格の考え方

本部が経営する直営店舗を独立者に売却する場合の売却価格を算定する際には、一般的なルールの範囲内で、明確な根拠に基づき算定しなければなりません。売却する直営店舗の実際の価値と比べて、売却価格を著しく低額に設定するような行為は、本部と独立者双方に税務リスクを生むことになるため注意が必要です。一般的に、店舗の売却価格は「譲渡する店舗資産の価値」と「譲渡する事業基盤の価値」から算定をします。

●譲渡する店舗資産の価値

本部が独立者に譲渡する造作や機械設備等といった固定資産の価値です。固定資産の価値は、決算書で確認することができます。

●譲渡する事業基盤の価値

本部が独立者に譲渡する事業基盤の価値です。一般的には「営業権」等とよばれます。

営業権は、固定資産とは異なり、統一的な算定のルールはありません。実務では、償却前営業利益の2〜3年分で設定されているケースが多いようです。不要な税務リスクを回避するためにも、営業権の算定は、顧問税理士等の専門家に相談のうえ、設定するべきでしょう。

②在籍するスタッフの取り扱い

営業譲渡後、直営店時代と同じ水準の実績を出してもらうためにも、直営店時代に在籍していたスタッフは、雇用ごと独立者に引き継ぐべきでしょう。なお、これは経営や運営を委託する際も同様です。特に、美容院など、サービスを提供するスタッフに顧客が帰属するビジネスモデルの場合、スタッフごと引き継がなければ、独立後に売上が大きく低下する事態に陥りかねません。

ただし、営業譲渡で雇用を引き継ぐためには、スタッフの個別の同意が必要

となります。本部よりも事業規模が小さく、独立したばかりで経営も不安定な独立者の事業体に転籍することを拒否するスタッフもいることでしょう。そのような場合は、期限を切って、本部から当該スタッフを出向させることも考えられます。

なお、本部が雇用するスタッフを独立者の店舗に派遣する方法もありますが、その場合、本部は人材派遣業の許認可を受けている必要があります。人材派遣業の許認可を受けるためには、派遣労働者や個人情報の管理体制などについて、相応の要件を満たさなければなりませんので、のれん分けのために人材派遣業の許認可を得ることは現実的ではありません。雇用契約を切り替えるか、本部の雇用するスタッフを出向させることが基本形といえます。

ｄ．独立者に対する資金調達サポート

従業員が独立を考えるにあたり、独立時に必要となる資金調達がしばしば問題となります。特に、独立者の自己資金で新規店舗を立ち上げるケースや、本部の直営店舗を営業譲渡するケースでは、相応の資金が必要となります。

その分の自己資金を自力で準備できる従業員は稀でしょう。そのため、のれん分け制度で安定的に独立者を輩出していこうと考えた場合、本部による独立者の資金調達サポートについて考えておく必要があります。

本部による資金調達サポートの例としては、事業計画作成の手伝いや取引先金融機関の紹介等のように独立者の資金調達を間接的にサポートするものと、本部からの資金貸し付けや第三者保証等のように、独立者の資金調達を直接的にサポートするものがあります。

なお、会社を経営していくうえで、「カネ」にまつわる問題は避けて通ることはできません。そのため、独立者の経営者マインドを育むためにも、独立に必要な資金は自力で調達することを前提として、本部は間接的なサポートにとどめておくほうが無難です。

おわりに　～フランチャイズ・システムの今後の可能性～

①これまでのチェーン・セオリーの限界

　フランチャイズに限らずチェーンシステムの目指すものは、規模の経済性の追求による生産性向上、効率化、コスト優位性の確保ということができるでしょう。このような経済的メリットの追求は、高度成長期のような経済が右肩上がりのとき、すなわち労働力や生産要素が豊富で需要の潜在力も高い場合には有効だといえます。

　しかしながら、現代日本のように少子高齢化で労働力が減少し、また世界的な人口増加によって原材料の高騰が見込まれるなか、つまり供給不足が予測される状況下では、コスト優位性のみを目的としたこれまでのチェーン・セオリーは通用しないのではないか、と考えられます。

②垂直的インテグレーションとしてのフランチャイズ・システム

　フランチャイズを企業間連携ととらえるならば、本部と加盟者という関係性は垂直的な統合＝インテグレーションと考えられます。基本的に垂直的インテグレーションのメリットは、アパレルのSPA（製造小売）に見られるように中間マージンの撤廃や製品開発期間の短縮化といったC＝コスト、D＝納期要素に集約されます。

　現代社会は情報化により垂直的インテグレーションにおける各プレイヤーの企業活動がガラス張りになり、エシカル消費といった企業活動に対する消費者の評価と購買行動が企業業績を左右するようになってきています。それを考えると、もともとフランチャイズ・システムとは理念共同体といわれるように、資本ではなく理念と契約で結合したインテグレーションであることから、より一層理念経営が重視されることになるのではないかと思われます。すなわち、環境問題への配慮や人権の尊重といったESG経営を実現するチェーンが、消費者（あるいは投資家）からより評価されるようになるという方向性が考えられます。

③水平的インテグレーションとしてのフランチャイズ・システム

　またフランチャイズは、複数の加盟者が共通のブランドやサービスを使用し統一性と同一性を保持してビジネスを行う、水平的なインテグレーションであるととらえることができます。これまでのチェーンシステムでは、統一性と同一性を保持するために、オペレーションの標準化・仕組み化・マニュアル化が進められてきました。ところが消費者の価値観が多様化する中で、マニュアル化されたサービスでは顧客にリッチな体験価値を提供できないようになってきています。

　そこで考えられるのがローカライズの概念です。グローバルなフランチャイズにおいては、他国で成功したモデルでも日本で展開するには日本に合わせたサービスや商品に一定程度のアレンジを加える（ローカライズする）ことが一般的です。それと同様に、日本国内においても、地域特性に合わせて一定程度ローカライズしたフランチャイズは有効です。地域のフランチャイズ事業のリーダーであるメガフランチャイジー（フランチャイズ事業の年間売上高が20億円以上の規模を持つ法人）には地元の有力企業が多いことから、地方創生のエンジンとしてフランチャイズ・システムが機能するものと考えられます。

④循環型インテグレーションとしてのフランチャイズ・システム

　以上、SCM（サプライ・チェーン・マネジメント）によって付加価値創造をする垂直的インテグレーション、地方の有力企業を結びつける水平的インテグレーションとしてのフランチャイズの可能性について見てきました。

　垂直的インテグレーションにはエシカル消費の担い手としての消費者の目と、ESG投資の担い手としての投資家の目があります。水平的インテグレーションには地方コミュニティには消費者だけでなく生産者もいて、その生産者は垂直的インテグレーションの川上ともなり得ます。そうすると、フランチャイズというチェーンシステムは、「循環型インテグレーション」の経糸であり緯糸でもある、という構造が浮かび上がってきます。

　今後のフランチャイズ・システムは、日本の中小中堅企業の生産性を向上させ、地方再創生の活路を切り拓く、重要なパズルピースなのかもしれません。

編集・執筆者

【編集・執筆統括】

伊藤　恭（中小企業診断士）

　1952 年生まれ、東京都出身。成蹊大学経済学部卒業。国内のフランチャイズ本部立ち上げ支援のみならず、日本企業の海外展開支援、海外ブランドの日本進出支援など多くのフランチャイズ事業の支援実績あり／日本フランチャイズチェーン協会スーパーバイザー学校講師。株式会社フランチャイズブレイン代表取締役、日本フランチャイズ研究機構（JFRI※）代表取締役

西野　公晴（中小企業診断士）

　1960 年生まれ、三重県出身。東京学芸大学教育学部卒業。マーケティングリサーチ会社を経て、1993 年株式会社アール・アンド・シー設立／出店戦略の策定、売上予測モデルの構築指導、FC 本部構築支援、中小企業の経営革新・創業支援に携わる／日本フランチャイズチェーン協会スーパーバイザー学校講師。日本フランチャイズ研究機構（JFRI※）取締役

【執筆リーダー】

山岡　雄己（中小企業診断士）

　1965 年生まれ、愛媛県出身。京都大学文学部卒。サントリー宣伝部を経て 2002 年独立／コンサルティング専門分野はフードビジネス・フランチャイズ。ビジネスコーチとして人材・組織開発にも携わる／法政大学経営大学院 兼任講師。フランチャイズ研究会会長。日本フランチャイズ研究機構（JFRI※）取締役

高木　仁（中小企業診断士）

　1975 年生まれ、埼玉県出身。千葉工業大学工学部卒。ソフトウェア開発会社（システム開発、業務/IT コンサル）を経て 2012 年独立／FC 本部の構築・立て直し、現場改革・マニュアル化、IT 戦略策定・導入支援など、ハンズオン支援した FC 本部は 40 社を超える／フランチャイズ研究会副会長。日本フランチャイズ研究機構（JFRI※）所属

高橋　利忠（中小企業診断士）

　1963 年生まれ、富山県出身。名古屋大学経済学部卒業。都市銀行に 16 年間、学習塾 FC 本部に 15 年間勤務／事業再生中の企業数社への出向など、ゼネコン、メーカーからサービス、飲食店まで幅広い実務経験を経て 2021 年 6 月独立／得意分野

は事業計画作成、ファイナンス／フランチャイズ研究会副会長。日本フランチャイズ研究機構（JFRI※）所属

稲葉　康弘（中小企業診断士）

1971年生まれ、群馬県出身。中央大学法学部卒業。教育関連のフランチャイズ本部に所属／人材育成、マーケティング、組織構築、独立開業、多店舗化等、加盟社を含むさまざまな法人の経営戦略・営業戦略・組織戦略に関するコンサルティング業務を数多く手掛けている／フランチャイズ研究会幹事

三谷　誠一（中小企業診断士）

1966年生まれ、東京都出身。千葉大学工学部工業意匠学科卒業。印刷会社、ゲームメーカー、大手エンターテインメント企業でデザイン＆マーケティングに従事した後独立／コンサルタント兼デザイナーとして、戦略策定から具体的なアウトプットまでの一貫したサービスを提供している／フランチャイズ研究会幹事。日本フランチャイズ研究機構（JFRI※）所属

宇野　毅（中小企業診断士）

1961年生まれ、大阪府出身。大阪大学法学部卒業。酒類メーカーから飲食チェーンに出向し、新規事業開発を担当／米国大手チェーンのマスターフランチャイズ権獲得に携わり、日本法人を設立／多店舗化を進めるなか、経営企画、加盟店開発、商品開発、店舗運営指導など、基幹業務の責任者を長く務めた／フランチャイズ研究会幹事

【執筆】（初出順）

大橋　美香（中小企業診断士）

長野県出身。信州大学経済学部卒業。松井証券株式会社を経て、現在、大橋税理士事務所勤務／小売業、飲食業、サービス業等のクライアント様の経営支援、会計業務支援に携わる／FCでは市場調査・研究、執筆活動も／得意分野はマーケティング支援／日本フランチャイズ研究機構（JFRI※）所属

池田　安弘（中小企業診断士）

1955年生まれ、広島県出身。島根大学物理学科卒業。アパレルメーカー、コンビニ本部を経て独立／フランコープジャパン株式会社代表を経て、いけだ経営デザイン研究所代表／パッケージ設計を含むFC本部設立支援、新業態開発・海外進出支援を中心に活動／税務大学校講師。日本フランチャイズ研究機構（JFRI※）所属

神田　孝（弁護士）

1963 年生まれ、大阪府出身。早稲田大学法学部卒業。チェーン・ビジネスを専門とする日本で数少ない弁護士であり、フランチャイズチェーン、レギュラーチェーンの顧問を多数務める／一般社団法人日本フランチャイズチェーン協会研究会員。経営法曹会議会員／『フランチャイズ契約の実務と書式（改訂版）』（三協法規出版・2018 年）他著書多数／日本フランチャイズ研究機構（JFRI※）法務顧問

井嶋　倫子（弁護士）

大阪府出身、関西大学法学部卒業。フランチャイズ本部で勤務した後に司法試験に合格／フードコーディネーターの資格を有し、チェーン・ビジネス、フードビジネスの法務を手掛ける／特定非営利活動法人日本フードコーディネーター協会正会員／『会社を経営するならこの一冊』（共著・自由国民社・2010 年）他著書多数

五十嵐　充（弁護士）

1984 年生まれ、高知県出身、茨城県育ち。慶應義塾大学法学部法律学科卒業後、慶應義塾大学法科大学院修了。FC 契約、人事労務、国際業務（中国法務）が専門／第一東京弁護士会所属

若林　和哉（中小企業診断士）

1979 年生まれ、神奈川県出身。早稲田大学政治経済学部卒業。不動産会社の経理・経理企画を経て飲食業フランチャイズ本部に入社／経営企画室室長として予算実績管理、フランチャイズ加盟店募集、独立支援制度構築などを担当／独立後はパートナー経営企画代表として、事業計画策定支援、補助金申請支援、飲食業のフランチャイズ展開支援などを中心に活動。

山崎　泰央（中小企業診断士）

1976 年生まれ、東京都出身。中央大学文学部卒業。会計事務所勤務を経て、リテイルベーカリー企業の財務部で管理会計等の業務を担当／その後、営業本部に配属されプライベートブランド商品の開発、PR 戦略立案、店舗の販売促進等の業務に従事したのち独立／パン菓子等の食物販や飲食チェーン等の企業支援に携わる／日本フランチャイズ研究機構（JFRI※）所属

伊藤　達仁 （税理士）

1970 年生まれ、岩手県出身。日本大学法学部卒業。スキューバダイビング店勤務を経て会計業界に転職／1996 年税理士資格取得／2002 年伊藤達仁税理士事務所（現「南青山会計 STUDIO」）を開設／FC に関する税務・財務・M&A のプロフェッショナル／日本フランチャイズチェーン協会スーパーバイザー学校講師／日本フランチャイズ研究機構（JFRI※）税務顧問

長原　匠 （中小企業診断士・社会保険労務士）

1968 年生まれ、石川県出身。日本大学法学部卒業。1992 年コンビニエンスストア本部に入社／スーパーバイザー、財務、スーパーバイザーの業務支援や加盟店の管理、フランチャイズ契約の運用管理など経験／フランチャイズ本部の経営統合を行った際、フランチャイズ契約の統一計画を策定

石川　和夫 （中小企業診断士）

1958 年生まれ、栃木県出身。法政大学経済学部卒。株式会社セブン-イレブン・ジャパンにおいて店舗指導員として勤務／のち、コンビニ 3 店と伊レストラン 2 店を経営する会社の統括マネジャー／現在は人材育成コンサルティング、コーチングを活用した部下育成力アップ研修、スーパーバイザー教育、執筆を中心に活動／日本フランチャイズ研究機構（JFRI※）所属

山下　哲博 （中小企業診断士）

1970 年生まれ、東京都出身。立教大学大学院ビジネスデザイン研究科修了（経営学修士）。鉄道会社（旅行部門）、自動車流通関連 FC 本部等に勤務後、2008 年に独立開業／一般社団法人日本フランチャイズチェーン協会相談員、セミナー講師／得意分野は業界分析、事業計画作成、マーケティング支援／日本フランチャイズ研究機構（JFRI※）所属

髙木　悠 （中小企業診断士）

1982 年生まれ。立教大学卒業。大手外食チェーンにて、店長や SV として店舗運営管理や FC 加盟店指導などの業務を歴任／現在は、飲食店、整体院、美容院など店舗ビジネスの FC 展開やのれん分け制度構築支援を中心に活動している／フランチャイズ研究会幹事。日本フランチャイズ研究機構（JFRI※）所属

【フランチャイズ（FC）研究会】とは

中小企業診断士を中心に、弁護士、税理士、社会保険労務士等で構成され、FC ビジネスの健全な発展とノウハウ開発を目的として、FC 本部（フランチャイザー）や FC 加盟店（フランチャイジー）、FC 加盟希望者等を対象に開業支援や経営指導、各種セミナーなどを行う研究実践団体です（一般社団法人東京都中小企業診断士協会認定）。

会員は、FC 本部構築支援、本部経営指導、スーパーバイザー教育、立地診断、加盟支援などの専門家であり、多くの者が第一線で活躍しています。2022 年 3 月現在の会員数（正会員・特別会員）は 45 名です。

URL：「フランチャイズ研究会」で検索　http://www.fcken.com

※【日本フランチャイズ研究機構（JFRI)】とは

フランチャイズ研究会に所属する会員 20 名で構成されるフランチャイズ・コンサルティングのプロフェッショナル集団です。

コンサルティング内容は、プロトタイプの開発、フランチャイズパッケージの確立、加盟案内・各種マニュアルの作成、法定開示書面・契約書の作成、フランチャイズ本部中期計画の策定、加盟開発のマーケティング支援、エリアフランチャイズ展開支援、海外展開支援など、フランチャイズに関するソリューションをワンストップで提供します。

フランチャイズ展開を検討している法人、さらなる発展を目指すアーリーステージのフランチャイズ本部の方々に、懇切丁寧にコンサルティング＆アドバイスを行います。一般社団法人日本フランチャイズチェーン協会・研究会員です。

住所：〒102-0083 東京都千代田区麹町 2-10-3　エキスパートオフィス 1F

Tel：03-4405-6161／Fax 03-6745-3701

URL：「JFRI」で検索　http://jfri.co.jp

フランチャイズビジネス（本部構築・加盟）に関する無料相談を行っています。上記 Web（いずれも）の相談フォームよりお気軽にご連絡ください。

【フランチャイズ研究会・会員が執筆した本部構築関連の推薦参考図書】

『フランチャイズマニュアル作成ガイド』

フランチャイズ研究会　著
同友館（2016 年）

『飲食店「のれん分け・ＦＣ化」ハンドブック』

山岡雄己　編著
アニモ出版（2017 年）

『21 世紀型「のれん分け」ビジネスの教科書』

高木悠　著
自由国民社（2021 年）

『改訂版 フランチャイズ契約の実務と書式』

神田孝　著
三協法規出版（2018 年）

『jSTAT MAP 徹底活用　立地診断ガイドブック』

フランチャイズ研究会　著
フランチャイズ研究会（2019 年）

『エリアフランチャイズ（エリアフランチャイズ契約書実例付)』

フランチャイズ研究会　著
フランチャイズ研究会（2017 年）

『フランチャイズ方式による海外展開ガイド
（3 種類の契約書式付)』

フランチャイズ研究会　著
フランチャイズ研究会（2021 年）

2013 年 3 月 8 日　初版第 1 刷発行
2022 年 3 月 10 日　新版第 1 刷発行

新版　フランチャイズ本部構築ガイドブック

Ⓒ編著者　　フランチャイズ研究会

発行者　　　脇　坂　康　弘

発行所　株式
会社　同友館

〒113-0033　東京都文京区本郷 3-38-1
TEL. 03(3813)3966
FAX. 03(3818)2774
URL　https://www.doyukan.co.jp/

乱丁・落丁はお取替えいたします。　　　　　三美印刷／松村製本所
ISBN 978-4-496-05588-1　　　　　　　　　Printed in Japan